김현승 시詩세계 심층연구

김현승 시詩세계 심층연구

박경자 지음

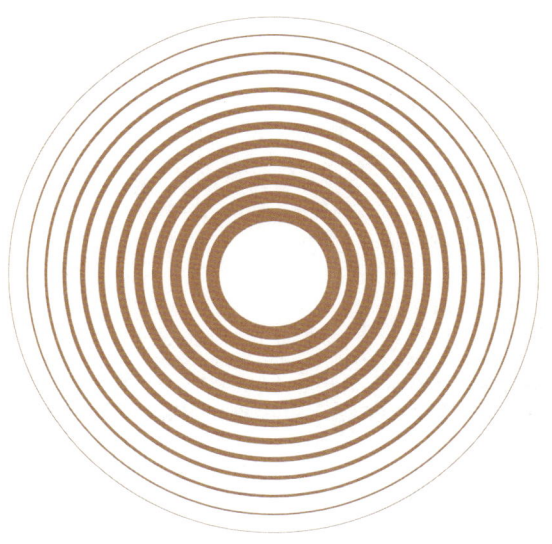

한국문화사

김현승 시詩세계 심층연구

1판 1쇄 발행 2022년 12월 30일

지 은 이 | 박경자
펴 낸 이 | 김진수
펴 낸 곳 | 한국문화사
등   록 | 제1994-9호
주   소 | 서울시 성동구 아차산로49, 404호(성수동1가, 서울숲코오롱디지털타워3차)
전   화 | 02-464-7708
팩   스 | 02-499-0846
이 메 일 | hkm7708@daum.net
홈페이지 | http://hph.co.kr

ISBN 979-11-6919-065-7 93810

· 이 책의 내용은 저작권법에 따라 보호받고 있습니다.
· 잘못된 책은 구매처에서 바꾸어 드립니다.
· 책값은 뒤표지에 있습니다.

오류를 발견하셨다면 이메일이나 홈페이지를 통해 제보해주세요.
소중한 의견을 모아 더 좋은 책을 만들겠습니다.

김현승 시세계의 약도(略圖)
—김현승 재평가의 필요성

미래적 시각에서 김현승 깊고 넓게 읽기

한 사람의 시인을 논할 때 그의 시에 관한 의례적 해석과 행적을 단순히 나열하는 데에만 그치고 고유의 시세계가 지닌 현재성과 미래의 가치에 대해서는 소홀히 하는 경향이 있다. 그러나 시의 가치와 시인으로서의 영향력을 새롭게 조명해 현재와 더불어 미래의 시단에 기여할 변별점을 도출하기 위한 것이 아니라면 새삼스럽게 한 시인의 시와 자취를 다양한 시각으로 논할 필요는 없을 것이다. 한 시인의 시가 지니고 있는 특징과 의의에 관심을 기울이는 것은 그의 시를 미래지향적 관점에서 새롭게 조명하는 작업과 맥을 같이해야 본연의 가치를 확장할 수 있기 때문이다.

시인이자 철학자이던 니체는 생전에는 대표작 『차라투스트라는 이렇게 말했다』를 자비 출판할 정도로 열악한 학계의 무관심 속에 생을 마감한다. 그러나 현대 철학의 선구자로 일컬어지는 그의 존재는 사후 100여 년에 이른 현재에도 여전히 막강한 영향력을 행사하고 있다. 니체와 같이 문학을 무기로 실존의 주체와 고차원의 정신세계를 추구한 김현승도 그의 문학적 치열과 성취에 상응하는 대우를 받지 못한 아쉬움이 큰 시인이다. 그런데 당대에도 그렇지만 사후에도 그의 시에 대한 심층적 평가는 제대로 이루어지지 않고 있다.

김현승은 열정과 탁마의 결정(結晶)인 자신의 시에 대한 자긍심을 미래에 투자했다. 그리하여 실존주의의 모태인 불안과 고독의 심연에서 치열하게 주체적 자아와 본질적 가치를 추구해 도저한 정신주의 시의 정점에 이르렀다. 따라서 심층적 사고와 고차원의 예지, 투철한 예술혼을 극밀도로 발휘한 그의 시는 건강하고 명징한 현재성을 담보로 하고 있으며, 편 편마다 미래지향적 자아 추구의 텍스트로 기능할 수 있다.

흔히 김현승의 시를 모더니즘으로 분류한다. 그러나 김현승은 부분적으로는 모더니스트일 수 있지만 전체적으로는 보다 광의의 영역에서 그 복합적 시세계를 평가해야 적합할 것이다. 단순한 모더니스트로 규정하기에는 다양한 장르에 걸쳐 독특하면서도 포괄적인 성향을 지니고 있기 때문이다. 특히 깊고 내밀한 경지를 추구한 그의 정신주의 시는 한국문학사에서 보기 드문 성취로 볼 수 있다.

이처럼 평생에 걸쳐 심원한 정신세계의 탐구와 시적 수준 향상의 채찍질을 잠시도 멈추지 않았던 그는 한국 현대문학을 대표하는 시인의 한사람으로 자리매김 되어야 마땅하다. 그럼에도 그의 시를 단순히 한국 시문학사의 의례적 구색 맞추기식 한 페이지로 접어두는 것은 후세들의 안일한 직무유기일 수 있다. 그의 시와 시세계를 새롭게 고찰, 깊고 넓게 재조명 하는 것은 그의 시를 선호하는 시인이나 평자는 물론 한국 문학 전반의 주요 과제인 것이다.

이 책은 김현승과 그의 시를 다각도에서 고찰한 다음, 미래의 가치를 담보하는 보편적 텍스트로 자리매김하는 데 중점을 둔다. 이는 그의 시가 지닌 특성을 새롭게 조명해 그 시세계에 대한 폭넓은 관심과 이해를 추동하는 것을 의미한다. 그 길잡이 역할을 수행하게 될 이 작업은 김현승 시의 심층적 독해와 더불어 한국 시문학의 지평을 넓히는 과제 수행의 일단이기도 하다. 이와 같은 취지에 맞추어 그와 그의 시세계를 다음과 같이 다섯 가지 층위에서 살펴보기로 한다.

내면세계의 심층 분석

첫째, 김현승의 면모를 신앙적 측면, 인간적 측면, 정서적 측면에서 살펴보고, 그의 내면세계를 심층심리학적 시각에서 고찰해 그의 시세계에 대한 포괄적 이해를 넓힌다. 한 시인과 그의 시세계를 파악하기 위해서는 그의 삶을 이룬 외부 환경과 심층적 내면세계를 동시에 살펴보아야 한다. 인간은 기본적으로 외부환경과 심리적 정서에 의해 하나의 인격체로 존재하기 때문이다. 따라서 전자는 인문사회학적 시각을, 후자는 심리학적 시각을 빌려 연구해야 그 실체에 근접할 수 있다.

외부환경은 시대적 배경과 가정환경으로 나눌 수 있다. 시대적 배경은 민족과 국가의 역사, 정치와 사회현실, 이합집산의 산물인 인간관계가 주류를 이룬다. 가정환경은 타의에 의해 선택의 여지없이 천륜의 인연을 맺게 된 부모형제 중심의 생장환경과, 자의에 의해 부부와 자녀를 주축으로 일군 분가 형태의 기초사회로 구성된다.

김현승은 일제 강점기에 태어나 해방과 한국전쟁을 겪고, 유신 독재정권이 막바지에 이른 시기에 타계한다. 그는 한 마디로 격동의 시대, 불우한 국가와 사회 환경 속에서 평생을 보냈다. 일제강점기 식민지의 설움, 미군정 치하, 동족상잔의 비극, 살벌한 독재치하, 부익부 빈익빈으로 이분화 된 산업사회의 모순 등, 잠시도 맘 놓고 숨 쉴 시간이 허락되지 않는 불안과 고뇌의 연속이었는데 이 부분은 그가 신앙과 시에 몰입하게 되는 요인으로 작용한다.

모태신앙이 암시하듯 그의 가정환경에서 신앙은 불가분의 절대요소였다. 아버지와 형이 목회자이며 어머니도 독실한 기독교인이었다. 자연스럽게 신앙생활과 가정생활이 한터울로 공존하는 분위기가 형성되었다.[1]

한편, 김현승은 아버지의 사역지를 따라 자주 낯선 환경으로 이사를 하게 되는데, 장성한 후 자신 역시 목회자 신분이 아닌데도 잦은 이직과 이사를 하게 된다. 물론 이는 당시의 시대 여건으로 보아 비단 김현승만의 특정 상황으로 볼 수는 없을 것이다.

그러나 내향적인 성격을 지닌 그에게 잦은 환경의 변화는 예기치 못한 심리적 충격을 안겨주었을 수 있다. 특히 안락한 생활환경이던 평양에서 당시 낙후되고 열악한 섬인 제주도로 이주하게 된 급작스런 환경의 변화는 성격형성기에 처한 그의 내면세계에 충격과 더불어 정서 불안의 씨앗을 심어주었다고 볼 수 있다. 따라서 이 부분은 신앙과 더불어 김현승의 성격 형성에 원초적 요소로 작용했으며, 그의 정서적 배경이자 내면화 기제인 고독과도 관계가 깊은 만큼 심층심리학적 이해를 필요로 한다.

또 눈물의 시인으로도 일컬어지는 그는 눈물을 포함, 일부 슬픔의 정조를 담은 시 탓에 감성적 일면을 보이기도 한다. 그러나 이에는 일찍이 경험한 누이와 아들의 죽음이라는 직접적 요인과, 당시의 암울한 조국과 사회

현상이 야기하는 배후 요인이 복합되어 있음을 감안해야 한다. 사실 그는 독실한 신앙적 수행과 함께 이지적 냉철함이 몸에 밴 지성이었다.

시의 특질과 언어미학적 가치

둘째, 한국 현대시에서 김현승의 시가 차지하는 위치와 특성을 분석하고, 그 언어미학적 가치와 고차적 정신주의의 지향점에 대해 고찰한다. 김현승의 시는 기본적으로 서정성을 바탕으로 하지만 독특한 이미지와 상징, 은유 등을 고밀도의 언어감각으로 형상화해 당시의 시풍과는 격이 다른 고유의 특성과 치열한 정신적 밀도를 선보인다.

그의 시 상당 부분에서 모더니즘 성향을 엿볼 수 있다. 그러나 그는 두드러지지 않게 치밀한 언어 구조를 내밀화함으로서 일반 서정시와의 경계를 은밀하게 봉합하는 한편, 정신주의와의 결합을 통해 기존의 모더니스트 시인과 결을 달리 한다. 굳이 그의 모더니즘에 토를 단다면 주지적 모더니즘으로 명명할 수 있을 것이다. 그는 이 점에서 누구보다도 독자적인 성향을 갖추고 있기 때문이다.

시 형식에서도 고도로 정련한 사유를 역설적 모순어법과 병치해 변증법적 낯설게 하기 효과를 노린다. 따라서 당시에 주류를 이루던 전통서정시나 모더니즘 시, 리얼리즘 시와 구분되는 자신만의 독자적 변별성을 확보한다.

그는 기독교 시인으로 일컬어지지만 통상의 기독교 시와는 차원이 다른 직관과 철학적 경지를 노래하는데 이 부분은 일반적 이해를 넘어선 심층적 독해를 요구한다. 무엇보다도 그의 시가 보유하고 있는 강점을 꼽자면, 초기시와 후기시 일부를 제외하고는 감정과 언어의 절제를 통해 고차원의 정신세계를 형상화한 데 있다. 이처럼 세련된 언어미학적 경향은 직간접적으로 당대 혹은 후대에 전수된다. 일례로 고향에서 함께 동인활동을 하며 문예지 〈신문학〉 발간에 동참한 후배 시인 이동주의 시에서도 이점이 발견된다. 뿐만 아니라 오랜 기간 광주 조선대와 서울 숭실대에서 후학을 양성한 그는 고향인 남도 지역과 더불어 한국 시단에서 아직도 은연중에 그 영향을 미치고 있다고 볼 수 있다.

시와 신앙의 시기별 특징

셋째, 김현승 시세계의 특징을 시기별로 나누어 분석해 보고, 그의 시에 나타나는 시와 신앙의 관계를 집중적으로 고찰한다. 김현승의 시세계는 초기와 중기, 후기로 구분해 각각의 특징을 살펴볼 수 있다. 그의 시는 신앙과 밀접한 함수관계를 지니고 있는데 이는 그의 시를 시기별로 구분하는 시금석 역할을 한다. 모태신앙에서 비롯된 관습적 신앙이 내면의 주요 정서를 이루는 초기와, 잠시의 방황 후 더욱 견실한 자세로 신의 품에 회귀한 후기의 시는 신앙이 시의 구심점 역할을 한다. 반면 신과 결별하고 절대고독의 경지를 추구하던 중기의 시세계는 시를 중심으로 재편되어 그의 시 역사상 최고의 절정기를 이룬다.

김현승에게 시·고독·신앙 3요소의 함수관계는 그의 시와 시세계를 이해하는 열쇠다. 이 세 가지 테제 중 하나만이라도 소홀히 한 채 그의 시를 논하기는 어렵다. 신앙은 영혼의 정화와 정신적 분발을 촉구하는 한편, 시 창작 욕구와의 결합 혹은 길항을 통해 시적 열정의 수위를 조율한다. 초기와 후기에는 시와 신앙의 결합이 대세를 이룬다면 중기에는 시와 신앙의 치열한 길항이 주조를 이룬다. 고독은 그의 신앙과 떼어놓을 수 없는 자아와 정서의 저변을 장악하고 그는 시를 통해 내면의 추이를 형상화한다.

김현승은 신과의 거리가 가까울 때 고독의 늪에서 벗어나 마음의 평화를 누릴 수 있었다. 반면 신과의 거리가 소원할 때는 고독의 심연 깊숙이 침잠하게 되는데 이때의 고독은 시적 치열성을 불러일으키는 에너지원이었다. 신과의 거리가 가장 멀어졌을 때 그의 고독은 극점에 이르고 때맞추어 절대고독을 비롯한 절정의 시가 탄생한 것이다.

릴케, 니체, 아우구스티누스와의 접점

넷째, 고독을 내면의 정서로 문학, 철학, 신앙 등의 세계에서 김현승과 접점 혹은 동질성을 공유하는 세계적 지성들과의 비교 연구를 통해 김현승의 시와 고독, 신앙을 보다 깊고 넓게 이해한다. 이를 위해 문학적 측면의 릴케, 철학적 측면의 니체, 신앙적 측면의 아우구스티누스를 김현승과 통섭적 층위에서 함께 살펴보기로 한다.

릴케와 니체, 아우구스티누스는 치열하게 우주의 본질과 실존적 삶을 탐구한 서양의 대표적 지성들이다. 이들은 직간접적으로 시공을 뛰어넘어 김현승에게 영향을 준다. 그 중에서도 신과 결별 후, 허무의 나락에서 '영원회귀'의 우주적 실체를 깨치고 힘에의 의지를 역설한 니체는 김현승과 일련의 사상적 행적을 공유한다.

김현승은 시대적 고뇌와 절망을 내면의 깊이로 심화해 치열한 시적 열정으로 승화한다. 또 내향적 몰입 속에서 지성과 신앙의 첨예한 갈등을 거쳐 더욱 견고하게 신과의 화해를 이룬다. 여기에서 전자는 시인 김현승을 가리키고 후자는 신앙인 김현승을 가리킨다. 시인 김현승과 신앙인 김현승은 때로 길항하면서도 서로를 견인하는 일련의 협업적 긴장 관계를 유지한다.

또 고독은 양자 사이의 정서적 바탕이자 에너지 역할을 수행, 그의 신앙과 시세계를 지고지순의 경지로 이끈다.

김현승의 시세계를 테제별로 구분하면 초기는 불안과 고독을 정서로 한 시가 주조를 이루고, 시와 정신세계의 절정기를 이루는 중기는 절대고독 상황에서 인간 중심의 주체적 사고가 주조를 이룬다. 반면, 기독교로 회귀한 이후의 후기는 참회와 찬양 위주의 신앙이 주조를 이룬다. 이 부분에서 초기는 릴케, 중기는 니체, 후기는 아우구스티누스와 유사한 맥락을 보인다.

시치유 텍스트로서의 가치

마지막으로 김현승 시의 사회적, 실용적 가치를 새롭게 발굴하여 대중적 외연을 확장하고 독자들과의 친밀도를 높일 수 있는 방안을 모색한다. 이 과제의 일환으로 김현승의 시를 정신건강 시각에서 재해석해 문학치유·통합문학치유·독서치유를 포괄하는 치유의 텍스트로 제시하기로 한다. 시가 치유 역할을 효과적으로 수행하려면 독자들의 마음에 깃들어 있는 상처와 불안한 정서를 위무해 주고, 일상의 활력이 필요한 독자들에게는 삶의 희망을 북돋아 줄 수 있어야 한다.

이런 차원에서 엄격한 자기관리를 통한 순결한 감성, 강건한 의지, 냉철한 지성, 치열한 신앙이 주조를 이룬 김현승의 시는 스트레스와 정서적 불안정이 일상화 되다시피 한 현대사회의 독자들에게 도움을 줄 나름의 치유력을 지니고 있다고 볼 수 있다. 평생을 고독 속에서 영혼의 평화와 궁극적 구원을 추구한 그의 시는 반복해서 음미할수록 현대의 암울하고 고독한 영혼들에게 실질적 위로와 격려가 될 수 있기 때문이다.

김현승의 「가을의 기도」를 외우며 윤동주의 「서시」에서처럼 감동하는 독자들을 볼 수 있다. 그런데 여기에서 한 걸음 더 나아가 「견고한 고독」의 "그늘에 빚지지 않고/어느 햇볕에도 기대지 않는/단 하나의 손발" 그리고 "이 체온으로 내게서 끝나는 영원의 먼 끝을/나는 혼자서 내 가슴에 품어 준다"는 「절대고독」의 시 구절에 담긴 함의를 놓쳐선 안 된다. 우주의 궁극적 본질에 대한 견자적 시선과 고차원의 메시지가 내포되어 있음을 깨칠 때 마침내 김현승 정신주의 시의 진수를 음미할 수 있기 때문이다. 고밀도의 절제와 함축으로 이루어진 그의 시는 한 구절, 한 행이 예사롭지 않은 예지와 직관, 고도로 정화되고 정제된 정신력의 결정체인 것이다.

김현승은 좀처럼 흐트러진 모습을 보인 적이 없던 것으로 전해진다. 워낙 그 내면이 치밀하고 단단한데다가 쉽사리 자신을 밖으로 드러내지 않는 성격이어서 동료들조차도 함부로 범접하지 못했다. 평생에 걸쳐 그처럼 자신을 갈고 닦으며 늘 반성하고 새롭게 내일을 추구하는 구도적 일상이 몸에 익은 경우는 흔치 않다. 그것은 궁극적 진리 추구와 동일선상에서 신을 닮으려는 노력의 일환이기도 했다. 모처럼 한국 현대 문학사에서 시와 사람이 일치한 전형을 그를 통해 되새겨 볼 수 있는 것이다.

구성과 기술 방법

김현승에 관한 논평은 대부분 그의 시와 기독교, 고독을 주제 혹은 배경으로 이루어져 있다. 따라서 그에게는 기독교 시인, 고독의 시인이라는 상징적 칭호가 뒤따른다. 그런데 이 수식은 그의 시 성향을 집약해 돋보이는 순기능을 하기도 하지만, 다양하고 폭 넓게 해석 되어야 할 시의 확장성을 제한하는 역기능으로 작용하기도 한다. 이런 현상은 그에 관한 담론에서도 자주 목격되는데 이 부분은 다양한 논점을 단순화하는 것으로 일반화의 오류에 가까운 모순을 안고 있다. 이처럼 김현승의 시적 특질이나 역사적 배경, 문학적 가치가 형식적 일반론으로 재단되고 이 경향이 일정한 텍스트로 고착화 되어버린 상황에서 그와 그의 시에 대해 논할 경우, 자칫 상호복제나 동어반복에 그칠 확률이 높을 수 있다. 그동안 발표된 김현승에 관한 상당수의 학술논문, 학위논문, 문예지나 신문의 시평에서 이를 확인할 수 있다. 그에 관한 저서도 이런 내용과 크게 다르지 않다.

이 책은 구성상 7부로 나누어 김현승의 성장 배경과 정신세계, 김현승의 시세계, 김현승 시의 특징, 김현승 시와 신앙의 시기별 특징, 김현승과 릴케·니체·아우구스티누스와의 접점, 김현승의 문학사적 성취와 기여, 김현승 시의 치유적 텍스트로서의 가치 등에 관해 깊고 넓게 그 핵심과 자장을 유기적으로 기술하고자 한다.

이 길고도 흥미로운 여정은 첫 암송 시「가을의 기도」와,「견고한 고독」의 "그늘에 빚지지 않고/어느 햇볕에도 기대지 않는"이란 구절에 매료되었던 문청시절의 감동을 인연으로 그동안 김현승 시와 시세계에 대한 탐구를 꾸준히 지속해 온 작은 집념의 결산이다. 여기에는 김현승을 주제로 발표한 필자의 박사학위 논문과 3편의 학술논문이 부분적으로 곁들여져 있음을 밝혀둔다.

차례

김현승 시세계의 약도(略圖)-김현승 재평가의 필요성　005

제1부　불안의 그림자와 고독의 배경

Ⅰ. 뿌리 깊은 정서적 내향성　　　　　　　　　　019
Ⅱ. 원초적 불안과 아니마　　　　　　　　　　　036
Ⅲ. 금속성 속의 따뜻한 눈물　　　　　　　　　　053

제2부　정신의 극점과 혼신의 언어

Ⅰ. 고차적 정신주의　　　　　　　　　　　　　073
Ⅱ. 주지적 모더니즘　　　　　　　　　　　　　103
Ⅲ. 생명성과 자아의식　　　　　　　　　　　　119

제3부　변증법적 역설과 함축의 미학

Ⅰ. 역설과 모순어법　　　　　　　　　　　　　134
Ⅱ. 독창적 은유와 이미지　　　　　　　　　　　152
Ⅲ. 절제와 함축미　　　　　　　　　　　　　　170
Ⅳ. 다양한 부호 사용　　　　　　　　　　　　　181

제4부　고독한 영혼들의 지문 대조

Ⅰ. 릴케와의 시적 접점—초기　　　　　　　　　192
Ⅱ. 니체와의 사상적 접점—중기　　　　　　　　203
Ⅲ. 아우구스티누스와의 신앙적 접점—후기　　　224

제5부 시기별 시와 신앙

 Ⅰ. 시와 고독의 함수관계   234
 Ⅱ. 신과 자아의 갈등과 화해   254

제6부 문학사적 성취와 재평가 필요성

 Ⅰ. 한국 현대시와 김현승   277
 Ⅱ. 저평가의 외적 요인   287
 Ⅲ. 문학사적 기여와 남도 문학   293

제7부 시치유 텍스트로서의 실효적 특장

 Ⅰ. 정신 건강과 시치유   311
 Ⅱ. 고밀도의 치유적 잠재력   327
 Ⅲ. 시치유를 위한 실효적 요건   336

주석 및 참고문헌 355

제1부

불안의 그림자와 고독의 배경

김현승의 내향적 정서를 지배하는 불안과 고독은 심리학 측면에서의 이해를 필요로 한다. 성격형성기 생활환경의 충격적 변화, 잦은 이사, 일제 강점기, 한국전쟁, 독재정권과 사회적 부패 등 타의적 소용돌이는 불안의 요인이자 배경이었다. 그 불안의 그림자 속에서 그는 스스로를 외부로부터 격리해 평생 자신을 고독의 시인으로 자리매김 한다.

Ⅰ. 뿌리 깊은 정서적 내향성

인간의 삶은 너와 나의 연대에 의해 이루어진다. '소외'는 너로부터 내가 멀어지는 것을 이른다. 이 경우, 나에게는 '너'와 '나'의 합작인 '우리'라는 공간에서 너라는 공동주체의 자리가 비게 되는 비정상적 상황이 주어진다. 그 빈 공간은 나에게 새삼스럽게 결핍감으로 다가온다. 그리고 그 자리에 고독이 자리 잡는다.

외부로부터의 결핍이 심리적 압박으로 작용해 내면세계를 위축시키는 것이 일반적 고독의 현상이다. 김현승에게 너는 민족이자, 신이며, 시인이었다. 그러나 민족은 식민지 백성으로 전락해 본연의 모습을 상실해 가고, 그 주인 역할은 일제나 그 앞잡이들이 대신하고 있었다. 그리고 이 부당한 만행은 해방 이후에도 독재정권이 대신한다. 한편, 신을 지향하는 기독교는 독선과 세속화로 인해 신으로부터 점점 멀어지고, 정치적이거나 속물근성, 싸구려 감성, 퇴폐적 낭만, 현학적 포즈를 남발하는 시인들은 시적 진실과는 거리가 멀었다.

김현승에게 너는 나를 실망시키고 절망케 하는 기피의 대상이었다. 너와 어울리는 것이 싫고 두려워서 김현승은 스스로 너를 멀리했다. 나를 너로부터 자가격리 시킨 것이다. 김현승은 고독의 안방에서 시를 쓰고 사색을 하며 혼자만의 공간을 스스로 확보했다. 그런데 고독은 늘 불안과 동거 중이었다. 그 고독과 불안을 규명하자면 '너'가 싫은 것은 고독의 요인이고 '너'가 두려운 것은 불안의 요인이었다. 기피의 대상인 너는 싫은 것보다도 두려움이 더 본질적이었다. 너에 대한 두려움을 떨치기 위해 그 반작용으로 너를 싫어한 것이었다.

불안은 살아가며 마주쳐야 할 대상과의 관계가 온전하지 못한 데서 싹튼다. 그 대상은 인간을 비롯해 신·자연·역사·환경·시간 등, 다양한 대상을 가리킨다. 그런데 이들과 관계가 좋을 때는 마음의 안정이 주어지지만 관계가 불확실하거나 위해 요소로 변할 때는 불안해 진다.

김현승은 젊어서부터 죽음을 시의 주제나 배경으로 자주 인용했다. 고독에 관한 시 못지않게 죽음에 관한 시가 유난히 많았다. 또 죽음이 등장하는 시에서 그 정조는 한결 고독했다. 심층적 심리기제인 불안이 죽음의 외피를 쓰고 자아의 시적 형상화를 추동하기 때문이었다. 고독이 파롤이라면 불안은 랑그였다. 죽음에 대한 불안은 그의 내면세계를 지배하며 시를 통해 그 정체를 막연히 표출하는 무의식의 일단이었다.

인간은 대부분 자연으로 부터 위안을 받고 그 속에서 안정을 누린다. 그러나 자연이 재앙 혹은 척박한 환경으로 변할 때에는 불안해진다. 또 낯선 환경에서의 부적응은 내향적 성향을 충동질해 불안을 가중시킨다. 그것이 예기치 못한 상황일 때 충격은 배가한다. 그리고 그 불안이 장기화 될 때는 심각한 내면의 상처로 굳어진다. 무엇보다도 그 충격과 불안이 성격형성기의 사건일 경우, 정신적 내상은 끈질기고 뿌리 깊다. 문제는 그 충격을 외형상으로 쉽게 파악할 수 없다는 데 있다.

인간에게 주어지는 환경 중에서 초기의 환경은 가장 큰 영향을 미치는 것으로 알려져 있다. 많은 심리학자들은 성격 형성에서 유아시절 겪은 사건과 경험, 환경의 중요성을 강조한다. 설사 자신이 기억하지 못한다고 해도 그 경험은 성격 형성에 지대한 영향을 미치기 때문이다. 성격형성기 때 무방비상태에서 축적된 불안한 감정과 충격은 무의식 깊숙이 내장되어 오랜 억압으로 작용한다는 이론은 심리학계에서 누누이 강조하는 일반론이다.

1. 원초적 상흔과 불안

프로이트를 비롯해 많은 정신분석학자와 심리학자들은 유아기의 생활경험이 인간의 인격 형성에 결정적인 영향을 준다고 주장한다. 인간의 내부를 이루는 정서와 심리는 외부환경과 밀접한 관계가 있으며, 정서·성격·인격의 형성은 초기부터 활발하게 진행되기 때문이다. 특히 인격이나 성격의 근간을 이루는 정서는 성격형성기 때 그 바탕이 이루어지는 것으로 본다. 뿐만 아니라 이때 성격이나 인격의 틀도 자신도 모르게 형성되어 간다고 한다.

유아기의 아이는 이성·사고·판단력·절제·인내·이해력 등의 방어기제가 무방비상태이거나 지극히 미숙한 처지여서 외부환경의 영향이나 충격이 여과장치도 없이 액면 그대로 입력되기 쉽다. 따라서 유아기 육아와 교육의 비중은 갈수록 커지고 있으며, 그 핵심을 이루는 요소는 외부환경의 안정적 제공이라는 사실을 기억해야 할 필요가 있다.

발달심리학에서는 1세부터 6세 까지를 유아기로 보며 부모의 정서 관리와 가정환경의 중요성을 강조한다. 이 경우, 가정환경에는 날씨·기온·자연·사물·선물·손님 등, 외부환경의 개입이 불가피하다. 또 가족뿐 아니라 친척, 친구들도 그 범주에 포함된다. 한편 공포·충격적 사건·어울리기 힘든 친구·적응하기 어려운 과제 등, 부정적 상황이 끼어들 수도 있다. 그러기에 발달심리학을 대표하는 피아제는 생후 2년 6개월에서 4년 6개월 사이에 걸친 어린이의 식별 능력에 대해 집중하며 이 시기의 정서와 교육에 대해 주의를 환기 시키고 있다.

'이드(id)'보다 '자아'의 역할을 중시한 자아심리학자 에릭슨도 어린이가 처한 환경은 성장과 성격, 자기 인식과 자아 정체성의 원천이 된다고 주장한다. 초기 아동기에 부모와의 경험을 중시하는 프로이트에서 한 걸음 더 나아가 사회적 환경, 가족 외 타자들과의 인간관계도 자아의 발달에 중요한 영향을 미친다고 본 것이다. 따라서 사회적 환경에 적응하려는 욕구와 그 충족 사이에서 발생하는 갈등은 고스란히 내면의 심리기제로 자리 잡기 쉽다. 그리고 그 갈등이 계속되거나 해결이 여의치 못할 경우, 자아 발달은 손상을 입고 부정적 요소가 심리의 저변을 장악하게 되는데 자칫 심각한 정서장애를 초래할 수 있다.

김현승의 생은 상실의 상흔에서부터 시작된다. 바깥으로는 일제의 침략으로 조국을 빼앗긴 한일합병 직후에 태어났고, 안으로는[2] 유아기 때 멀리 거친 바닷바람과 파도, 망망대해가 끝없이 펼쳐진 척박한 오지 제주도로 이사함으로써 평온하고 아늑한 대도시(육지)의 고향을 잃은 충격 속에서 민감한 성격형성기를 보낸다. 평양에서 태어난 그는 4세 때 평양을 떠나 제주에서 지내다가 8세 되던 해 광주로 와 초등학교에 입학한다. 유아기를 평양과 제주에서 반반 씩 보낸 셈이다.[3]

당시 평양과 제주는 자연환경, 경제, 사회, 문화면에서 현격한 차이가 있었다. 지금의 제주와 1910년대 제주를 단순 비교해서는 안 된다. 당시의 제주는 전형적인 삼다도로 오지 중 오지였다. 바람이 심하고, 돌이 많아 쓸 만한 농지가 턱 없이 부족했다. 해녀들의 물질은 목숨을 건 사투였듯이 주민들의 생계 대책은 극도로 열악했다.

대개 초등학교 입학 전, 마을의 또래 친구들과 충분한 교감을 쌓은 다음 함께 입학하는 것이 통례다. 그런데 김현승은 광주에 이사하자마자 친구들과 사귈 틈도 없이 곧장 낯선 급우들과 학교생활을 시작한다. 더욱이 그는 평안도와 제주도 방언이 뒤섞여 몸에 밴 처지여서 생소한 전라도 방언에 적응할 시간이 필요했다. 아무래도 반 아이들과 어울리기 쉽지 않았을 것이다. 이 부분은 그의 내성적이고 비사교적인 성격 형성에 원천적 영향을 미쳤다고 할 수 있다. 또한 그의 정서적 특징인 불안과 고독을 이야기 할 경우, 유아기로 그 원인을 소급해야 할 필요성을 제기한다.

비록 기억하지는 못하더라도 두 지역 간 생활환경 차이로 인한 충격은 그의 무의식 깊숙이 잠재해 있었다고 볼 수 있다. 그는 제주에서 먹는 조밥이 싫었다. 육지에 돌아와서 그 후 30여 년간 바다엔 들어가 본 일이 없다고 토로한 적이 있다. 또 문학을 하지 않았더라면 유명 선수가 되었을는지 모른다고 할 만큼 만능 스포츠맨이었지만 수영에는 소질이 없었다. 그래서 강이나 바다에는 잘 가지도 않지만, 가는 날이면 주눅이 들고 만다. 김현승이 조밥을 싫어하는 습관은 제주에서의 생활환경에 의한 산물이었다. 또 성장한 후에도 수영을 싫어한 것 역시 사방이 망망대해인 제주에서의 유아기적 물에 대한 공포와 연관이 있을 수 있다. 그만큼 그의 내면 깊숙이 자리 잡은 제주에 대한 유년의 기억은 유쾌하지 못했다.

평양→제주→광주→서울 등 주거지의 잦은 이동 역시 낯선 변화를 싫어하는 그를 불안하게 했다. 일제강점기에는 불령선인으로 몰려 고초를 겪고, 누이의 죽음을 맞는 등 불안한 청년기를 보낸다. 이로 인해 교사직에서 파면당하고 생소한 직장을 찾아 멀리 북한의 오지를 전전하기도 한다. 해방 이후에도, 올곧은 지성인의 양심을 위협하는 정치와 사회 현실은 정의와 양심에 투철하면서도 예민하고 사교적이지 못한 그에게 쉽게 떨쳐내기 어려운 불안의 요소로 작용한다. 이처럼 여러 가지 요인이 겹친 불안은 그를 고독하게 했고, 신앙에 충실한 중에도 죽음에 대한 상념을 되풀이하게 했다.

2. 불안과 고독의 상호성

융은 "소년 시절에 견딜 수 없을 만큼 고독했는데 성인이 된 지금도 나는 고독하다."고 술회하고 있다. 그가 심리학에 입문하게 된 단초를 엿볼 수 있는 대목이다. 김현승도 유아기의 고독이 평생 동안 그의 내면을 지배했다. 그런데 그에게 있어서 고독의 요인은 불안이었다.

불안은 정신분석 이론에서 중요한 위치를 차지한다. 성격의 표출은 물론 발달에도 중대한 영향을 미치기 때문이다. 일상적 평온과 대치되는 불안은 부단히 심리적 충동을 유발하며 긴장을 조성한다. 프로이트는 불안을 소중하고 가치 있는 것으로부터 멀어지는 데서 발생하는 상실의 공포라고 한다.[4] 그 불안은 생사의 기로에서 안정된 삶을 추구해야 하는 인류 보편의 실존적 과제이지만 김현승에게는 그보다도 확연한 환경적 요인이 자리 잡고 있었다. 그리고 그 후천적 불안은 구원에 이르지 못한 신앙적 결핍과 맞물려 그의 고독을 한층 심화시킨다.

사람들의 마음에는 이대로 가다가는 어찌될까하는 불안이 도사리고 있다. 이 불안은 어느 개인이나 어느 민족에 국한된 불안이 아니다. 이대로 가다가는 인간의 운명 어떻게 될 것인가 하는 바로 인간 자체에 대한 불안이다. 인간에게는 문명 이전의 순수에 대한 막연한 향수가 아직도 남아있다. 이것은 멀리 떨어진 시간적 거리감 때문에 막연한 것 같으면서도 실은 가장 변하지 않는 본질적인 동경이며 향수라고 할 수 있다.

위의 글은 김현승의 「인간에 대하여」라는 제목의 기고문에서 발췌한 일부이다. 이 짧은 글 속에는 그의 정신세계를 한 눈에 엿볼 수 있는 단초가 집약되어 있다. 여기에서 불안과 향수는 그의 고독을 견인하는 그림자이다. 그에게 있어서 불안의 상당 부분은 실향의 후유증이고, 향수는 불안으로부터 벗어나고 싶은 내면의 집약적 욕구였다.

앞에서도 잠깐 언급했지만 김현승은 평양에서 태어나 유년기 때 거친 파도와 망망대해가 사방에서 삼킬 듯 몰려드는 제주도로 이사를 하는 충격적인 환경의 변화를 겪게 된다. 여덟 살 때는 광주로 옮겨 초등학교 시절을 보내지만 졸업하자마자 다시 기독교학교를 찾아 평양으로 유학을 떠난다. 청소년 수업기를 태생지인 평양에서 보낸 그는 다시 광주로 내려와 교편을 잡으며 대부분의 생을 무등산 아래서 지내지만 만년에는 서울에서 생을 마친다. 그러니까 그는 유년기부터 만년까지 제주에서는 평양을, 광주에서는 제주를, 평양에서는 광주를, 만년에 이르러서는 서울에서 광주를, 그리고 남북분단 후에는 평양을 추억하거나 그리워한다. 이를 뒷받침하듯 백수인은 김현승의 「고향에」라는 시를 소개하고 있다.[5]

산에 오르면
언제나 꽃처럼 피어 있는 도시(都市)다

최후(最後)의 시(詩)를
나는 다시 이 거리에 돌아와 바치련다

다수운 가을을 더 받고 가려던
남국(南國)의 황금(黃金)빛 사흘들이
그만 사랑도 기억도 남기지 못한
고향(故鄕)이 되고 말았다

나는 어느덧 그만 나무와 같이 자라고 말았다

나는 그들의 조상(祖上)이고
시인(詩人)이 될 수 있을까
나는 천국(天國)을 거부(拒否)치 않는다

천국(天國)을 오히려 한숨 많은 이 폐허(廢墟)위에……
이 한 구절(句節)을 언제나 거센 물줄기처럼
나의 사구(砂丘)─나의 도시(都市)를 지나 흐르게 하라 내일(來日)은 늙어 버릴 시인(詩人)의 이름으로.

— 「고향에」 전문

김현승은 위의 시에서 "최후(最後)의 시(詩)를", "다시 이 거리에 돌아와 바치련다."고 노래하고 있다. 그곳은 "언제나 꽃처럼 피어 있는 도시(都市)"이자 "한숨 많은 이 폐허(廢墟)위에" 세운 "천국"으로 고향 광주를 가리킨다. 그의 고향에 대한 동경과 희원을 새삼 확인할 수 있는 자료이다[6]. 광주는 그에게 제주와 대척을 이루는 평양과 동일시된 장소다. 다시 말해 실향의 상흔인 '바다의 불안'이 내면세계에서 끊임없이 '대지의 기억'을 불러일으키는 망향의 목적지다.

아들러는 최초의 기억이 인간의 정신세계 속에 깊숙이 자리 잡는 관계로 유아기적 최초의 4~5년간 기억이 그 이후의 발달에 결정적 역할을 한다[7]고 주장하며 새로운 개인심리학의 고지를 선점한다. 바슐라르도 사람의 내부에는 유년시절의 나라만 있다[8]고 밝힌 바 있다. 김현승의 상징적 특성인 고독을 헤아리려면 제일의 요인인 고향 상실과 거기에 더해 발생한 격동기의 환경적 충격의 여파인 불안의 심리학적 접근을 놓쳐서는 안 된다.

이름 모를 동(東)과 서(西)
또 남(南)과 북(北)
그 빈 하늘에 쫓던 내 마음의 날개,
이제는 땅에 내려와
아주 가까운 땅이 되어버려,
내게는 처음이 될지도 모르는

이 마지막 봄비에 소리 없이 젖어보고 싶다.

저어가도 끝없는 추상(抽象)의 바다,
거칠은 사상(思想)의 물결 위에
이리저리 흔들려 조각조각 깨어진
내 마음의 거품들,
이제는 땅에 올라와
든든한 땅에 발을 딛고,
내게는 처음이 될지도 모르는
이 마지막 봄기운에 단 한 알의 꽃씨라도
내 것으로 품어보고 싶다.

그 큰 희망(希望)을 보석(寶石)으로 조려
별을 안던 내 마음,
바람에도 흐르고 구름에도 가리우던 내 마음,
이제는 나를 낳은 땅에 내려다,
이 봄은 오는 내 조국(祖國)의 산하(山河)에
이름 없이 딩구는
하나의 풀잎과 한 개의 돌멩이로
어루만지며 어루만지며 살고 싶다

― 「내 마음 흙이 되어」 전문

이 시는 비록 깊고 안정적인 신앙심을 외투로 걸쳤지만 자신도 모르게 원초적 무의식의 정서가 표출되고 있다. 1연의 "이제는 땅에 내려와/아주 가까운 땅이 되어버"린 구절에는 그가 제주/바다에서 광주/육지에 이르게 된 안도감이 짙게 배어 있다. 3연의 "바람에도 흐르고 구름에도 가리우던 내 마음"은 제주에서의 심경이고 "이제는 나를 낳은 땅에 내려"는 평양과 광주를 포함한 육지를 이르는 직접적 표현이다. 2연의 "저어가도 끝없는 추상의 바다/거칠은 사상(思想)의 물결 위에/이리저리 흔들려 조각조각 깨어진/내 마음의 거품들"은 제주에서의 무의식 깊숙이 각인된 충격을 가리키며 "이제는 땅에 올라와/든든한 땅에 발을 딛고/내게는 처음이 될지도 모르는/이 마지막 봄기운에 단 한 알의 꽃씨라도/내 것으로 품어보고 싶다"는 구절에는 제주에서의 기억을 떨쳐내고자 하는 의지가 담겨 있다.

그의 다른 시 「아버지의 자장가」에도 "고기들은 물속에/뿌리는 땅 속에서/하늘과 바다와 먼 나라로 날게 하는/꿈 상자를 네게 주마"라는 구절이 있다. 몸은 제주에 있지만 마음은 육지에 있는, 육지를 꿈꾸는 유년기의 감성이 나타나 있다. 시 「황혼」에서도 어느 날 갑자기 낯선 제주도에 멋모르고 유배당한 자신의 외로움과 불안을 무의식적으로 진술하고 있다.

> 무인(無人) 고도(孤島)에 탐험(探險) 갔던 작은 물새가 돌아왔건만,
> 밀려오고 스치는 스치고 떠나가는 물결의 외로움.
> 멀리 수평선(水平線) 위로 감상(感傷)이 군집(群集)할 때,
> 구름은 쓸쓸히 황혼(黃昏)의 숙박소(宿泊所)를 찾고 있습니다.
>
> —「황혼(黃昏)」부분

다음은 시 「사월」의 마지막 연인데 출생지이자 청소년기 학문의 전당이

던 평양을 향한 그리움을 노래하고 있다. 여기에서 북녘은 넓게는 남북통일의 대상인 북한을 의미하지만 실제로는 평양을 가리킨다고 볼 수 있다. 그곳은 마음으로는 추억과 희망이 반반일지라도 아직은 갈 길이 먼 동토다. 그러나 추억과 희망만으로 가슴이 설레는 곳이기도 하다.

> 추억(追憶)도 절반, 희망(希望)도 절반이여
> 사월(四月)은 언제나 어설프지만,
> 먼 북녘에까지 해동(解凍)의 기적이 울리면
> 또 다시 우리의 가슴을 설레게 하는
> 이달은 어딘가 미신(迷信)의 달……
>
> ―「사월(四月)」마지막 연

3. 불안의 그늘

비록 신의 품에 안겨 영혼의 평온을 찾았다고 해도 그의 무의식 밑바닥에는 여전히 유아기의 충격과 실향의 상처가 원형질처럼 작동하고 있었다. 그것은 그의 내면에 고독과 고독의 원인인 불안이 뿌리깊이 잠재되어 있음을 증명한다.

> 저녁 그림자,
> 슬픔이 언어(言語)를 잃으면
> 커다란 즘생도 되는가
>
> 너는 나보다도 더 외로워

지금 나를 따르고 있다.

저녁 그림자,

나는 이미 나를 떠난 지 오래이다.

너는 지금 누구를 따르는가-그러면 나의 곁에서.

너는 나의 밖에 나와 사는

혹시 나의 검은 영혼인가?

넘어가는 저녁 햇살들이

다수운 가지 끝에 참새들의 솜털을 물들일 때

저녁 그림자

나는 네가 슬퍼진다 — 철없는 즘생같이 나를

따르는 너의 착한 신앙(信仰)이……

나의 이름은 나의 명일(明日)의 햇빛과 꽃들도 모르는

종언(終焉) 의 종언(終焉!)

파편(破片) 의 파편(破片!)

네가 만일 나의 종이라면 서슴지 않고

나의 발목에서 너의 사슬을 지금 풀어주련만,

저녁그림자

나는 너보다도 외로워

지금 너의 뒤를 따르고 있다

— 「저녁 그림자」 전문

이 시에는 그의 고독이 여과 없이 드러나 있다. "저녁 그림자"는 매 연마다 한 행을 이루며 네 번이나 호명되고 있다. 고독의 객관적 상관물로 차용한 "저녁 그림자"를 마치 연인처럼 반복하여 부르고 있다. 2연에서 "너는 나보다도 더 외로워/지금 나를 따르고 있다"던 "저녁 그림자"에게 마지막 연에서는 "나는 너보다도 더 외로와/지금 너의 뒤를 따르고 있다"고 입장을 바꾸어 극적 반전을 이룬다. 결국 자신의 고독을 강조하기 위해 그림자를 인용한 저의가 역력하다. 그런데 이 시의 본격적 실체는 다음 구절에서 완연히 그 자취를 드러낸다. "나는 네가 슬퍼진다 — 철없는 즘생같이 나를/따르는 너의 착한 신앙이"라는 구절이다. 자신의 신앙이 아직 신에게 이르지 못하고 그 막연한 여정을 맹목적으로 걸어가야 하는 불안이 그를 고독하게 하는 것이다. "저녁 그림자"는 "철없는 즘생같이" 신을 따르는 불안한 자신의 영혼을 상징한다.

그가 유난히 고독에 천착하게 된 것은 운명적 천형이었다. 어려서부터 외부환경의 변화가 주는 내면의 충격은 심화될 수밖에 없었고, 그것은 선천적으로 예민한 성격과 결합해 평생을 우수와 고독의 심연에 자아를 가두는 후천적 원죄가 된다. 한편 실향의 상처는 그에게 모태신앙이던 기독교의 낙원에 대한 희구와 맞물려 구원에의 의지와 정조로 전경화 된다.

이제 그의 고향은 신의 처소로 일원화 되고, 신을 향한 일념은 그에게 있어서 간절한 고향 찾기로 자리 잡는다. 의식적이건 무의식적이건 대부분 그의 시에서 고향은 영원한 구원의 현주소로 치환되는데 아래의 시 구절에서는 불안과 고독 속에서 노래한 망향의 실체를 확인할 수 있다.

우리들의 처음 고향은 사랑이었나이다

영겁에도 그러할 것이외다

— 「호소(呼訴)」 부분

　김현승의 유년기적 기억에 현존하는 고향은 광주이지만 그보다 근원적이며 궁극적인 "처음 고향"은 영혼의 고향인 구원의 처소였다. 그곳은 "사랑"으로 충만한 낙원이며 거기에 이르기 위해서는 신을 향한 사랑과 이에 응답한 신의 사랑이 필요조건이자 충분조건이었다. 김현승의 고향 찾기는 기독교적 구원에 의해 주어지는 영생과 평안에 대한 희원, 그리고 실존적 자아의 궁극적 귀의처였다.

　그러기에 그의 고독과 불안은 신과의 관계가 원활할 때는 잠잠하다가도 신의 손길이 그의 영혼에 제대로 미치지 못할 때는 격정적 반응을 표출한다. 그렇듯 실향으로 인해 잠재된 무의식의 상흔은 그의 시 도처에서 발견된다. 직접적으로 표현하고 있지는 않지만 그의 시 상당부분은 아래의 〈표 1〉에서 보듯 실향의 아픔과 망향의 희원으로 읽힐 만한 정조를 보인다.

표 1 실향과 망향의 정조가 연상되는 시구(詩句)

시 제목	시구(詩句)
바다의 육체	뭍으로 돌아가면 나는 다시 파도에서 배운 춤을 일깨우고, 내 꿈의 수평선을 머얼리 그어 둘 테다!
아침	아우야 남향의 침실 문을 열어 제치라
황혼	무인의 고도에 탐험 갔던 작은 물새가 돌아 왔건만

시 제목	시구(詩句)
고전주의자	지향 없는 길에서나마 더욱 오래인 동안 머물러야 했던 일들이 지금은 애련히 떠오르는
여름 방학	끊어졌던 수평선과 넓은 광야의 무한한 숨소리를 다시금 듣는 시간이다.
십이월	저무는 해 저무는 달 흐르는 시간의 고향을 보내고
눈물보다 웃음을	발뿌리를 돌려도 발뿌리를 돌려도 땅 끝마다 저무는.
갈구자	가슴들을 깊이 파, 눈물을 솟게하고 척박한 황금의 변방에서 한 줌의 흙을 구한다.
가을의 입상	멀리 멀리 흘러갔던 보랏빛 구름들과 바다거품으로부터 그만 나의 연륜을 불러들이자 나로 하여금 돌아오는 길목에 서게 하여 다오
신록	신록이 필 때마다 나는 다시 자연으로 돌아가오
독신자	너는 죽어서도 무덤밖에 있을 것이다 누구의 품안에도 고이지 않은 나는 지금 알뜰한 제 몸 하나 없다
낭만평야	여기 풍만하고 풍성한 토지에 기립하면 부푸는 지평선의 우정이 부르는 소리……
산줄기에 올라	산줄기에 올라 바라보면 언제나 꽃처럼 피어있는 나의 고향 그리고 아침과 저녁에 공동으로 듣는 기적소리는 멀고 먼 곳을 나의 꿈과 타고난 슬픔을 끌고 가는……
신설(新雪)	역사들 썩어 가슴에 흙을 묻으면 희망은 묻혀 새로운 종자가 되는
저녁 그림자	저녁 그림자 나는 너보다도 더 외로워 지금 너의 뒤를 따르고 있다

시 제목	시구(詩句)
가로수	우리는 어차피 먼 나라에 영혼을 두고 온 에트랑제
체념 이라는 것	기다리다가 보내고 기다리다가 가고 기다리다가 모질지 못하고 기다리다가 살아보지 못하는
그냥 살아야지	겨울에는 눈을 맞고 가을밤엔 달을 보고 그런대로 이웃들과 어울리어 살아 왔다 그냥 살고 말아야지……
주말동경(週末憧憬)	미지의 나라와 명일의 친교들을 위하여 고향에 슬픈 듯 손을 흔들자!
아침과 황혼을 데리고 갈 수 있다면	기차로 가는 플랫포옴과 포석의 도로들과 또한 주막을 지나 푸른 하늘 아래 빛나는 평야를 천리나 만 리 끝없이 갈 수 있다면 아아 자연은 왜 이다지 아름답습니까?
동굴의 시편 1	인생의 언덕 위에 뿌리박은 나는 생각하는 갈대다
고독	너를 잃은 것을 너는 모른다 그것은 나와 내 안의 잃음이다
희망이라는 것	너의 생명이 닿는 곳에 끝없이 놓인 내일의 가교를 끝없이 가는. 별과 바람에도 그것은 꽃잎처럼 불리는 내 마음의 머나먼 모습이다
길	그대의 길은 사랑을 잃고, 꿈으로만 떠오른다 시월의 푸른 하늘을
부재(不在)	나는 어디에 있는가. 나는 내 단단한 뼈 속에 있지도 않고, 비 내리는 포도(鋪道)의 한 때마저 나는 내 우산 안에 있지도 않았다.

김현승의 시에는 '그늘'이라는 시어가 자주 등장한다. 「견고한 고독」의 "그늘에 빚지지 않"은 그늘을 필두로 「푸라타나스」, 「오월의 환희」, 「박명의 남은 시간 속에서」, 「눈물보다 웃음을」, 「인간은 고독하다」, 「가을의 소묘」, 「가로수」, 「나무와 먼 길」, 「산포도」, 「영혼과 중년」 등의 시에 그늘은 중요한 시적 장치로 재현된다. 이 역시 실향으로 야기된 불안한 정서의 소산으로 볼 수 있다.

　그늘은 음지와 시원한 나무 그늘의 양면성을 띠고 있지만 보편적으로 어둡고 스산하고 수심어린, 낮고 어두운 세계의 상징으로 읽힌다. 설사 그것이 여름날 싱싱한 나무 그늘로 써졌다 해도, 그의 심연에 드리어진 불안의 그늘이 무의식의 벽을 뚫고 표출된 것으로 보아야 할 것이다. 그런데 그의 후기시에는 그늘이라는 시어가 별로 보이지 않는다. 그는 신의 품인 양지에 이르자 마침내 그늘의 질곡에서 벗어나게 된다.

Ⅱ.　　　　　　　　　　　　원초적 불안과 아니마

　정신과 의사이던 융은 정신분열증 환자들의 꿈은 망상 속에 미지의 태고적/신화적인 상징이 내재해 있으며 정상인의 꿈에서도 그와 같은 신비한 상황이 나타나는 사실에 주목한다. 그리고 무의식의 세계를 개인적인 것이라고 생각한 프로이트와 달리, 무의식에는 개인적인 무의식 외에도 집단무의식이 있다고 주장한다. 구체적으로 그는 집단무의식의 기저에는 조상으로부터 물려받은 집단적 기억이나 이미지가 잠재해 있다고 보며 이를 구성하는 요소를 원형(achetype)이라고 부른다. 이 원형은 페르소나(persona)·그림자(shadow) · 아니마(anima) · 아니무스(animus)등을 비롯한 다양한 형태로 무의식 속에서 독립성을 유지하며 공존함으로써 하나의 인격을 형성하고 있다는 것이다. 여기에서 아니마(anima)는 라틴어의 영혼을 뜻하는 용어인데 남성 속에 깃들어 있는 여성적 심상을 가리킨다. 이때의 여성성은 사회적 통념을 넘어선 원형적 특성을 말한다.

아래의 글은 김소월의 「진달래꽃」에 대한 김현승의 시평 한 대목인데 그의 아니마적 일면을 파악할 수 있는 좋은 자료이다.

항거할 수 없는 것에, 항거해서는 안 될 것에 부질없이 항거하는 것은 추태일 뿐 그것은 진정한 용기가 아니다. "말 없이 고이 보내 드리며", "죽어도 아니 눈물 흘리는" 체념이야 말로 진정한 의미의 용기이며 이성미(理性美)라고 할 수 있다. 그러한 행동이야 말로 사랑을 잃었을 지언정 인간으로서의 승리를 의미하는 것이 된다.

김현승은 위의 시평에서 남성적 항거보다도 "말없이 고이 보내드리면서도 죽어도 아니 눈물 흘리"는 여성적 절제와 체념을 당연하고도 진정한 이성적 용기로 미화하고 있다. 남성중심 사회에서 여성이 감내해 온 전통적 인고의 아픔을 미학적으로 승화하고 있지만 돌이켜 보면 다분히 여성적인 정서를 드러내고 있음을 알 수 있다.

다음 시 「슬픔」에서도 그의 아니마 성향은 여과 없이 드러난다.

슬픔은 나를
어리게 한다.

슬픔은
죄(罪)를 모른다,
사랑하는 시간보다도 오히려.

슬픔은 내가
나를 안는다,
아무도 개입(介入)할 수 없다.

슬픔은 나를
목욕시켜 준다,
나를 다시 한 번 깨끗하게 하여 준다.

슬픈 눈에는
그 영혼이 비추인다,
고요한 밤에는
먼 나라의 말소리도 들리듯이.

슬픔 안에 있으면
나는 바르다!

신앙(信仰)이 무엇인가 나는 아직 모르지만,
슬픔이 오고 나면
풀밭과 같이 부푸는

어딘가 나의 영혼……

— 「슬픔」 전문

"나를 어리게 하고", "나를 목욕 시켜주"는 "슬픔"은 아니마의 상징적 은유다. "슬픔은 내가/나를 안는다"는 구절은 스스로 슬픔을 달래는 인고적 여성성이 주조를 이루고 있다. "슬픔 안에 있으면 나는 바르다"는 구절 역시 이를 입증한다. 그에게 슬픔, 즉 아니마의 잠재성이 얼마나 은밀한가를 알 수 있다. 또 다른 시 「슬퍼하지 않는 것은」에서도 아니마 성향을 엿볼 수 있다.

슬퍼하지 않는다는 것은
밤이 되어도 우리들의 꽃밭에 이슬이 내리지 않은 것……

— 「슬퍼하지 않은 것은」 부분

김현승은 "슬퍼하지 않는다는 것은/밤이 되어도 우리들의 꽃밭에 이슬이 내리지 않은 것"이라며 슬픔을 생의 긍정적 요소로 전환하고자 한다. 슬픔을 안으로 다스려 인고적 가치로 승화하려는 아니마적 관조가 주조를 이루고 있다. 이 시에서 주목할 대목은 슬픔을 긍정적 시각으로 보는 사고의 반전이다.

융의 수제자인 프란츠는 『개체화 과정』에서 "남자의 논리적 정신이 그의 무의식에 감추어진 사실들을 판별할 수 없을 때마다 아니마는 남자가 그것을 파헤치도록 돕는다. 더욱 핵심적인 것은 아니마가 남자의 정신을 올바른 내적 가치와 조화를 이루게 해주고 그럼으로써 좀 더 심오한 내적 가치로 들어가는 길을 열어주는 역할을 한다."[9]고 아니마의 긍정적 부분에 대해 설명한 바 있다. 김현승은 심연의 그림자로 숨죽이고 있는 아니마를 밖으로 끌어내 영혼의 순수, 고결한 지조, 따뜻한 감성으로 승화해 자칫 건조하고 딱딱하기 쉬운 남성적 취약을 효과적으로 보완한다.

1. 감성적 아니마

김현승의 시에서 아니마는 세 단계의 과정을 통해 분출되는데 초기시에서는 감성적 아니마로 나타난다. 이때의 시에는 미처 정제되지 못한 직정적 감수성이 두드러진다. 고은이 김현승의 시를 종교적 여성성[10]으로 본 것처럼 김현승하면 떠오르는 고독을 비롯한 눈물, 보석, 별 등, 상징어는 다분히 감성적 여성성을 내포하고 있다. 그의 지사적 체취 역시 순결하고 강인한 여성의 정조로 해석할 수 있다.

김현승의 시 「영혼과 중년」은 42세 때 발표한 시인데 중년에 이르러서도 씻어지지 않는 아니마 성향이 고스란히 드러나 있다.

가락엔 으레이
눈물을 섞던 나이,
이제는 쑥스러워
휘파람도 못 부네
휘파람도 못 부네.

(중략)

씀바귀 마른 잎에

바람이 스치는

나의 영혼—식물성 나의 영혼일세.

— 「영혼과 중년(中年)」 부분

휘파람도 쑥스러워서 못 불 정도로 소심한 여성성의 일면을 밝히고 있다. 또 자신의 내면적 정서를 "식물성 영혼"으로 비유한 데서도 남성성의 발로인 동물적 역동성을 안으로 삼키듯 억제하는 여성성을 재확인하게 된다. 다른 시 「체념이라는 것」에서도 "식물성"이라는 상징어가 등장한다.

식물성 창자가 말갛도록 돌이키고 뉘우치기란,

참으로 참으로 나도 모르겠구나!

기다리다가 보내고

기다리다가 가고

기다리다가 모질지 못하고

기다리다가 살아보지 못하는,

— 「체념이라는 것」 부분

이 시에서는 식물성 영혼이 "식물성 창자"로 감각화 된다. 식물성은 모질지 못해 제 마음대로 "기다리다가 살아보지"도 못하고 제자리서 인고의 세월을 보내는 여성성의 은유적 표현이다. 언어의 절제가 남다른 그가 "참으로"를 거푸 반복하고, "기다리다가"를 매 행마다 네 번이나 되풀이 하는 것 역시 그의 아니마적 감정이 예사롭지 않은 점을 입증한다.

그가 스스로 외모에 빗대어 자신의 성향을 그린 다음의 시 「자화상(自畵像)」한 편만 봐도 심상치 않은 여성성은 금세 눈에 띈다.

> 내 목이 가늘어 회의(懷疑)에 기울기 좋고,
> 혈액(血液)은 철분(鐵分)이 셋에 눈물이 일곱이기
> 포효(咆哮)보담 술을 마시는 나이팅게일······
>
> 마흔이 넘은 그보다도
> 뺨이 쪼들어
> 연애(戀愛)엔 아조 실망(失望)이고,
>
> 눈이 커서 눈이 서러워
> 모질고 사특하진 않으나,
> 신앙과 이웃들에 자못 길들기 어려운 나 ―
>
> 사랑이고 원수고 몰아쳐 허허 웃어버리는
> 비만(肥滿)한 모가지일 수 없는 나 ―
>
> 내가 죽는 날
> 단테의 연옥(煉獄)에선 어느 비문(扉門)이 열리려나?
>
> ―「자화상(自畵像)」 전문

"내 목이 가늘어/회의에 기울기 좋고"의 구절에 깃든 소심한 회의주의, "혈액은 철분이 셋에 눈물이 일곱이지"와 "눈이 커서 눈이 서러워" 등 눈물이 많은 자신을 반복하고 있는 점, "마흔이 넘은 그보다도/뺨이 쪼들어/연애엔 아조 실망이고"의 구절에서 보듯 그는 여성적 겸손과 수동성을 자조 섞인 목청으로 읊고 있다.

한 사람의 고독을 언급하거나 필요에 따라 심도 깊게 고찰할 때는 생래의 선천적 고독과 생장환경의 산물인 후천적 고독을 아울러 다루어야 한다. 김현승은 내외적 환경이 상실의 연속이었듯이 자신의 현실적 과제를 두고도 무수히 패배나 체념의 경험을 반복한다. ①기독교계의 반기독교적 현실에 어울리지 못할 뿐 아니라 신과도 원만한 소통이 이루어지지 못하는 점. ②다른 시인들에 비해 자신의 우수한 시적 내공이 제대로 조명되지 못하는 점. ③신앙인이자 지성인이면서도 조국의 참담한 현실 앞에 적극적으로 나서지 못하는 점은 의기소침한 그를 더욱 고독하게 한다. 그리고 예민하고 소심한 성격을 한층 내향적으로 유도하는데 이는 새삼 그의 무의식 저변에 침전해 있는 아니마의 존재를 확인하게 해준다.

김현승은 한 기고문에서 "내가 작가로서의 나 자신을 분석해 보면, 이상하게도 내 안에는 양면의 기질이 있음을 발견하게 된다. 눈물과 같이 고요한 면이 있는가 하면, 그와 반대로 사회정의를 강조하고 실현코자 하는 정열적인 기질도 다분히 지니고 있다."고 자신의 양면성에 대해 토로하고 있다. 또한 불행이나 인고(忍苦), 우울을 소재로 한 시가 자신의 기질에 맞는다고 토로한다. 자신의 시 「눈물」에서 보여 준 것처럼 열렬한 슬픔을 통하여 생명의 본질을 추구하려는 시정신이 자신의 타고난 기질에 맞는 것 같기에 자신은 그저 고스란히 인고의 걸음을 소가 밭을 갈 듯이 걸어가야 할 것 같다는 것이다. 그의 성격에서 아니마적 기질을 읽을 수 있는 대목이다. 한편, '눈물'은 그에게 숨어있는 아니마의 실체로, 그에게 "사회정의를 강조하고 실현코자 하는 정열적인 기질"을 부추긴다. 이는 아니마가 남성성의 방향으로 그를 유도하는 것을 의미한다.

표2 아니마의 기질이 엿보이는 시 구절

시 제목	시구
쓸쓸한 겨울 저녁이 올 때 당신들은	"눈물과 한숨" "비련의 감정" "구슬픈 저녁" "가냘픈 선율" "가엾은 마음"
어린 새벽은 우리를 찾아온다 합니다	"당신은 쓸쓸한 저녁이 올 때 얼마나 슬퍼하였습니까?" "황혼의 비가(悲歌)를 구슬피 불러" "끊어져 가는 날의 숨소리" "어린 이슬들이 밤새도록 닦아놓은 빨래줄"
황혼(黃昏)	"태양은 바다의 푸른 침실로 들어갔습니다" "자색(紫色)에 물든 안개는 황혼의 정조(貞操)" "스치고 떠나가는 물결의 외로움" "구름은 쓸쓸히 황혼의 숙박소를 찾고 잇습니다" "곱고 아름다운 듯하나 가슴을 쪼개는 황혼이기에"
새벽은 당신을 부르고 있습니다	"어여쁜 산새들을 푸른 수풀 속에 내어 놓으면" "맑은 이슬을 모아놓고 훌륭한 작품의 감상자를 부르고" "애닯고 찬란한 시를 쓰는" "맑고 귀여운 이슬을 죄 꾀어" "밤의 슬픈 이야기를 계속하는"
떠남	"네가 사랑하는 보석(寶石)은 진주(眞珠)나 낙엽(落葉)보다 눈물이다"
새벽	"꽃밭에서 이슬을 굴리고"
까마귀	"비가(悲歌)의 시편(詩篇)들 속에 까마귀의 생애(生涯)는 깃들인다"
교실(敎室)	"어둡고 쓸쓸한 당신의 투숙(投宿)" "우리들 머리 위에 눈 내리듯 쓸쓸한 과거(過去)는 쌓여도 "

시 제목	시구
이별의 곡(離別의 曲)	"호! 밤은 이리도 슬픈 것인가?" "등불은 차거운 심야(深夜)를 동그랗게 파다" "매아미 허물같이 외로와 외로와"
엄마. 밤	"어머니와 떨어져 혼자 자는 아기의 생각과 같이 외로운 밤"
동면(冬眠)	"호올로 창을 켜고 가다"
내가 나의 모국어(母國語)로 시를 쓰면	"당신은 어느 구절에선 나의 눈물을 지워 주고" "봄바람에 피는 빨간 진달래 빨간 진달래로 그곳을 채워 주었을 것이에요"
푸라타나스	"호올로 되어 외로울제" "그곳은 아름다운 별과 나의 사랑하는 窓이 열린 길"
내가 가난할 때	"나의 마음 저 보랏빛 노을 속에 고이 묻으시는"
어제	"정한 눈물로 딲어 두자"
호소(呼訴)	"더욱 빛나는 것은 오늘 사랑의 한 끝인 당신의 눈물"
고전주의자(古典主義者)	"지금은 애련히 떠오르는" "눈물의 얼룩이라도 지워가고 자운 마음"
사랑을 말함	"아침에 맺혔다 슬어지는 이슬을 보라 하시리이다"
바다의 육체(肉體)	"백사장의 깃은 물결에 젖었다"
이별(離別)에게	"지우심으로/그 얼굴 아로사겨 놓으실 줄이야"
무등차(無等茶)	"외로움도 향기인 양 마음에 젖는다."
독신자(獨身者)	"그리하여 뉘우쳐 머리 숙인 한 그루 나무와 같이" "나의 친구는 먼 하늘의 물 머금은 별들……" "첫눈이 나리면/순결한 살엔 듯/나의 볼을 부비자"
낭만평야(浪漫平野)	"더욱 큰 눈물에 젖은 그늘과"
산줄기에 올라	"멀고 먼 곳을 나의 꿈과 타고난 슬픔을 끌고 가는"
슬퍼하지 않는 것은	"슬퍼하지 않는 다는 것은" 밤이 되어도 우리들의 꽃밭에 이슬이 나리지 않는 것
육체(肉體)	"내 눈물의 밤이슬과" "저 슬픈 미망인들의 눈동자를 만드신"
양심(良心)의 금속성(金屬性)	"나의 꿈과 사랑과 나의 비밀(秘密)을" "너만은 물러나와 호올로 눈물을 맺는 달밤"

시 제목	시구
신설(新雪)	"상처 깊은 가슴들" "사랑과 눈물과 스미는 햇빛으로 덮은"
삼림의 마음	"보석들을 더 안아주어도 좋을 그곳입니다 별들을 더 안아주어도 좋을 그곳입니다."
속죄양(贖罪羊)	"돌아오면 머리맡에 들불을 사랑할 줄 아는" "나와 너는 슬픔과 아쉬움을 서로이 바꾸어 지닌 채"
건강체(健康體)	"한 방울의 눈물이 그 맑은 아침 이슬로 타는 혀끝을 적시어 주는"
1962년에	"나의 시의 애련한 폭은(爆音)도"
유성(流星)에 붙여	"질투보다 강(强)한 어느 눈물이" "저렇듯 찬란이 슬프도록 꼬리를 저으며 사라져 갔을까"

위의 〈표2〉에서처럼 김현승의 시에는 눈물·보석·별·그늘·한숨 등의 주격 명사, 가냘픈·서러운·애련한·순결한·고이 묻으시는 등의 서술어, '하시리이다'와 '것이에요' 등의 종결어미에서 보듯 여성적 어조들이 자주 눈에 띈다. 이는 당시의 서정시들이 민족의 한과 민중의 우울한 정조를 여성적 정조로 표출한 시대적 감정의 발로임을 감안한다 하더라도 유의할 대목이다. 김현승은 냉철하고 절제가 몸에 밴 견고한 의지의 주지적 시인으로 정평이 나 있기 때문이다. 이는 그의 내면세계의 일단을 형성하고 있는 아니마에 대한 통념적 이해보다는 보다 심층적 해석을 요구한다.

2. 남성성의 부활

시인은 언어의 사막을 혼자 걸어 직관의 숲과 호수로 이루어진 '저기'의 오아시스, 즉 본연의 고향을 되찾기 위해 '여기'를 떠나는 자들이다. 여행 중독자처럼 미지의 원심력을 좇는 환상의 탐험가로, 휴식과 평화와 일상의 원천인 정착지에서의 안일을 천형이듯 떨쳐낸다. 시인은 언어의 자급자족을 위해 모어의 그늘에서 탈출해 낯선 방언과 실어의 고통을 이명처럼 앓는 자들이기도 하다.

김현승은 '견고한 고독'에서 한 걸음 더 나아가 신과의 결별을 선언한 뒤 '절대고독'에 이른 중기의 시에서는 고독의 심화에 발 맞춰 남성성이 주조를 이룬다. 아니마의 소극적 수동성에서 벗어나 비장한 단독자로 광야에 나아가 남성성의 정점에 이르게 된 것이다.

①
가을에는
호올로 있게 하소서.
나의 영혼,
굽이치는 바다와
백합의 골짜기를 지나
마른 나뭇가지 위에 다다른 까마귀같이

— 「가을의 기도」 3연

②
어느 햇볕에 기대지 않고
어느 그늘에도 빚지지 않는
단 하나의 손발

— 「견고한 고독」 2연

①은 제목처럼 신을 향한 기도의 시다. 그러나 자신의 "영혼"이 "호올로 있게" 해달라는 기도이다. 경건하고 고요한 심성으로 신을 맞겠다는 순결한 영혼의 일념일 수도 있겠지만 그보다도 자신만의 세계에 침잠하려는 욕구가 엿보이는 대목이기도 하다. 그 본의는 마지막 구절에 보다 구체적으로 선명해진다. "굽이치는 바다"와 천국을 상징하는 "백합의 골짜기를 지나" 마지막으로 이르는 곳은 "마른 나뭇가지 위에 다다른 까마귀"의 처소다.

까마귀는 그가 고향인 광주에서 자주 보던 친근한 새라는 사실에 주목해야 한다. 무의식 깊이 내장된 고향을 상징하는 새이기 때문이다. 여기에서의 고향은 단순한 태생지나 성장지가 아니라 보다 근원적인 구원의 장소를 의미한다. 신의 거처인 천국보다도 더 근원적인 이상향에 대한 천착을 무심결에 들키고 만 셈이다. 그것이 까마귀로 상징화 되어 시에 나타난 것이다. 그리고 드디어 그는 ②에서처럼 "어느 햇볕에 기대지 않고/어느 그늘에도 빚지지 않는/단 하나의 손발"로 절대고독의 정점을 향해 첫걸음을 내딛는다.

모성이 바탕을 이루는 여성성은 현재에 안주하려는 구심력의 원형이다. 그것이 고향을 잃었을 때는 강렬한 향수로 작용한다. 반면 남성성은 고향을 벗어나 미지의 세계를 탐험하고자 하는 원심력을 기반으로 한다. 그러나 그 세계는 영원한 구원과 맞물린 보다 근원적인 고향 찾기를 의미한다. 김현승의 절대고독은 신이라는 절대적 존재의 품을 벗어나 스스로의 걸음으로 보다 근원적인 주체의 경지에 이르기 위한 원심력으로, 아니마 속에 은폐되어 있던 남성성의 격정적 발로였다.

고독은 잡념으로 꽉 찬 자신을 비우고 거기에 오롯이 자아만의 일심(一心)을 채우는 공간일 수 있다. 그 공간과의 조우는 타자나 외경(外境)에 사로잡혀 있던 거짓 자아를 추방하고 참 자아인 온전한 자신과 새롭게 만나 모처럼 자신만의 시간과 공간을 향유하는 소중한 자기 충전의 기회이기도 하다.

자신의 내면에 깃든 생각조차도 마음대로 할 수 없다는 사실은 자신을 제대로 다스릴 수 없는 통제력의 상실을 의미한다. 그러기에 고독은 우주 삼라만상의 일원인 주체적 생명체로서의 성찰과 숙고를 통해 잡념과 억압을 떨치고 순수한 자신으로 돌아가는 자아회복의 통로일 수 있다. 여기에서 신과 인간과의 온전한 모태 분리가 이루어져 건강한 주체로서의 순수 자아에 이르게 되는데 이는 아니마 성향의 경우, 진정한 남성성의 회복을 의미한다. 김현승이 추구한 절대고독의 경지도 이와 같은 차원의 고지였다. 그러나 절대고독의 고지에서 급작스런 발병으로 인해 다시 신의 품으로 귀의한 후기의 시에서는 모성적 아니마가 주조를 이룬다.

3. 모성적 아니마로의 회귀

만년에 신의 품으로 회귀한 김현승의 아니마의 주체는 자신이 아니라 신이었다. 신은 모태와 분리 이전의 어머니와 동일자였다. 김현승은 신의 품을 떠나 주체적 자아의 독립을 추구하던 남성성의 세계에서 다시 모성적 아니마로 회귀한 것이었다.

여기에서 모성적 아니마는 어머니를 대신한 신과 자아가 미분리 상태로 공존하는 모태를 의미하는 조어다. 아니마가 남성 속에 깃들어 있는 여성성을 상징한다면 모성적 아니마는 모성성(母性性) 속에 담긴 아니마를 일컫는다고 볼 수 있다. 김현승이 만년에 회귀하게 된 모성적 아니마의 실체는 어머니의 대체자인 신의 품에 남성성을 상실한 아니마가 안겨 모태에서처럼 신과 일체를 이룬 것이었다.

　모성적 아니마의 주체는 신이고 자신은 신의 모성애에 태아처럼 의지하는 피동적 존재였다. 이후 그는 신의 품을 떠나서는 잠시도 견디기 어려웠다. 모성적 아니마 속에서는 의타적 평안과 분리 불안이 공생하고 있었다. 시에서 전자는 영생에 대한 희원과 믿음으로, 후자는 시 「마지막 지상에서」처럼 영원과 현실의 간극으로 인한 죽음에의 불안으로 나타났다.

　원죄 이전의 고향인 에덴에 대한 향수는 기독교의 기본 정서다. 기독교적 시각에서 보면 모든 인류는 상처 입은 실향민이다. 따라서 인류의 근원적 과제는 아담과 하와가 잃어버린 고향 찾기이다. 부활이나 영생으로 일컬어지는 구원은 곧 실낙원에서 에덴으로의 귀향을 뜻한다.

　절대고독 시기에 신을 떠나 미지의 세계, 즉 근원적 고향을 주체적으로 탐색하던 김현승의 남성적 열정과 예지는 다시 신을 향한 아니마적 겸손과 복종으로 순화되기에 이른다. 그 아니마는 예전의 아니마가 아니라 어머니의 품처럼 신의 은총이 깃든 모성적 아니마였다. 그는 그 속에서 어미 품에 안긴 아이와 같은 평안과 축복을 구하게 된다. 신은 고향의 상징적 존재인 어머니의 성향, 즉 모성적 아니마를 통해 귀향의 꿈을 환기시켜 김현승의 병약한 심신을 감싸 안아주었다. 신의 품은 그에게 스스로의 힘으로 찾고자 했던 고향을 의미했다. 그런 신의 품속에서 김현승은 마침내 불안과 고독으로부터 해방된다.

　한편 이전까지 아니마와 남성성은 그가 스스로 자아를 개척하고 실현하는 데 있어서 에너지 혹은 주도적 감성으로 작용한다. 그러나 말기에 이르러 맞이하게 된 모성적 아니마는 스스로 발휘한 자아의 동력이 아니라 최후의 정신적 벼릿줄인 시조차 포기해버린 그가 다만 신의 은총에 의해 이르고자 하는 일상의 안식처였다. 나약하고 단순한 어린 양이 되어야 비로소 안길 수 있는 모성적 아니마의 품은 주체적인 자아를 떠나 오로지 신에게 자신을 송두리째 내맡기는 피동적이고 의타적인 공간이었다.

이제 절대고독의 남성적 정조가 모성적 아니마로 대체된 그의 시는 영혼의 안식과 충만, 그리고 신의 은혜에 대한 감사의 정서가 주조를 이룬다.

감사는
곧
믿음이다.

감사할 줄 모르면
이 뜻도 모른다.

감사는
반드시 얻은 후에 하지 않는다.
감사는
잃었을 때에도 한다.
감사하는 마음은
잃지 않았기 때문이다.

감사는
곧
사랑이다.

감사할 줄 모르면
이 뜻도 알지 못한다.

사랑은 받는 것만이 아닌
사랑은 오히려 드리고 바친다.

몸에 지니인
가장 소중한 것으로—

과부는
과부의 엽전 한푼으로,
부자는
부자의 많은 보석(寶石)으로

그리고 나는 나의
서툴고 무딘 눌변(訥辯)의 시(詩)로……

— 「감사」 전문

    제목도 「감사」인데 "감사"라는 시어가 무려 일곱 번이나 등장하고 있다. 마치 세상을 달래고 자신을 달래는 최면적 주문이나 자장가 같다. 탕아가 어미 품에 돌아오듯 병들고 지친 영혼이 신의 품으로 다시 돌아온 후기(後記) 같기도 하다. 언뜻 보면 "서툴고 무딘 눌변의 시"를 면치 못한다. 1연과 4연은 종교시라고 해도 너무 상투적이고 안일한 표현이다. 5연 역시 언뜻 보아서는 초보에게나 어울릴 귀에 익은 구절로 구호적이기는 마찬가지다. 그러나 이 실망은 기우라는 것을 곧 깨치게 된다. 2연과 3연을 곰곰이 반추해 읽어보면 신앙에 몰입한 화자의 깊고 순결한 영혼이 가감 없이 청명하게 나타나 있기 때문이다.

실향의 아픔과 충격에 기인한 정서적 외상(外傷)은 초기시에서는 감성적 애상이나 낭만에 의해 그 표층을 슬며시 드러내지만 중기의 시에서는 치열한 사고의 밀도에 밀려 그 정체를 내보일 틈을 얻지 못한다. 그러나 안정적으로 신의 품에 안긴 말기의 시에서는 영원한 구원의 환희에 의해 그 깊고 지루한 고독의 심연도 드디어 잠잠히 메워지기에 이른다. 김현승은 결연한 남성적 의지를 신에게 반납하고 구심력의 산실인 아니마로 회귀한다. 그 아니마는 창조주로 우주를 주관하는 신의 속성인 모성의 극치, 모성적 아니마였다.

아들러는 "만약 누군가 우울하다면 그의 기억도 우울하다. 그가 기분이 좋고 용기로 꽉 차 있을 때에는 전혀 다른 기억을 선택한다. 즉 그가 생각해 낸 내용은 즐거우며 그것은 그의 낙천주의를 확인해 준다."[11]고 말한다. 김현승도 만년에는 신의 은총에 의해 영혼이 충만해지고 새로운 용기(의욕)로 충일하게 되자 불안과 고독의 우울한 그림자가 사라지고 본연의 낙천성을 되찾게 된다.

Ⅲ. 금속성 속의 따뜻한 눈물

이운룡은 김현승 평전 서두에서 "생애의 장(章) 어느 한 쪽도 낙서가 없이 경건하고 정직하게 살았으며 시와 시에 있어서도 충실했다"고 김현승을 평한다. 김현승은 좀처럼 흐트러진 모습을 보인 적이 없던 것으로 전해진다. 워낙 그 내면이 치밀하고 단단한데다가 쉽사리 자신을 밖으로 드러내지 않는 성격이어서 동료들조차도 함부로 범접하지 못했다. 평생에 걸쳐 그처럼 자신을 갈고 닦으며 늘 반성하고 새롭게 내일을 추구하는 구도적 일상이 몸에 익은 경우는 흔치 않다. 그것은 신앙적 차원에서 볼 때 신을 닮기 위한 노력의 일환이기도 했다.

비록 그의 내면은 치열한 신앙, 철학적 회의, 시적 긴장으로 평화롭지 못했지만 외형상으로는 평온하고 고요한 모범적 인격의 범주를 벗어나지 않았다. 신앙으로 다져진 철저한 자기관리와 술과 담배조차 삼가는 일상의 절제는 그의 지성과 더불어 엄정한 선비적 풍모를 고이 간직하게 해주었다.

1. 양심과 정의

양심과 정의는 인간이 지닌 최고의 덕성이자 인격의 척도다. 인간이 이 두 가지 기본 자격만 제대로 갖추고 있으면 죽음조차도 두려울 것이 없게 된다. 역사상 위대한 순국이나 순교의 이면에는 양심과 정의에 대한 결연한 믿음이 그 바탕을 이루고 있었다. 그러기에 기꺼이 죽음을 택할 수 있었다. 김현승을 논할 때도 신앙 못지않게 그의 양심과 정의에 대해 관심을 기울일 필요가 있다. 신앙이 그의 인간적 의지를 신에게 귀속시키고 무조건적으로 신을 향하는 일방적 세계관의 산물이라면, 양심과 정의는 그가 자신의 의지로 인간적 주체성을 확보하는 실존의 필수 요건이기 때문이다.

김현승은 최후에 남는 것은 자신뿐인데 그 실체는 곧 자신의 양심과 정의

라고 한다. 이어서 "나는 정치나 경세의 원리를 복잡하고 어렵게 생각하지 않는다. 실존하는 양심의 소리와 정의의 명령에 따라 실천만 하면 그 사회와 그 국가에는 복지가 저절로 실현되리라고 믿고 있다. 나는 신을 상실해 가면서 내 양심과 정의에 대한 책임을 더욱 무겁게 느낀다."고 덧붙인다.

양심은 정의의 전제 조건이다. 양심이 바로 서야 정의를 실현할 수 있기 때문이다. 그러기에 정의롭기 위해서는 먼저 양심부터 확고히 다져야 한다. 양심은 자유나 권리, 정의처럼 그 주체에 따라 관점이 달라질 수 있다. 그러나 그가 말한 양심은 인류 보편의 성정으로 결코 변질될 수 없는 본성을 이른다. 흔히 "양심을 빼면 시체", "양심을 걸고", "인간적 양심에 호소한다"는 등 진실이 통하지 않아 억울하거나 답답할 때면 양심을 거론한다. 그렇듯 인간에게 양심은 기본적 구비 조건으로 온전할 때면 신성과도 맞닿을 수 있다. 종교 없이도 다수의 인류가 여전히 존재할 수 있는 까닭도 양심이 살아있기 때문이다. 그러나 복잡하고 혼탁한 세상에서 양심을 지켜내기란 간단치 않다.

> 모든 것은 나의 안에서
> 물과 피로 육체(肉體)를 이루어 가도,
>
> 너의 밝은 은빛은 모나고 분쇄(粉碎)되지 않아,
>
> 드디어 무형(無形)하리만큼 부드러운
> 나의 꿈과 사랑과 나의 비밀(秘密)을,
> 살에 박힌 파편(破片)처럼 쉬지 않고 찌른다.

모든 것은 연소(燃燒)되고 취(醉)하여 등(燈)불을 향하여도
너만은 끌려 나와 호올로 눈물을 맺는 달밤……

너의 차가운 금속성(金屬性)으로
오늘의 무기(武器)를 다져가도 좋을,

그것은 가장 동지적(同志的)이고 격렬한 싸움!

— 「양심(良心)의 금속성(金屬性)」 전문

　김현승이 담보하는 양심은 "모나고 분쇄(粉碎)되지 않"는 "밝은 은빛"의 금속처럼 강건하다. 또한 자신을 "살에 박힌 파편(破片)처럼 쉬지 않고 찌"르며 자정(自靜)의 옷깃을 여미는 양심이다. 한편 "차가운 금속성(金屬性)으로/오늘의 무기를 다"지듯 준엄하고 가차 없는 양심이다. 그는 끈끈히 뭉쳐 양심의 칼날을 곧바로 세운 "가장 동지적(同志的)이고 격렬한 싸움"을 마다하지 않는 불굴의 양심선언을 한다.

말 할 수 있는 모든 언어(言語)가
노래할 수 있는 모든 선택된 사조(詞藻)가
소통(疏通)할 수 있는 모든 침묵들이
고갈하는 날,
나는 노래하련다!

모든 우리의 무형(無形)한 것들이 허물어지는 날

모든 그윽한 꽃향기들이 해체(解體)되는 날

모든 신앙(信仰)들이 입증(立證)의 칼날 위에 서는 날,

나는 옹호자(擁護者)들을 노래하련다!

티끌과 상식(常識)으로 충만한 거리여,

수량(數量)의 허다한 신뢰자(信賴者)들이여,

모든 사람들이 돌아오는 길을

모든 사람들이 결론(結論)에 이르는 길을

바꾸어 나는 새삼 떠나련다!

아로새긴 상아(象牙)와 유한(有限)의 층계로는 미치지 못할

구름의 사다리로, 구름의 사다리로,

보다 광활한 영역(領域)을 나는 가련다!

싸늘한 증류수(蒸溜水)의 시대(時代)여,

나는 나의 우울(憂鬱)한 혈액순환(血液循環)을 노래하지 아니치 못하련다.

날마다 날마다 아름다운 항거(抗拒)의 고요한 흐름 속에서

모든 약동(躍動)하는 것들의 선율(旋律)처럼

모든 전진(前進)하는 것들의 수레바퀴처럼

나와 같이 노래할 옹호자(擁護者)들이여,

나의 동지(同志)여, 오오, 나의 진실한 친구여!

— 「옹호자(擁護者)의 노래」 전문

시작부터 "노래할 수 있는 모든 선택된 사조가/소통할 수 있는 모든 침묵들이/고갈하는 날", 즉 정상적인 가치와 언어가 통하지 않을 때 "나는 노래하련다!" 라는 결기에 차있다. "모든 우리의 무형한 것들이 허물어지"고 아름다운 진실의 미학이 사라지듯 "모든 그윽한 꽃향기들이 해체 되"고, 신앙조차도 비판의 도마 위에 오르듯 "모든 신앙들이 입증(立證)의 칼날 위에 서는 날" 옹호자들, 즉 양심과 정의의 대열에 선 자들을 노래하겠다는 것이다. 부패와 불의에 오염되어 타락과 안일에 젖은 세상의 절망을 거슬러 바로잡겠다는 출사표이다. 아직도 어딘가 남아있을 "동지며", "진실한 친구들"에게 "날마다 날마다의 아름다운 항거의 고요한 흐름 속에서/모든 약동하는 것들의 선율처럼/모든 전진하는 것들의 수레바퀴처럼" 양심과 정의의 길을 함께할 것을 촉구한다.

아래의 시는 양심을 주제로 하고 있다. 절대고독 시기에 신을 대체해 절대적 담보가치로 기능하던 양심이 후기시에서도 여전히 삶의 주요 명제로 언급되고 있다.

가장 날카로운 칼이라야
가장 아름다운 보석을
깎고 깎듯이

가장 날카로운 무기(武器)는
가장 날카로운
양심(良心)을 만드는 데에만 쓰인다.

가장 아름다운 나무의 열매로
우리들의 마음을 떠보시고

지금은 가장 날카로운 무기(武器)로
우리들의 양심(良心)을 시험하고 계시는
그분은 누구일까?
역사(歷史)를 깎고 만드는 그분은 — 곧
누구이실까?

― 「무기(武器)의 노래」 전문(1974.4)

    이 시는 병후 하나님의 품으로 돌아와 안주하던 시기의 작품이다. 12행의 비교적 짧은 시에서 "가장 날카로운"이라는 구절이 3차례나 반복되고 있다. 또 부사어 "가장"은 6번이나 등장하고 있다. 전체적으로 중기시에 비해 긴장과 짜임새가 와해된 느낌을 준다. 시어의 선별과 배치에서 눈에 띄게 치밀함이 둔화된 후기시의 특징이 고스란히 드러나 있다.
    그런데 이 시에서 주목할 점은 양심을 추동하며 이를 기독교적 가치관과 일치시키고 있다는 사실이다. 하나님 품안에서의 양심은 절대고독 시기의 양심과 그 우선순위 및 해석상의 차이가 있을 수 있다. 그러나 인류 보편의 가치관인 양심과 정의는 기독교의 핵심 명제인 사랑과 맥을 같이한다. 이 점은 기독교 목회자가 반정부 투쟁에 앞장서서 사회정의와 인간적 양심을 촉구하는 경우의 시각과 다르지 않다고 볼 수 있다. 참다운 양심과 거리를 두는 사랑은 아무리 종교적 논리로 포장한다 해도 결국 그 진정성 면에서 외면당할 수밖에 없기 때문이다.

김현승은 시에서 "가장 날카로운 무기(武器)는/가장 날카로운/양심(良心)을 만드는 데에만 쓰인다"고 한다. 그리고 "가장 날카로운 무기(武器)로/우리들의 양심(良心)을 시험하고 계시는" 이는 다름 아닌 하나님이다. 시조차도 접고 신앙에만 몰두하겠다던 그가 양심을 삶의 가장 날카로운 무기로 설정하고 있다.

기독교에서 사랑은 어떤 명제보다도 앞서는 최우선적 가치이다. 그런데 김현승은 "가장 아름다운 보석을/깎고 깎듯이" 이룬 양심을 사랑과 동격으로 보고 있다. 그것도 하나님을 양심의 감독관으로 삼고서다. 새삼 절대고독 시기나 신에게의 회귀 이후에도 그에게 양심은 결코 잠시도 소홀히 할 수 없는 절대 명제인 것을 알 수 있다. 어떤 상황에서도 양심을 담보로 삶을 추구하는 그의 윤리적 염결성과 인격적 성실을 확인할 수 있는 대목이다.

김현승의 생은 시를 기도문 삼아 신을 향해 정진하는 결연한 행보이자 실존적 자아의 궁극적 가치에 이르기 위한 고뇌와 열정의 집약이었다. 절대고독의 경지와 신과의 재회 중 어느 것이 실재적 진실인지는 쉽게 판단하기 어려운 논제이지만 그가 누구 못지않게 치열한 종교적 시인이자 양심적 지성인 것은 부인할 수 없다.

그의 생은 실향과 거듭되는 이사, 일제침략기의 치욕적인 고문과 옥살이, 일제의 만행에 의한 누이의 죽음, 사랑하는 자식의 죽음, 그리고 암울한 국가와 사회, 기독교계 현실 등 알게 모르게 심각한 상처들이 축적된 세월이었다. 그런데도 그는 의연하게 청교도적 윤리와 지사적 양심으로 지성과 인격을 도야했다. 그리고 그 면면을 오롯이 시에 투여했다.

2. 실천적 지성

아래의 글은 김현승의 윤리적 엄결성을 확인할 수 있는 대목이다.

> …… 나 자신이 주일예배 시간에 참여하지 않으면서 나의 자식들에게 엄격히 할 수는 없었다. 나 자신이 주일이면 술을 즐기는 문인들을 내 집 응접실에 불러들이면서 나의 자식들에게 금연과 금주에 엄격하기만 할 수는 없었다.

김현승은 철저한 모럴리스트로 솔선수범이 좌우명이었다. 가족이나 가까운 지인들에게도 자신의 주장이나 이견을 강요하지 않고 자율성을 최대한 보장해 주었다. 그는 방관하는 것이 아니라 묵묵히 지켜보면서 행동으로 말하는 실천적 지식인이었다.

김현승의 시는 혼을 담아 세공한 보석과 같다. 그 보석은 눈물에 담고 씻어내 별처럼 정갈하고 은은한 빛을 발한다. 시를 보석으로 빚기 위한 탁마 과정으로 눈물의 세례를 치른 셈이다. 시뿐 아니다. 그런 시에 내장된 그의 영혼도 보석처럼 청정하게 빛나는 내광을 머금고 있다. 따라서 영혼의 외향적 발현인 성격도 보석처럼 갈고 닦아 고유의 가치를 확장한다.

그러기에 그는 자신의 인격을 상징하는 다이아몬드처럼 견고했다. 그리고 격동기의 혼란 속에서도 의연히 자아의 준열한 정체성을 고수하게 된다. "그늘에도 빚지지 않고/어느 햇볕에도 기대지 않는(「견고한 고독」)" 고독으로 연마한 철저한 자립의지가 견고함의 골격을 이루고 견인하기 때문이었다. 그 견고함은 일상 속에서 실천적 의지로 작용하기에 그만큼 견실했다. 이때의 견실함 속에는 그의 신앙적 의지가 포진해 있었다. 그리하여 그는 초발심적 경건과 청정심을 일관되게 유지한다. 그리고 그 성정은 시의 바탕과 핵심을 이룬다. 사람과 시가 겉돌지 않고 혼연일체를 추구하게 된 배경에는 보석처럼 견고한 자아가 중추를 담당하고 있었다.

그는 "앞으로의 시는 현대의 불안과 고민을 반영하는데 만족하는 시가 되지 말고, 창백한 주지성(主知性)이나 환각성을 벗어나 주의적(主意的)인 적극성과 인격적인 창의성을 발휘해 현대의 절망과 위기를 해결해 나가는 내면적 건강성을 견지하여야 하리라고 믿는다."고 예언하듯 주장한다. 그의 시 창작 태도의 일면을 조감할 수 있는 비의적(秘意的) 자료이다. "내면적 건강성"이야말로 시와 더불어 그의 의지를 확고히 하는 시행일치(詩行一致)의 토대였다. 아래의 시에는 그의 투철한 의지가 홀연히 드러나 있다.

나는 죽어서도
무덤 밖에 있을 것이다.

누구의 품안에도 고이지 않은
나는 지금도 알뜰한 제 몸 하나 없다.

나는 그림자마저
내게서 기르자,

그리하여 뉘우쳐 머리 숙인 한 그루 나무같이
나의 문 밖에 세워두자.

— 「독신자(獨身者)」 부분

여기서 독신자는 키르케고르의 단독자를 연상케 한다. "죽어서도 무덤 밖에 있을" 나는 "누구의 품안에도 고이지 않"(신의 품조차 떠나)는다. "그림자마저 내게서 기르"며 자신을 "나의 문 밖에 세워두"는 생사조차 초월한 마당의 비장하고도 철저한 주체 선언이다.

김현승은 생래적으로 전습된 신앙이 평생을 각별한 종교인으로 살게 한 동기이지만 자신의 일상적 고뇌와 내면의 갈등을 치유하기 위한 차원에서도 기독교에 의존할 수밖에 없었다. 그러나 그의 민감한 감수성과 첨예한 지성은 당시의 부패하고 저속한 기독교계의 암담한 현실을 방관할 수 없었다. 영혼을 추구해야 할 교인들이 물질을 좇기에만 급급한 현실은 그에게 비판적 사유와 회의, 철학적 열정을 다그치고 그는 마침내 신을 떠나 인간적 주체 선언을 하기에 이른다.

"나는 삶을 자연 상태에서 즐기기보다 언제나 비평의 상태에서 괴로워한다."고 한 김현승의 철학적 기질은 "종교는 본질적으로 철학의 세계라고 나는 생각한다. 19세기의 비평가는 시는 음악의 세계를 동경한다고 관찰하였지만, 나는 언제나 20세기의 시는 철학의 상태를 지향하지 않을 수 없다고 강조하고 싶다."는 그의 글에 잘 나타나 있다. 그의 지성을 밑받침하는 철학적 사유는 신앙과 함께 그의 의지를 정련하고 강화하는 자아 수련의 한 축이었다.

3. 외강내유의 감성

"그의 특장은 풍김이나 서정성의 감미로움에서보다도 그가 갖고 있는 내적인 올곧음에 있다. 아무리 따뜻하고 인간적인 것을 써놓아도 그의 시는 늘 차다. 빈틈이 없고 깐깐하며 비타협적이고 고고하다."[12]고 한 박두진의 평처럼 김현승의 외연은 단단하고도 엄정했다. 그러나 그의 내면은 따뜻하고 부드러웠다. 그 내외에 걸친 강온의 양면성은 그의 시에서 특유의 양가성(兩價性)을 발휘하며 궁극적 합일을 꾀해 그 수준을 한 차원 더 고조시킨다.

그의 시어 중에는 유난히 '눈물'이 많은데 그것은 강직하고 의연한 외강(外强)을 보완하는 내유(內柔)의 비보적(裨補的) 장치였다. 콤플렉스는 대개 유년기의 환경과 경험의 산물로 심각한 갈등상황에서 빚어지는 불유쾌한 기억의 잔재다. 그것은 이성만으로는 억제하기 어려울 만큼 혼란스럽게 반복적으로 드러나는 경향이 있다. 프로이트의 오이디푸스 콤플렉스처럼 피해의식에서 우러나 공격성을 지닌 경우나, 아들러가 이야기한 열등 콤플렉스는 대표적 유형이다.

그렇다고 콤플렉스가 꼭 부정적인 것만은 아니다. 융은 무의식화 될수록 강력한 병리성을 가지는 콤플렉스가 음지에서 벗어나 바람직한 방향으로 양성화 되면 역동적인 에너지로 변환될 수 있다며 긍정적인 측면에 유의한다.[13] 콤플렉스라고 해서 억지로 짓누르거나 감추려고만 들 것이 아니라 그 실체를 명료하게 들여다보고 인격을 바로 세우려고 할 경우, 능동적인 자기 발전을 이룩할 수도 있다고 본 것이다.

콤플렉스는 비단 유년기에만 형성 되는 것은 아니다. 성장하면서도 생성하고 축적된다. 김현승도 신앙이 여의치 못한 점, 시가 만족스럽지 못한 점, 남들과 잘 어울리지 못하는 점 등, 스스로 열거한 것만 해도 대부분 성장기 이후에 형성된 콤플렉스들이다. 그러나 그의 내면엔 고유의 따뜻한 감성이 고여 있었다. 그는 따뜻하고 부드러운 눈물을 통해 콤플렉스를 극복하고 대장간에서 불에 달군 쇠를 물에 담그듯 보석 같이 단단한 의지를 다졌다. 다음은 그의 시 중에 눈물이 등장하는 구절들을 모아 본 것이다.

표3 눈물을 시어나 소재로 한 시

시 제목	시구
떠남	"네가 사랑하는 보석은 진주나 낙엽보다 눈물이다"
내가 나의 모국어로 시를 쓰면	"당신은 어느 구절에서 아마도 나의 눈물을 지워주고"
오월의 환희	"나는 기쁠 때는 눈물에 젖는다"
눈물보다 웃음을	"눈물을 그러리, 마음에 가득한 눈도." "눈물보다 간곡한 웃음의 복음을"
갈구자(渴求者)	"눈물의 아침이슬 하나만 같지 못할 때"
가을의 시	"나의 눈물에 해당하는"
육체	"내 눈물의 밤이슬과"
지상의 」	"보다 아름다운 눈물을 위하여"
양심의 금속성	"너만은 물러나와 호올로 눈물을 맺는 달밤"
신설(新雪)	"사랑의 눈물과 스미는 햇빛으로 덮은"
자유여	"눈물이 되어"
건강체(健康體)	"한 방울의 눈물이"
우리는 일어섰다	"쓰라린 눈물과 어제 위에 남긴 동지들의 발자국"
1962년에	"내 눈물마저 무심턴 포효의 날들을"
유성(流星)에 붙여	"질투보다 강한 어느 눈물이"
밤안개 속에서	"조금씩은 눈물기와 신앙에 젖은"
가을의 향기	"내게는 눈물과 같은 술의 향기"
고독	"네 눈물로 나를 씻어 주지 않았고"
견고한 고독	"결정(結晶)된 빛의 눈물"
새날의 제목	"눈물에 술을 섞듯 섞는 것이 아니다."
아벨의 노래	"그 눈물과 그 노래의 빛나는 줄기는"
책	"연약한 눈물의 꿈을 속삭여 주고"
연(鉛)	"맑고 고요한 내 눈물을"
고독의 순금	"짭쫄한 불의 눈물이야"
누가 우리의 참 스승인가	"그의 사랑 그의 눈물 앞에"
이 손을 보라	"네 볼의 눈물을 닦으며"

시 제목	시구
낙엽 후(落葉 後)	"한 두 방울의 눈물"
피는 물보다 짙다	"이 기름진 피눈물" "눈물 어린 눈으로 알아보는 역사엔 눈물이 없다" "무쇠를 녹이는 뜨거운 눈물"
어린 것들	"나는 눈물이 너무 많아서 천국으로 갈 수는 없겠다".
영혼과 중년	"눈물을 섞던 나이"
아버지의 마음	"아버지의 눈에는 눈물이 보이지 않으나 아버지가 마시는 술에는 눈물이 절반이다"
詩는 없다	"눈물은 한갓 염분과 수분으로 갈라지고
고전주의자	"눈물의 얼룩이라도 지워 가고 자운 마음"

눈물은 다각도로 표현되는데 그 중 "무쇠를 녹이는 뜨거운 눈물"(「피는 물보다 짙다」)과 "나는 눈물이 너무 많아서 천국으로 갈 수는 없겠다"(「어린 것들」)는 구절을 보면 그가 얼마나 눈물이 많은 시인이며 그 눈물이 얼마나 맑고 따뜻한지 쉽게 감지 할 수 있다. 또한 "결정(結晶)된 빛의 눈물"(「견고한 고독」)이나, "나는 기쁠 때는 눈물에 젖는다."(「오월의 환희」)는 등의 구절은 그의 눈물이 비단 슬픔에서 연유된 것만은 아닌 보다 본질적이고 긍정적인 것임을 말해 준다.

　　김현승은 "예수의 말은 모두가 구체적이며 시적이다. 온 생활 자체가 시다. 그렇게 고결하고 인정 많고 고독하고 부드러우면서도 강할 수가 있을까"하고, 예수를 훌륭한 시인으로 추켜세우고 있다. 결핍을 앓는 미흡한 존재로 완성을 위해 정진하고 구원을 갈망하는 것은 시인의 공통된 과제라고 할 수 있다. 이에 따르면 절경은 시가 되기 어렵다는 말과 같이 완벽한 존재는 시인이 되기 어려울 법한데 김현승은 예수를 시의 전범으로 보고 있다. 예수의 인간적 면모에 대해 각별한 공감과 매혹을 느낀 소회가 아닐까 싶다.

그런데 그는 예수를 "고독하고 부드러우면서도 강한"존재로 부각시키고 있다. 여기에는 "고독한" 존재로서의 예수에게 남다른 친근감을 느끼고, 그와 같은 고독이 "부드럽고도 강"하게 자신을 연마해 주기를 바라는 희원/의지가 숨어있다고 볼 수도 있다. 이 부분은 기독교 신앙과 더불어 그의 시를 읽는 열쇠이기도 하다.

김현승은 자신에게도 엄하지만 세상에도 비판의 시선을 거두지 않으며, 대인관계에 있어서도 그 엄정의 잣대를 놓치지 않는다. 그리고 그가 세상과 나누지 못한 언어는 기도와 시를 통해 체현된다. 따라서 구도자처럼 자기관리를 철저히 한 그의 시는 독자들에게 반성과 발전의 의지를 새롭게 다질 수 있도록 독려한다. 언행의 일치가 쉽지 않은 시단에서 드물게 시와 인격이 동반상승하는 경우를 그와 그의 시에서 살펴 볼 수 있기 때문이다.

4. 생명성으로 무장한 의지

이운룡은 김현승을 생명파 시인으로 불리는 청마 못지않게 생명의 본질을 추구한 시인이라고 칭하며 "다형 시의 '내면적 건강성'은 주로 생명의 본질을 추구해 가는 그의 시적 노력에서부터 발견할 수 있다. 인간의 가장 고귀한 생명을 주제로 한 시가 그의 정신의 깊은 우물 속에서 끊임없이 솟아나고 있음을 발견한 비평가나 시인은 별로 없는 것 같다."[14]고 김현승의 시가 함유하고 있는 생명력에 대해 주목한다. 김종철도 "삶을 밑바닥까지 환원시키려는 노력은 어디까지나 새로운 삶에 대한 가능성을 탐문하려는 의지에 결부되어 있는 것으로 김현승에게 그렇게 환원된 사물은 가장 매서운 생명력을 지닌다."[15]고 부연(敷衍)한다.

김현승은 "상대적이고 가변적인 사상을 내 정신의 지표로 삼기보다는 막연할망정 보다 영원하고 근본적인 진실이나 생명감을 노래하고 싶다."고 한다. 자신의 시세계와 시론을 단적으로 집약한 구절이다. 김현승에게 있어서 불안과 신앙의 자장인 고독은 곧 불변의 생명력을 강화하기 위한 자기치유의 에너지원이다. 한편 치열한 자아추구와 신을 향한 구원의 기도문이기도 한 시는 생명의 가치와 안전을 담보하기 위해 스스로에게 보내는 순결한 심혼의 메시지다.

생명체로써 자신의 생명에 대한 천착은 기본적 의무이며 삶의 일차적 요건이기에 시인 역시 그 범주에서 벗어날 수는 없다. 흔히 청마나 미당을 일러 생명파 시인이라고 부른다. 그러나 실은 시인 모두가 나름대로 생명을 추구하기에 생명파가 따로 있을 수 없다. 시의 가치는 생명의 존엄한 가치, 즉 생명성을 얼마나 밀도 있게 발휘하느냐에 달려있다. 존재는 생명의 구체적 발현이다. 생명은 의지를 통해 존재로 구체화 된다. 의지는 곧 생명의 존재를 실현시키는 생의 동력이다.

김현승 시인은 눈물의 시인이면서도 의지의 시인으로 알려져 있다. 눈물과 의지는 어울리지 않는 조합이지만 그의 시 대부분에는 강건한 의지의 날이 첨예하게 광채를 발휘하고 있다. 그 의지는 고독에서 달구고 눈물에 적신 강하고 녹슬지 않는 금속과 같기에 보석의 가치를 지닌다. 부연하자면 특유의 남성성과 여성성이 결합해 생명력을 극대화한다. 신앙은 그의 의지를 강하게 단련하는 제련소다. 그의 의지가 견고해지는 데 비례해 그의 정신은 심원해지고 그것은 곧바로 그의 시에 체현된다.

그의 시에 자주 등장하는 고독, 죽음, 눈물, 까마귀, 가을(쓸쓸한), 그늘 등의 제목이나 시어만으로도 그의 시에 대한 고독한 분위기를 미리 짐작할 수 있다. 반면 별, 보석, 기도, 등의 단어가 상쇄라도 하듯 눈에 띄는 것은 그가 결코 평상적인 고독의 나락에 빠지지 않고, 견고한 의지와 독실한 신앙, 그리고 민족 고유의 원형으로 체득된 동양적 인고의 지혜를 빌려 자신을 추슬러 왔다는 증거다.

제2부

정신의 극점과 혼신의 언어

> 김현승의 시세계는 참신하고 명징한 은유와 이미지를 특징으로 한 독창적 모더니즘이 한 축을 이룬다. 동시에 그는 또 한 축, 즉 청교도적 윤리의식과 철학적 사유를 결합, 고도의 정신주의를 추구한 시인으로 평가된다. 특히 정신주의와 모더니즘을 결합한 이상적인 경지는 한국 시문학사의 기념비적 성취로 볼 수 있다.

I. 고차적 정신주의

김현승은 순수하고 명징한 이미지를 특징으로 한 독특한 모더니스트의 면모를 보이는 한편, 지성적 시인으로 일컬어지는 것처럼 내밀한 주지주의 경향을 선보인다. 동시에 그는 청교도적 윤리의식과 선비적 지조가 결합해 독특한 정신주의를 추구한 시인으로 평가된다.

'정신주의'라는 용어는 일정한 합의가 이루어지지 않고 논자의 입장에 따라 무분별하게 사용되고 있어서 적절한 정의가 요청된다. 예를 들어 정신을 영혼이나 심리, 심령으로 볼 경우, 정신주의는 유심론과 같은 의미, 혹은 심령주의, 심령술 등으로 이해되기도 하는데 이는 본질에서 이탈한 신비주의에 가깝다. 또 일각에서는 동양정신과 생명사상에 기초한 시들을 정신주의 시로 단순화하려는 경향이 있다. 그러나 이는 정신주의가 내포한 본질의 폭을 협소화하는 위험성이 있다. 정신주의를 일러 국어사전은 ①인간의 정신력을 생활의 결정적인 요인으로 생각하는 입장. ②우주를 지배하고 다스리는 실재(實在)로서의 정신을 믿고 지지하는 입장으로 풀이하고 있는데 이 역시 사전적 정의로 학술이나 문예사조 차원의 해석과는 거리가 있다.

대개 '―주의(ism)'는 그 앞에 위치한 접두어를 기준으로 해석한다. 가령 민주주의는 '민주'가 그 핵심어로 민중이 주체가 되어 기본적 권리와 자유를 추구하는 것을 말한다. 그러나 예술에서 리얼리즘이나 모더니즘을 그 접두어의 낱말풀이만으로 단순 해석할 경우, 실제와는 동떨어진 오해를 낳을 수 있다. 예술에서의 사조는 포괄적이며 다양한 함의를 내포하고 있기 때문이다. 마찬가지로 정신주의도 문예사조적 시각에서 풀이할 경우 그 해석은 다양할 수 있다.

흔히 조정권의 시적 특징을 정신주의로 규정하며 그를 동양적 정관, 노장적 무위자연의 세계를 추구한 시인으로 평가한다. 이처럼 김현승의 정신주의도 정신세계의 특장을 중심으로 그의 시가 도달한 정신적 수준에 초점을 맞추어 논해야 할 것이다. 절대고독을 통해 인간의 양심이 주체가 된 실존의 본질을 탐구한 그는 고도의 정신적 경지에서 절정의 시들을 남겼기 때문이다. 따라서 김현승을 논할 때 키워드처럼 뒤따르는 '절대고독', '선비정신', '강인한 정신력', '올곧은 정신', '정신적으로 심오한 경지', '순수하고 명징한 정신세계' 등의 표현에서 그의 정신주의적 특징을 구해야 한다.

1. 절대고독의 징후

아래의 시는 자신의 호인 다형(茶兄)을 제목으로 한 김현승 특유의 정결함이 담긴 시인데 3연에서는 다형(茶兄)의 자구를 빌려 스스로를 '형'이라고 칭하는 능청을 부리기도 한다. 자신을 분리해 "아무도 모를/높은 향기"를 지닌 제삼의 존재로 격상시키고 이를 다향(茶香)처럼 음미하는 다선일미(茶禪一味)의 경지에 다름 아니다. 절대고독 시기의 극적 긴장에는 못 미치지만 모처럼 청정하면서도 평화로운 한가와 여유를 느낄 수 있는 시다.

빈들의
맑은 머리와
단식(斷食)의
깨끗한 속으로

가을이 외롭지 않게
차를 마신다.

마른 잎과 같은
형(兄)에게서
우러나는

아무도 모를
높은 향기를
두고 두고
나만이 호올로 마신다

— 「다형(茶兄)」 전문

호가 '다형(茶兄)'인 것에서도 알 수 있듯이 김현승은 유난히 커피를 애용했다. 즐겨 마셨을 뿐 아니라 끓이는 데에도 일가견이 있어서 가까운 지인과 제자들도 그의 커피 맛을 기억할 정도였다. 위의 시에는 청정한 마음으로 혼자 커피를 마시며 망중한을 즐기는 시상이 담백하게 그려져 있다. 마치 시간은 저만치 흐르는데 시인만이 시공을 초월해 그 여운을 은밀히 음미하는 것 같다. 외경에 구애 받지 않고 독자적 시간이 보장된 독립공간에서 사색과 여유를 만끽하는 낭만적 기운이 돋보이는 시다. 세속의 물정도, 신도 의식하지 않은 채 다만 한 잔의 커피와 한 수의 시가 어우러져 일구는 정서적 여유는 탈속의 소요유를 즐기는 옛 시인의 고즈넉한 정취를 연상케 한다.

"가을이 외롭지 않게/차를 마신다"는 구절은 "외롭지 않"은 주체가 "가을"인지 화자 자신인지 모호하다. 그런데 1연의 "빈들의/맑은 머리와/단식의/깨끗한 속으로"라는 구절은 화자가 그 주체적 대상임을 지시한다. 외롭지 않게 차를 마시는 것은 평소 혼자서 차를 마시는 외로움과는 차원이 다르다. 여기서 외로움은 광장이나 군중, 세속의 번잡에 대한 거리감으로부터 야기된 고독을 말한다.

혼자서 차를 마시는 것은 그 정황 자체만으로 외롭거나, 주변에 외롭게 비칠 수 있다. 그럼에도 종종 혼자만의 시간을 갖기 위한 방편, 즉 자신과의 대화나 사색, 예술적 경지를 탐색하기 위해 홀로 차를 마신다. 이 시에서 화자는 쉽게 동화되기 어려운 외부세계와 거리를 두기 위해 자진해서 외로움을 택한다. 그 고독은 "빈들의/맑은 머리와/단식의/깨끗한 속"처럼 청정한 영혼의 진수이며 "마른 잎과 같은/형에게서/우러나는" 절제와 탁마의 결정(結晶)이다. 한편, 여기에 내포된 고독의 성향은 절대고독 시기로 일컬어지는 시기의 시 「견고한 고독」이나 「절대고독」에 비해 한결 편안하고 고요한 분위기가 주조를 이루고 있다. 「절대고독」의 치열함이나 긴장, 주체적 자아를 지향하는 고차원의 정신적 밀도와는 일정한 거리를 두고 있는 것이다.

그럼에도 그는 "아무도 모를/높은 향기를/두고 두고/나만이 호올로 마"시는 안온한 경지를 평상의 낙으로 누리지 못하고 세속과의 불화와 이로 인한 정서적 불안정, 반사적으로 비등하는 주체적 사고에 의해 '절대고독'으로 상징되는 고독의 극점에 이른다. 독재 치하와 산업화의 후유증으로 인한 암울한 사회 현실, 당시의 부패한 기독교계를 향한 불신과 신에 대한 회의는 내면세계의 무의식적 억압과 고독을 추동해 극도의 긴장을 요하는 정신적 고지로 그의 반기독교적 자아의식을 끌어올린 것이다.

결과론적 여담이지만 김현승은 절대고독의 치열한 경지에 몰입하지 않고, 시 「다형(茶兄)」에서와 같이 담백한 평상심 속에서 안주할 수도 있었다. 그럼에도 그는 신에게의 의타심을 버리고 주체적 자아의 고삐를 곧추 세우는 모험을 감행한다. 이는 당시 기독교계의 타락상과 시대 환경의 절망적 현실이 쉽사리 한가한 은일을 허락지 않았음을 추정케 한다. 그리고 이에 따른 예리한 직관과 지성에 의해 김현승의 실존적 자아의식, 현실 비판의식, 그리고 지적 욕구는 유례없이 고조되어 있었다.

김현승의 시에는 "마른 나뭇가지"나 "마른 잎"에서처럼 '마른'이라는 수식어가 자주 등장한다.

"껍질을 더 벗길 수도 없이/단단하게 마른/흰 얼굴."(견고한 고독)

"마른 떡"(견고한 고독)

"마를 대로 마른 목관 악기의 가을"(견고한 고독)

"마른 나뭇가지 위에 다다른 까마귀같이"(가을의 기도)

"마른 열매와 같이 단단한 나"(겨우살이)

"나의 마른 나뭇가지에 앉아"(겨울 까마귀)

"씀바귀 마른 잎에"(무등차)

"마른 잎과 같은"(다형)

'마른'은 건강체와는 대응하는 단어로 쇠약이나 건조를 가리킨다. 체격이 마르다고 할 때는 살집이 없이 야윈 상태를 말하고, 나뭇잎이 마르다고 할 때는 물기가 없이 건조한 상태를 이른다. 어떻든 건강한 생명성과는 거리가 있는 비정상적 결핍에 가깝다. 그런데 김현승의 시에서 "마른"은 "마른 열매", "단단하게 마른", "마를 대로 마른 목관악기"가 상징하듯 물질적 형태라기보다 고밀도로 고양된 정신세계를 형상화한 술어다. 언어와 정신 양면에서 불필요한 군더더기를 제거한 고차원적 절제의 상징어로 순수한 영혼의 질료를 의미하는 것이다. 이는 그의 고독한 내면을 유추하게 하는 단서다. 그는 혼자만의 고독한 적요 속에서 모처럼의 평화와 자유를 노래하면서도 그 한가를 누리지 않고, 마를 대로 마른 목관악기가 연주하는 정신적 고지, 드높고 광활한 무한의 망망대해로 나아간다.

2. 기독교적 세계관에 대한 회의

김현승은 절대고독 시기를 제외하고는 평생에 걸쳐 여호와 하나님을 절대적 존재로 믿는 유일신론을 고수해 왔다. 그런데 그의 시 「가을의 포도(鋪道)」에서는 이와 상반된 조짐을 보이고 있다.

추상(抽象)의 신(神)은

추상(抽象)의 신(神)들도

옛부터 이런 계절(季節)을 위하여 정숙(靜肅)히 존재(存在)하는가

― 「가을의 포도(鋪道)」 4연

1행에서의 "추상의 신"이 2행에서는 "추상의 신들"로 복수화 된다. 이처럼 유일신론이 다신론으로 바뀌는 것은 단순한 변화가 아니라 극과 극의 변화다. 이 부분은 그가 신과 결별을 선언한 상황과 어떤 관계가 있는지 돌이켜보게 한다. "추상의 신"에서 신은 추상적 존재다. 그러나 기독교에서 신은 어떤 구체적 실재보다도 더 확실한 유일무이의 존재다. 그런데 김현승이 신을 추상적 존재로, 그것도 복수화해서 "추상의 신들"로 표현한 것은 예사롭지 않은 사건의 발단으로 볼 수 있다.[16]

아래의 글은 김현승이 한국 현대시 해설서에서 펼친 논지의 일부인데 기독교의 천지창조와는 결이 다른 느낌을 준다.

하나의 우주 로켓을 만들기 위해서는 수만 개의 부품들이 긴밀한 조직을 이루어야 하듯이 하나의 생명이 탄생하기 위해서는 일견 무관한 것으로 보이는 자연이나 우주의 현상들이 관여하게 되는 것이다. 이러므로 생명은 신비롭고 존엄하지 않을 수 없다.

기독교는 태초 하나님 혼자서 우주 만물을 창조한 것으로 되어 있다. 따라서 천지창조는 하나님 이외의 존재는 일체 개입할 수 없는 오직 창조주만의 유일한 권능이다. 그런데 김현승은 위의 글에서 "하나의 생명이 탄생

하기 위해서는 일견 무관한 것으로 보이는 자연이나 우주의 현상들이 관여하게 되는 것"이라는 우주 자연의 유기적 상호성을 강조하고 있다. 또 그렇게 탄생한 생명은 신비롭고 존엄한 것이라는 찬사까지 덧붙이고 있다. 기독교의 창조설과는 거리가 있는 인식의 일단으로 오히려 범신론의 논조에 가깝다. 신 중심의 일방적 창조보다 우주 자연의 조화에 의한 생명성에 역점을 둔 그의 보편적 세계관을 돌이켜 보게 하는 것이다.

하나님 중심의 절대적 진리에 대한 믿음은 기독교 신앙의 근거요 일차적 요소다. 그럼에도 김현승은 아래의 글에서처럼 절대적 진리에 대한 회의 단계를 넘어 그 존재 자체를 부정하는 지경에 이르고 있다. 그리고 "자신은 일정한 사상을 갖지 않는다."는 점을 공공연히 밝힌다.

나는 일정한 사상을 갖지 않는다. 가장 현저한 특징은 내게는 일정한 사상이나 독특한 경향이 없다. 이것 자체가 벌써 하나의 특정일지 모르나, 어떻든 나의 모든 것에 절대적인 진리는 존재하지 않는다고 생각하기 때문에 이런 인생관이 시 정신에 반영되는 것인지 모르겠다.

기독교인들에게 "일정한 사상"은 전지전능의 유일자인 하나님을 믿고 따르는 것으로, 어느 철학, 사상보다도 우위를 차지하는 절대적 진리다. 그런데 아버지와 형이 목회자요 가족 전체가 모범적 기독교 집안인 데다, 자신도 대표적 기독교 시인으로 일컬어져 온 지성인의 처지에서 위의 글과 같은 발언을 할 경우, 그 파장이 만만치 않을 터이므로 이에는 상당한 용기가 필요했을 것이다. 진리의 존재 자체를 부정하는 내용의 글을 지면에 실은 것은 하나님이 곧 진리라는 사실을 부정한 것으로, 진중하고 사려 깊은 그에게는 파격적인 사고의 전환이었음을 알 수 있다. 다음의 글에서는 그 내용이 더 구체화되고 있다.

결국은 가변적인 것에 불과한 어느 사상을 내 시정신의 지표로 삼기보다는 막연할망정 영원하고 근본적인 진실이나 생명감을 노래하고 싶다. 또 사물의 본질을 파악하고 표현하는 것은 시인으로서 무한한 기쁨임을 나는 알려고 노력한다.

기독교 사상에서 사물의 본질은 창조주인 하나님의 뜻에 따라 우주가 창조되고 운행되는 것을 의미한다. 구원과 영생의 축복도 하나님의 뜻에 따라 주어지는 결정론적 산물이다. 그런데 김현승의 변화된 사고에 의하면 가변적인 사상의 범주에 기독교도 포함된다. 종전처럼 기독교를 신봉한다면 진리의 창조자요 수호자이자 진리 그 자체인 하나님 외에 다른 진리를 양립시킬 수 없기 때문이다. 따라서 김현승의 사상적 일탈은 하나님과 그 말씀 이외의 신적 존재나 사상은 결코 용납되지 않는 기독교 입장에서는 반기독교적 행위에 해당한다.

이와 같은 특단의 상황을 감수하고 김현승은 기독교를 떠나 또 다른 세계를 추구한다. 그리고 "새로운 진리를 발견하는 것이 무한한 기쁨임을 알려고 노력"한다. 신의 품안에서 충만하던 그 기쁨을 다른 세계를 통해 얻고자 한 것이다. 이는 그가 새롭게 추구하는 세계가 신의 세계 못지않은 궁극의 실체임을 의미한다.

그런데 여기에서 그의 사변적 성격의 일면을 들여다보게 된다. 통상의 어법이라면 무한한 기쁨을 누리겠다고 표현하는 것이 정상일텐데, 그는 기쁨이라는 사실을 알기 위해 노력한다고 '앎'에 비중을 두고 있다. 기쁨을 그 자체로 받아들이는 것이 아니라 기쁨에 대한 인식을 통해 그 가치를 재확인하고자 한다. 김현승의 치열한 지적 욕구와 냉철한 비판의식을 돌이켜 볼 수 있는 대목이다.

> 나는 기독교의 유일신을 믿는 자이다. 그러나 요즈음 내 마음에는 신도 결국은 상대적인 존재가 아닌가 하는 가장 심각한 회의에 부닥치고 있다. 이것은 내가 품을 수 있는 가장 큰 사상 중의 사상이라고 생각한다. 그리고 나는 이 문제를 어떻게 하면 산문 아닌 시로써 형상화해 볼까 노력하는 중이다. 그러면서도 아직 엄두도 못 내고 있는 까닭은 그러한 사상을 어떻게 형상화할지 모르기 때문이며 이것은 곧 그것을 표현할 만한 언어가 아직은 내게 있어 부족한 때문이다.

매사에 신중하고 사려 깊은 김현승이 50여 년이나 신봉해 오던 신을 떠나 새로운 세계를 추구하기로 한 비장한 결단은 단순한 일시적 심경 변화만으로 설명하기에는 설득력이 부족하다. 상당기간 고민 끝에 심사숙고해 내린 결론이라고 볼 때 그 무렵 그는 기독교를 대체할 만큼 광활한 세계가 이끄는 보이지 않는 '사상의 중력'에 이끌리고 있었다고 보는 것이 타당할 수 있다.

김현승이 얼마나 치열하게 생사 문제와 온전한 자유, 지고지순의 영혼을 추구했는가는 시집 『견고한 고독』과 『절대고독』 시편에 잘 나타나 있다. 그는 무덤, 즉 '죽음'을 잠시 들렀다가 다음 행선지로 가는 과정에서의 일시적 경유지로 본다. 이는 삶의 경과적 요소로 죽음을 삶 속에 편입시킨 것인데 관습적으로 익혀온 기독교의 구원관과는 다른 탈기독교적 세계관을 의미한다. 신의 일방적 의지에 따라 부활과 영생이 주어지는 타의적이며 의타적 특혜가 아니라, 주체적 시각과 의지로 체득한 시간관과 공간관이었다. 하나님의 권능에 예속된 노예적 부자유를 반납하고 마침내 인간 본연의 주체적 자유를 구가하게 된 것이다.

불의의 병고가 아니었더라면 그는 절대고독의 극점에서 한 걸음 나아가 그 궁극의 거처에 여장을 풀었을 수도 있다. 비록 거기가 인간의 불완전한 언어로는 설명할 수 없는 언어도단의 경지라 해도 일단 그 고지에 이르렀다면 시 「절대고독」을 능가하는 정신세계의 진수를 연이어 노래했을 것이다. 그 세계는 견고한 고독을 더욱 단련해 극대화한 절대고독의 정점에서 신과 대등한 단독자에게만 주어지는 무한 자유와 우주적 비의를 내장하고 있기 때문이다.

3. 무(無)와 영원 사이

그 모종의 중력은 스스로의 내면적 시야가 불현듯 트인 개안(開眼)일 수 있지만, 극도의 고독과 사유의 밀도에 조응한 우주의 궁극적 본질이 줄탁동시처럼 상호작용을 한 것으로 볼 수 있다. 그 세계는 아직 선명하지는 못하지만 시 「절대고독」의 "입을 다문다"는 마지막 구절처럼 그의 내면을 송두리째 뒤흔들 정도로 충격적인 전율의 진원지였다.

김현승은 "내가 경험하는 시창작의 동기는 어떤 면밀한 계획이나 구성에서 이루어지기보다는 대개는 어떤 강한 감동에서 오는 때가 많다"고 밝히고 있다. 시론의 일단일 수 있는데 그의 치밀하고 이지적인 성격에 비추어 볼 때 의외의 발언 같다. 그러나 시는 결국 감동에 의해 그 의미와 주제가 가장 효과적으로 전달되는 점을 고려하면 새겨볼 만한 이론 같기도 하다.

시집 『절대고독』 시편들을 쓸 무렵 그는 강력한 감동의 세례를 받은 것으로 보인다. 그 감동은 직관이나 에피파니처럼 솟구쳐 오르는 시적 영감에 의해 얻어진 것이었다. 그리고 그 영감으로부터 파생된 감동은 구도적 사고의 순간적 광채였다. 그것은 평소 시 창작에서 느끼던 감동과는 차원이 달랐다. 그렇다고 신의 품에서 종종 느끼던 행복감과도 다른 미지의 감동이었다.[17]

김현승은 기독교적 영생론을 부정한 입장에서 이에 대체할 새로운 세계를 찾는다. 종래의 기독교적 우주관에서 벗어나 우주의 본질에 대해 새로운 견해를 정립하고자 한 것이다. 그 절박한 사유 과정 속에서 마주하게 된 죽음이나 무(無)는 새로운 세계에 이르기 위한 도중의 경유지일 따름 우주와 생명, 시간과 공간의 본질 그 자체는 아니었다.

그는 신을 배제한 무(無)의 세계에서 마주하게 된 절망적 상황에 애써 의연하려고 했다. 그리고 거기에서 한 걸음 더 나아가 영원성의 본질과 자아를 일치시키고자 했다. 그의 시 「어리석은 갈대」는 무(無)의 세계에서 영원의 세계로 진입을 시도하는 단계에서의 작품이다.

> 천국(天國)에서도 또 지옥에서도
> 가장 멀고 먼
> 내가 묻힌 흙에서,
> 한 줄기 마른 갈대가
> 바람에 불리며,
> 언젠가는 모르지만

돋아 날 것이다.

그 갈대를 꺾어
목마른 피리를 만들어,
내 살과 내 먼 꿈으로 더듬던
나의 노래를 그 입부리로
빈 하늘가에
불어주는 사람이 있다면,
어리석게도 먼 훗날에 있다면,

그는 내게서 가장 처음으로
가장 저를 잊고 태어난,
흔들리는 내 영원의 새 순(筍)일게다.

— 「어리석은 갈대」 전문

 위의 시에서 수식어 "어리석은"은 고차원의 지혜를 상징하는 겸양적 표현과 아직은 온전한 지혜의 단계에 이르지 못한 상반된 이미지를 동시에 안고 있다. 그러나 "어리석은"은 부정적 표현이 아니라, 영원성을 담보하는 고도의 은유라는 사실에 주목할 필요가 있다. 여기에서 "갈대"는 "내가 묻힌 흙에서" 새롭게 돋아난 새 생명이며, "내게서 가장 처음으로/가장 저를 잊고 태어난/흔들리는 내 영원의 새 순(筍)"으로 재생한 순환론적 영원의 주체이기 때문이다. 그러나 아직은 영원과의 완벽한 조우가 이루어지지 못한 탓으로 "어리석은 갈대"의 충격과 회의를 일시에 떨치지 못하고 있다.

4. 영원과 현실의 거리

시집 『절대고독』 시편들에서는 새로운 세계에 대한 기대와 불안이 교차하는 심경을 읽을 수 있다. 그러나 분명한 것은 죽음에 대한 절망보다는 새로운 무한의 세계에 대한 기대감이 더 상승하고 있다는 점이다.

> 나의 시가 앞으로 고독의 주제를 벗어나 어떠한 방향으로 변모해 갈지 나 자신마저 알 수 없지만 나의 내부에서 이 양심의 실재를 부정하지 못하는 한 나의 고독이 허무주의나 퇴폐주의로 암암리에 변질하지는 결코 않을 것이다. 오히려 고독한 존재는 아무도 믿지 않고 누구에게도 의지하지 않기에 자신을 더욱 굳세게 만들고 견고해질 수밖에 없다.

"나의 시가 앞으로 고독의 주제를 벗어나 어떠한 방향으로 변모해 갈지 알 수 없다"는 대목은 단순한 죽음이나 그로 인한 부정적 퇴행이 아닌 무언가 새로운 사상의 고지를 지향하는 긍정적 의지를 드러내고 있다. 신과의 결별 후, 새로운 가치관의 핵심을 이루는 '양심'은 단순히 무덤으로 가기 위한 마음가짐이라기보다는 보다 본질적인 가치관의 상징적 대체재였다. 이 경우의 양심은 신의 존재 의미와 겨눌 만한 심원한 가치가 전제되어야 그 위상이 자연스럽게 부각될 수 있기 때문이다.

양심은 기독교에서도 통용될 수 있는 인간의 기본적 성정이다. 그러나 기독교에서의 양심은 인간의 의지에 따른 주체적 양심보다는 하나님의 주관에 따른 신성의 일환으로서의 양심만이 허락될 뿐이다. 김현승은 이 점에 대해 회의를 품고, 주체적 자아가 지시하는 양심을 신의 존재와 대등한 가치로 격상시킨다. 따라서 그 주체인 자아 역시 신의 구속으로부터 해방

된 자유로운 영혼과 이성의 상징적 등가물인 양심의 집행자로 부상하게 된다. 인간의 필요에 의해 가공된 상대적 존재일 뿐인 신에게 내맡긴 인간 본연의 권리를 되찾기에 이른 것이다.

그런데 그는 하나님의 권능과 기독교는 부정하면서도 그리스도, 즉 예수는 존경하고 그 인간성에 신뢰를 보내는 모순을 보이고 있다. 인간 예수와 신과 동격인(신의 아들로서의)예수를 편리하게 분리해서 그 후자적 가치를 강조함으로써 자신의 주체적 논리에 스스로 힘을 실은 것이다.

> 나는 신의 아들이라는 종교적인 이유나 조건을 제외하고서도 인간 가운데서 예수를 가장 존경하고 모범으로 삼는다. 그 이유는 그만큼 양심을 소중히 여긴 인간은 없기 때문이다.

예수의 신성을 부정할 경우, 기독교는 성립될 수 없다. 예수의 존재 증명인 부활은 무한과 영생을 담보하는 상징적 사건이기 때문이다. 이 부분은 마치 신의 사망선고를 내리면서도 예수의 인간적 부분만 긍정적으로 평가한 니체의 경우와 닮아있다. 그런 가운데서도 김현승은 "종교를 회의하고 비판하는 것도 결국은 이러한 종교에 더 완전히 귀의하고 싶은 심정의 변태적 발로일지도 모른다."는 구절을 주석처럼 덧붙이고 있다. 이 부분은 마치 추후 자신의 행보(기독교로의 회귀)를 예감한 징후로 비칠 수도 있다.

누구보다도 시적 진실에 대한 결벽이 강한 그가 시를 통해 기독교 교리의 핵심인 무한과 영원성을 부정하고 새로운 세계를 지향한 것은 돌이킬 수 없는 방향 전환일 수밖에 없었다. 절대적 의지처인 기독교에 회의를 품고 비판하는 데 그치지 않고 그 자체를 부정하는 단계에서 심사숙고를 거쳐 내린 특단의 결정이었기 때문이다. 따라서 "종교에 더 완전히 귀의하는 것"은 기독교에의 단순 회귀가 아니라, 회의와 비판, 부정의 단계를 거쳐 새로 정립/탐구한 본질적 (종교 못지않은) 진리를 가리키는 것으로 보아야 한다.

주체적 사상과 신으로부터 자아의 독립을 무기로 그는 절대고독의 망망대해에서 신대륙을 향해 한 걸음 더 나아갈 것을 예고하고 있다. 이 시기의 시는 김현승 자신도 의식하지 못하는 내면의 각성, 내면의 지각변동이 일어나고 있음을 감지하게 한다. 만약 아무런 희망도 없이 자아의 종말, 즉 단순한 죽음만 의식할 뿐이라면 허무주의나 비관적 회의로부터 자유로울 수 없다. 그런데 김현승은 벅찬 희망을 안은 것처럼 견고한 의지로 자신을 가다듬고 다지는 결의를 보이고 있다.

이제는
밝음의 이쪽보다
나는 어둠의 저쪽에다
귀를 기울인다.

여기서는
들리지도 않고
보이지도 않는
어둠의 저쪽에다 내 귀를 모두어 세운다.
이제는 눈을 감고
어렴풋이나마 들려오는 저 소리에

리듬을 맞춰 시(詩)도 쓴다.

이제는 떨어지는 꽃잎보다

고요히 묻히는 씨를

내 오랜 손바닥으로 받는다.

될 수만 있으면

씨 속에 묻힌 까마득한 약속(約束)까지도……

그리하여 아득한 시간까지도 이제는

내 웃음을 보낸다.

순간들 사이에나 떨어뜨리던 내 웃음을

이제는 어둠의 저 편

보이지 않는 시간에까지

모닥불 연기 살리며 살리며……

— 「전환(轉換)」 전문

위의 시 「전환」은 관동출판사에서 출간한 『김현승 시 전집』에 실린 시로 이승과 저승을 언급하며 그 초월을 추구하는 이원론적 정조를 배경으로 하고 있다. 관습적으로 기독교의 영생설에 의지하다가, 이를 떨치고 독자적 생사관을 추구한 단독자의 고독과 불안, 그리고 이를 초극하려는 의지가 주조를 이루는 이 시에서는 절대고독 시기의 시편들에서 두드러지게 나타나는 죽음에 대한 천착을 읽을 수 있다.[18]

그런데 허무주의나 현실도피의 정서에 함몰되지 않고 의연하고 담담한 견자적 여유를 보이는 데 주목해야 한다. 비록 명료하게 가시적으로 인식하지는 못했을망정, 사후의 세계와 그 모태인 우주 보편의 질서체계에 대해 나름대로 그 본질을 감지한 것으로 볼 수 있기 때문이다.

이 시는 절대고독 시기의 끝자락에 쓴 작품으로 당시의 심경과 사상을 살펴볼 수 있는 중요한 자료이다. "씨 속에 묻힌 까마득한 약속까지도……./그리하여 아득한 시간까지도 이제는/내 웃음을 보낸다"는 마지막 연 전반부는 영원에 대한 일련의 관조적 의지가 담겨 있다고 볼 수 있다. "씨 속에 묻힌 까마득한 약속"은 우주 속 생명의 영원(까마득한)한 본질(씨)과 불멸의 진리(약속)를 암시하기 때문이다. "어둠의 저 편/보이지 않는 시간에 까지도/이제는 내 웃음을 보낸다" 역시 죽음(어둠)의 저편(죽음 너머의 세계)이 지시하는, 즉 이승의 유한한 가시적 시간과는 다른 시간(보이지 않는 시간)에 대한 긍정적 메시지(웃음을 보낸다)를 읽을 수 있다.

만약에 죽음을 단순한 무(無)로 생각했다면 "어둠의 저편"이 아니라 '저기 어둠'으로 표현했어야 맞다. "웃음을 보낸다"는 구절 역시 단생적 죽음에 대한 복잡한 감정 표현으로 보기에는 무리다. "보이지 않는 시간"에 "내 웃음을 보"내는 것은 미래의 세계에 대한 일련의 희망과 호기심, 의지를 담고 있다고 보아야 한다.

이 기조는 앞 연의 "이제는 떨어지는 꽃잎보다/고요히 묻히는 씨를/내 오랜 손바닥으로 받는다"는 구절이 뒷받침해 준다. 죽음을 "떨어지는 꽃잎"과 같은 단생적 절멸로 보지 않고, 고요히 묻히는 씨, 즉 씨앗(무한히 대를 잇는)이 상징하는 새로운 생명의 세계를 고요한 우주적 내재율을 통해 수용(내 오랜 손바닥으로 받는) 한다. 여기서 "오랜 손바닥"은 영원에 대한 추상적 관념을 가시적이며 가장 친숙한 신체를 빌려 구체화한 감각적 은유로 그가 주로 사용하는 표현 기법 중 하나이다.

아래의 시 「지평선」은 치열한 성찰과 관조에 의한 구도적 직관의 산물이다. 내세에 대한 아무런 보장도 기대도 없이 단순히 무덤으로 갈뿐인 일반적 죽음에 대한 정서와는 격이 다르다. 허무주의나 퇴폐주의를 떨치고 의연히 진군하는 새로운 세계는 "이 눈이 끝나는 곳에서/그 마음은 구름이 되고//이 말이 끝나는 곳에서/그 뜻은 더 멀리 감"도는 무한의 세계이다.

이 눈이 끝나는 곳에서
그 마음은 구름이 피고

이 말이 끝나는 곳에서
그 뜻은 더 멀리 감돈다.

한 세상 만나던 괴롬과 슬픔도
끝에선 하나로 그리움이 되고

여기선 우람한 기적도
거기선 기러기소리로 날아간다.
지나가 버린 모든 시간(時間),
잊히지 않는 모든 기억,
나는 그것들을 머언 지평선(地平線)에 세워두고

바라본다,

노을에 물든 그 모습들을

—「지평선(地平線)」 전문

"한 세상 만나던 괴롬과 슬픔도/끝에선 하나로 그리움이 되고"는 자칫 임종 시의 소회로 읽힐 수 있다. 그러나 "이 눈이 끝나는 곳에서", "그 마음은 구름"으로 부활하고 "이 말이 끝나는 곳에서", "그 뜻은 더 멀리"영원의 세계로 울려 퍼지는 대목에서 그 기우는 자취를 감춘다.

그 상황은 언어로는 형언키 어려워서 산문보다 추상적 표현이 효과적일 수 있는 시의 형태를 빌려 표현한다. 이는 시가 지닌 내밀한 함축미를 활용한 표현 방식으로 선가의 화두나 오도송, 선시와 유사한 맥락의 언어적 장치다. 그러기에 절대고독 시기의 시편 중 상당수는 평상의 언어로는 이해하기 어려운 추상적 표현이 주조를 이루고 있다. 그리고 시 「절대고독」에서 차마 제대로 그 경지를 표현할 수 없어서 끝내 "입을 다물고"만다.

5. 변증법의 종결부

시 「겨울 실내악」은 1970년 현대시학에 발표한 시로 1968년에 발표한 시 「절대고독」 이후의 정신사적 정황을 살펴볼 수 있는 중요한 자료다.

잘 익은
스토브 가에서
몇 권의 낡은 책과 온종일
이야기를 나눈다.

겨울이 다정해지는

두꺼운 벽의

고마움이여.

과거(過去)의 집을 가진

나의 고요한 기쁨이여.

깨끗한 불길이여,

죄를 다시는 저지를 수 없는

나의 마른 손이여.

마음에 깊이 간직한

아름다운 보석(寶石)들을 온종일 태우며,

내 영혼이 호올로 남아 사는

슬픔을 더 부르지 않을

나의 집이여

— 「겨울 실내악(室內樂)」 전문

   실내악은 오케스트라의 규모를 대폭 줄여 실내에서 조촐히 진행하는 연주를 가리키며 독주자나 지휘자가 없고 모든 연주자가 동등한 위치에서 음악적 교감을 나눈다. 대표적 형식으로 피아노 3중주나 현악 4중주를 들 수 있다. 그런데 하필 시기가 겨울이다. 겨울은 침묵의 계절이다. 화자는 그 겨울에 실내악, 즉 침묵을 연주한다. 이는 초언어적 경지를 말한다.

   한편, 겨울은 봄을 맞이하기 위한 준비의 시간이기도 하다. 이 시에서 겨울은 해체와 생성의 두 가지 함의를 동시에 지니고 있다. 그리고 그 인과적 이원론은 창조적 생성으로 일원화된다. 화자는 보석마저도 태우고 있다. 그런데 그 보석은 "아름다운 보석들"이다. 보석치고 아름답지 않은 게 없을 터인데도 굳이 "아름다운"을 수식어로 보석 바로 앞에 배치하고 있다. 따라서 토씨나 부호 하나 허투루 다루지 않는 그의 언어적 결벽을 감안하면 "아름다운 보석"은 보다 심오한 의미로 재해석해야 할 필요가 있다. "아름다운"이 지시하는 보석은 단순히 그 눈부신 외형을 말하는 게 아니라 불변의 내면적 가치를 지시하는 것이다.

"아름다운 보석"은 고도로 정제한 영혼이며 냉철한 지성과 양심의 상징이다. 그런데 김현승은 이마저도 다 태워버리는 극단의 경지에 이른다. 다시 말해 일체의 의미와 가치를 배제해버린다. 그런데 보석조차도 태워버리는 그 "손"은 "마른"이라는 동사가 마치 비밀의 열쇠처럼 수식하고 있다. "태워버리는"것과 "마른"은 화학적 성질을 공유한다. 잘 말라야 태울 수 있기 때문이다. 화자는 동사 '태우다'와 '마르다'를 병치해 둘 사이의 상호관계에 의미심장한 상징성을 부여한다.

> 깨끗한 불길이여,
> 죄를 다시는 저지를 수 없는
> 나의 마른 손이여

위의 구절은 「가을의 기도」를 비롯해 다른 시에서도 등장하는 "마른 나뭇가지"에서의 "마른"이란 수식어의 정체를 확인해 주는 대목이다. "마른"은 단순한 고사(枯死)가 아니라 일체의 희로애락이나 관념을 버린 상태에서의 의연한 존재감을 표상한다. 마른 나뭇가지처럼 이 시에서의 "마른 손"은 온갖 인위와 감정의 일탈 혹은 왜곡이 사라진, 그리하여 순수 그 자체만을 상징한다. 나아가 "죄를 다시는 저지를 수 없는/나의 마른 손"은 인과적 주체인 자아조차도 해체해 버리는 무결함의 결정체다.

인과의 굴레를 벗어나는 것은 초인이나 부처의 경지에서나 가능한 고차원의 세계다. 그와 같은 경지에서 새롭게 시작하는 생은 인과와 생사고락의 구속도 초탈한 이상향에서의 존재 증명이다. 화자는 그와 같은 초월적 지향점을 제시함으로써 새로운 생성의 전제 요소인 무오류의 정신세계를 각인시켜 준다.

> 마음에 깊이 간직한
> 아름다운 보석들을 온종일 태우며,
> 내 영혼이 호올로 남아 사는
> 슬픔을 더 부르지 않을
> 나의 집이여.

위의 구절에서 태우는 것은 색즉시공에 준한다. 그리고 이는 공즉시색을 위한 예비단계다. 모든 인위의 잔재요소가 배제된 철저한 무에서 창조적 생성이 기약된다. 그 대공사를 위해 해체된 자아는 우주질서의 궁극적 본질로 환원하게 된다. 그 인자는 순수영혼이다. "슬픔은 더 부르지 않을 나의 집"은 순수영혼의 거처로, 시「절대고독」영원의 먼 끝과 맥을 같이 한다. 슬픔은 희로애락의 함축적 상징으로 크게는 생사, 현실적으로는 번뇌와 고통의 한계를 벗어날 수 없는 의간의 성정을 의미하는데 "슬픔을 더 부르지 않은 것"은 희로애락의 요인인 인과와 생사고락으로부터의 해방을 말한다. 그런 면에서 이 시는 김춘수가 추구한 '무의미 시'를 의미론적 세계로 한 단계 끌어올려 우주의 본질과 접속시킨 한국 현대시문학사의 유의미한 성취로 볼 만하다.

예술에서 형식은 낡은 형식을 깨트림으로써 신선한 형식을 새롭게 탄생시킨다. 아무리 우수한 작품의 내용이나 메시지도 시간이 지나면 일반화되고 퇴색하게 된다. 문예사조나 철학, 사상처럼 윤리 도덕에도 그 나름의 수명이 있다. 형식화, 화석화되어 생명력을 상실한 경우, 이를 무화시키는 것은 윤리도덕의 본질을 새롭게 환기시키는 필수 작업이다. 그런 점에서 김현승의 이 시에 주목해야 한다. 그는 창조적 생성의 예비단계인 해체뿐 아니라 그 이후의 모습까지 제시하고 있기 때문이다.

아래의 시 「그냥 살아야지」는 제목만 보면 김상용의 「남으로 창을 내겠소」의 "왜 사냐 건 웃지요"와 흡사하다. 그러나 잠시만 돌이켜 보면 그 내재적 의미소가 판이하게 다른 것을 알 수 있다. 이와 같은 현상은 김현승의 시 도처에서 나타난다. 시의 이면에 담긴 내밀한 함의를 되새기는 것은 그의 시를 읽을 때 유념해야 할 요건이다.

새것 속엔 새것이 없다,
새것은 낡은 것의 꼬리를 물고
낡은 것은 또 새것의 꼬리를 문다,
그냥 그냥 살아야지…….

— 「그냥 살아야지」 부분

"새것 속엔 새것이 없다"는 구절은 순환론을 전제로 하는 개념이다. 이 부분은 다음 행 "새것은 낡은 것의 꼬리를 물고/낡은 것은 또 새것의 꼬리를 무"는 대목에서 그 정체를 확연히 드러낸다. 그런데 시작도 끝도 없는 무한순환의 논리는 기독교의 직선적 영생관하고는 정면으로 대치된다. 오히려 신을 부정한 후 그 대척점에서 새로 발견한 니체의 '영원회귀'와 일맥상통한다. 그런데 니체가 단순반복의 고통을 극복하기 위한 대책으로 창조적 생성을 주장한 반면, 김현승은 우주자연의 순리에 따르는 수동성을 보인다. 마치 아래의 시구에서 보듯 동양적 관조에 의한 관성 혹은 달관에 가까운 행보를 연상케 한다. 그러나 그 이면에는 치열한 사유의 자취가 담겨 있음에 유의해야 김현승 시의 깊이와 본질에 다가갈 수 있다.

①
동양의 지혜로 말하면
가장 큰 것은 없는 것이다

②
내 마음은 그 가없음을
내 그릇에 알맞게 줄여 넣은 듯
바람의 입김을 불면 한 없이 커진다.

— 「마음의 집」 부분

위의 구절은 시 「마음의 집」 일부로 ①은 노장사상의 진수를 담고 있는데 비단 노자뿐 아니라 불경의 핵심을 한 마디로 요약한 것으로도 볼 수 있다. 마음의 집이라는 제목이 표상하듯 이는 김현승의 동양사상에 대한 이해와 그 깊이를 헤아릴 수 있는 중요한 단서다. ②는 동양사상을 바탕으로 마음과 자아(집/그릇)의 상호성을 시로 형상화한 점에서 그의 정신주의 시 세계를 새롭게 조망하게 한다.

6. 불교에 대한 이해와 인식

아래의 글은 김현승의 불교에 대한 인식의 일단을 감지케 한다. 그렇다고 독실한 기독교 신자인 김현승이 어떻게 불교에 대해 관심을 보이게 되었는가 묻는 것은 일반론적 결례일 수 있다. 동아시아 지성으로 유학과 불교, 도가 사상에 대한 보편적 이해는 최소한의 상식에 속하며, 자아에 대한 관조와 성찰이 깊을수록 그 핵심에 다다를 수 있기 때문이다.

> 불교와 기독교는 유교와 같은 종교에 비하면 신앙의 대상을 현세보다는 내세에 두고 있고, 이승에 국한된 생명보다는 이승을 초월한 영원한 생명에다 인간의 가치를 확대하려는 종교다. 그런데 불교와 기독교는 이와 같은 목적을 가지면서도 그 목적을 성취하려는 방법에 있어 서로 다르다.
> 기독교는 인간을 초월한 객관적 존재인 타자에 의존함으로써 이 구원의 문제를 해결하려 한다. 이에 비하면 불교는 인간 스스로의 힘으로 이러한 구원의 길에 도달하려고 한다. 그러므로 기독교는 타력종교라 할 수 있고 불교는 자력 종교라 할 수 있다. 그리고 그 인생관적 근원을 주의 깊게 헤쳐 보면 타력 종교의 이론은 원죄설에 근거를 두고 있는 반면 자력 종교의 이론은 성선설에 그 근거를 두고 있음을 알 수 있다.
> 불교에서는 인간의 본성을 선한 것으로 보기 때문에 인간에 대하여 절망

하지 않는다. 인간 자신의 고행과 노력으로써 인간의 절대선에 도달하고자 한다. 극락이나 열반이란 이 인간의 절대선에 도달한 경지라고 할 수 있다. 그러나 인간의 본성을 악하다고 보는 기독교는 인간의 입장에서는 인간에게 완전히 절망한다. 이 인간의 돌이킬 수 없는 절망을 구원하기 위해서는 인간 이상의 초월적인 은총에 의존하여야 한다고 생각한다.

김현승은 서구 사상의 핵심적 배경을 이루는 기독교를 신앙 차원에서 생활화해 왔다. 그러나 비록 모태신앙의 경우라도 동양의 역사와 문화, 정서를 바탕으로 한 지성인인 김현승의 내면세계 저변에 유·불·도에 대한 기본 지식과 집단무의식, 전통의 토속적 정서가 내재되어 있는 사실을 간과해선 안 될 것이다. 반면, 본격적으로 기독교를 신앙하면서 불교에 대한 관심과 심층적 이해를 외부에 공개적으로 내비치기 위해서는 쉽지 않은 논리적 결단을 필요로 한다. 자칫 자기모순에 가까운 정서적 이완으로 오해 받을 여지가 있기 때문이다.

그런데도 김현승은 아래의 글에서처럼 불교와 기독교를 등가적 시각에서 논하고 있다. 다만 논조는 기독교를 의식해서인지 부드럽고 합리적이다.

비록 방법은 다르지만 내세의 영원한 생명을 갈구하여 인간의 가치를 이승에만 국한 시키지 않고 무한한 저승에까지 확충시키려는 동일한 목적을 가진 점에 있어서 불교와 기독교는 서로의 사정을 아는 눈으로 바라보아야 할 것 같다.

당시 기독교 측 입장에서 보면 불교는 수용할 수 없는 이단으로 주 경계

대상이었다. 불교의 교리는 기독교의 유일신론에 정면으로 배치될 뿐 아니라, 시간상으로도 500여 년이나 앞서며, 교세 또한 기독교와 쌍벽을 이룰 만큼 세계적 분포를 형성하고 있기 때문이었다. 그런데도 김현승은 기독교와 불교를 동일 선상에 놓고 보고 있으며 어떤 면에서는 불교에 더 논리적 이해의 무게를 두는 것 같은 암묵적 동조를 보여 주고 있다

<blockquote>인간 역사의 야수성을 눈으로 보고 경험하는 입장에서는 불교의 사상에도 어딘지 허술한 데가 있는 듯 하지만 인간의 선한 일면도 날마다 보고 경험하는 입장에서 생각할 때에는 인간에 대한 기독교적 비판과 절망은 지나치게 독단적이고 엄격하다 못해 편협하다는 생각까지 든다.</blockquote>

이처럼 김현승은 신 중심의 일방적 주종관계를 떠나 인간중심의 주체적 실존에 입각한 사고와 맥을 함께 한다. 따라서 절대고독 당시 김현승의 정신세계는 자신의 노력 여하에 따라 부처도 될 수 있다는 불교의 주장에 근접해 있었다고 보인다. 아무리 선한 자라도 신의 의지에 의하지 않고서는 구원 받을 수 없다는 기독교적 독단은 기본적으로 인간의 선과 선의지의 능동적 가치를 부정하고 있기 때문이다.

김현승은 신과 결별 후 신의 권능을 대신할 대체기제로 인간의 양심을 들고 있다. 다시 말해 인간의 선의지에 대한 확신을 새로운 세계관의 기반으로 하고 있다. 그는 불교에서는 인간의 본성을 선한 것으로 보기 때문에 인간에 대하여 절망하지 않는다고 한다. 따라서 양심(선의지)을 통해 자아의 실존적 가치를 정립하려는 주체적 의지는 자신의 고행과 노력으로 궁극적 구원의 경지에 도달하고자 하는 불교의 세계관과 긴밀한 접점을 이루고

있다.

이와 같은 불교에 대한 개방적 견해는 절대고독 시기 김현승의 내면세계에 불교적 정서가 암암리에 작용하지 않았을까 하는 추론에 힘을 실어준다. 부연하자면 기독교와 결별 후의 시편에 나오는 죽음에 대한 정조에는 니체의 영원회귀와 시지프스의 영구 반복적 형벌을 보다 정제된 보편성에서 아우르는 불교적 시간관을 감지할 수 있다. 그래서인지 절대적 의지처이던 기독교적 구원을 부정한 처지인데도, 어딘가 모르게 평온하고 담담한 초월자의 여유가 느껴진다. 다시 말해 내세, 영원과 단절된 단순한 죽음을 맞이하는 평상의 상념으로는 갖기 힘든 담백한 평정심과 명징한 시야, 신실한 의지가 돋보인다. 고도의 수련이나 돈오(頓悟), 직관의 산물인 열반적정(涅槃寂靜)의 경지에서나 어울리는 내면적 포즈이다.

김현승은 기독교나 불교의 신앙적 본질과 가치에 대해서는 양시론적 공감을 나타낸다. 반면 기독교 교단의 타락에 대한 실망과 마찬가지로 불교 교단의 부패한 현실에도 양비론적 시각을 보이고 있다. 기독교에 대한 비판적 수용과 동일한 잣대로 불교에 대해서도 대응하고 있음을 알 수 있다.

> 기독교의 세속화를 걱정하는 심정은 불교에 대해서도 마찬가지일 수밖에 없다. 내세의 영원한 생명을 본래의 수도 정신으로 삼아야 할 불교의 지도자들이 어느덧 현실의 경세가로 탈바꿈하지 않았는가?

절대고독 시기는 냉철한 이성과 주체적 의지가 절정에 도달한 무렵이다. 성실과 내밀을 겸비한 김현승의 지성은 종교 간의 협소한 경계를 뛰어 넘어 보편적 시각에서 진리의 본질에 관한 사유의 폭을 넓히고 깊이를 추구한다. 불교에 대한 탈기독교적 이해도 이와 같은 변화의 일단이었다. 이는 기독교의 일방적 도그마에 갇혀 있다가 그 옹벽을 뚫고 나와 보다 광활한 시각으로 세계를 응시한 지적 탈영토화의 결정(結晶)이었다. 따라서 기독교와의 결별을 통해 소외된 부분을 자연스럽게 광의의 불교적 세계관과 정서로 채우는 내면세계와 가치관의 전환을 이룬다.

그런데 위의 글에서 주목해야 할 부분은 "내세의 영원한 생명을 본래의 수도 정신으로 삼아야 한다"고 주장한 대목이다. 마치 시 「절대고독」과 죽음을 언급한 다수의 시편에서 '영원'을 노래한 구도적 정서를 연상케 한다. 내세의 영원한 생명은, 기독교의 영생뿐 아니라 윤회의 카테고리 속에서 생사유무를 초월해 영원한 생명성을 구가하는 불교의 생사관과도 상통한다. 또 영겁회귀의 단순반복을 창조적 생성의 에너지로 극복하는 위버멘쉬의 경우도 유사한 사례에 해당한다. 김현승이 기독교의 우산 속에서 자연스럽게 보장된 것으로 여겨 오던 '영생'은 이제 자신의 주체적 사고와 의지에 의해 새롭게 추구해야 할 과제로 주어진다. 그리고 이 기류에 편승해 기독교적 영생의 대안으로 제기된 탈기독교적 세계관이 무의식적 잠재태에서 의식의 수면 위로 급부상하는데, 이와 같은 포괄적 시각에 불교적 세계관도 포함되어 있었다.

당시 김현승은 신의 일방적 권능에 의지할 따름인 기독교의 영생설보다도 인간 중심의 선의지를(자신의 표현에 의하면) 초월적 자아의 동력으로 삼는 동양적 세계관에 근접해 있었다고 여겨진다. 따라서 저승을 일러 "잠시 무덤에 들렀다가" 새로운 세계로 향하는 과정이라고 설정한 표현은 생사의 이분법적 경계를 초월한 불교적 생사관을 일컫는 공감각적 은유로 볼 수 있다. 다만 기독교계의 참담한 현실에 실망했다 하더라도 신실한 현직 목회자 가문의 일원으로 차마 불교에의 천착을 연상케 하는 발언을 직접 하기는 어려웠을 거라는 점은 고려되어야 하지 않을까 싶다.

Ⅱ.   주지적 모더니즘

1. 한국 현대시와 모더니즘

한국 현대시는 전통서정시가 주류를 이루는 가운데 모더니즘과 리얼리즘이 그 뒤를 좇으며 지평을 넓히는 형세를 취해 왔다. 그러나 다양한 특성이 복합적으로 작용하는 시인의 시세계를 마치 식물도감의 종과 속처럼 도식적인 장르에 따라 단순 분류하는 것은 무리다.

가령 김소월, 박목월, 김영랑, 윤동주 등의 전통서정시처럼 이상과 김기림 등은 모더니즘 색체가 뚜렷한 편이다. 반면 정지용, 박용철 등은 모더니즘과 서정시의 경계가 모호한데도 모더니스트로 분류되고 있다. 김수영도 개성이 뚜렷한 모더니스트이지만 참여시를 통해 리얼리스트와 결을 함께 하기도 한다. 모더니스트로 분류되는 김춘수도 그의 대표 시 중 하나인 「꽃」을 보면 구분하기 어려울 만큼 일반 서정시와 감성, 정서, 표현상 동질성을 갖추고 않다. 더러는 백석과 신석정도 모더니스트로 일컫지만 전통서정, 토속성, 자연친화적 측면에서 볼 때 우수한 전통서정시의 면모가 강하다.

모더니즘 시는 이상과 현실 사이의 간극을 추상적 이미지나 초현실주의적 표현을 빌려 전경화한다. 관용적 언어나 상투적 감성을 배제하고 탈일상의 언어와 시어의 이색적 조합을 통해 새로운 이미지를 창조한다. 서정

시가 자연친화적이며 감성적인데 비해 모더니즘 시는 감각적이며 때로 환상적인 분위기를 자아낸다.

모더니즘은 기존의 전통이나 관습으로부터의 단절에서 출발한다. 시의 형식이나 내용 면에서 파격적이고 실험적인 요소들이 주류를 이루게 된다. 따라서 종전의 시풍에 익숙한 독자들에게는 불편하고 생소한 느낌을 줄 수 있다.

한국 현대시의 모더니스트들에게 전통서정시는 그 고루한 타성의 틀을 깨뜨려야 할 개혁의 대상이었다. 전통적 감성을 빌미로 상투적이고 고답적인 매너리즘에 안주하며 값싼 언어유희와 '감상의 달콤한 사탕'으로 독자들을 길들이는 것으로 보이기 때문이었다.

그런데 모더니스트로 일컬어지는 정지용, 백석, 김광섭 등의 시어나 정서는 전통서정시와 크게 다르지 않았다. 오히려 우수한 서정시의 면모를 과시하기도 했다. 그들이 다루는 언어는 탈일상적 표현과 서정적 언어미학이 혼재되어 있었다. 따라서 대부분이 서구 모더니즘과 토착적 언어/정서를 혼융한 한국 현대시에서 이상과 김기림을 제외하고 순수한 모더니스트는 드물었다고 볼 수 있다.

흔히 김현승을 모더니스트로 일컫는다. 그러나 단순히 모더니스트로만 분류하기에는 그의 시가 내포하고 있는 복합적 특질이 되새겨볼수록 깊고 넓다. 서정시와 모더니즘의 모호한 경계지점에서 그 경계를 지우며 보다 차원 높은 독창성을 발휘하기 때문이다. 이점은 그의 시가 지닌 대표적 특징으로 꼽을 수 있다. 굳이 그의 모더니즘에 접두어를 첨가한다면 주지적 모더니즘으로 명명할 수 있을 것이다. 그는 이 점에서 누구보다도 독자적인 성향을 갖추고 있기 때문이다. 여기에 고도의 직관과 절제미로 빚은 정신주의시가 영혼의 높고 순수한 경지에 이르러 그 진수를 선물한다. 김현승은 신선하고 감각적인 모더니즘을 통해 시의 언어미학과 외연을 확장하고, 주지적이며 실존적인 정신주의로 내연을 심화해 독특한 경지를 개척한 시인으로 평가 할 수 있다. 이 부분에서 그의 시적 특성은 확연히 자신만의 고유한 색체를 선보인다.

2. 감각적 언어와 상징적 은유

아래의 시 「불완전」은 김현승의 시 중에서도 모더니즘 성향이 치밀하게 발휘된 시로 꼽을 수 있다.

> 더욱 분명을 듣기 위하여
> 우리는 눈을 감아야 하고,
>
> 더욱 또렷이 보기 위하여
> 우리는 우리의 숨을 죽인다.
>
> 밤을 위하여
> 낮은 저 바다에서 설탕과 같이 밀물에 녹고,
>
> 아침을 맞기 위하여
> 밤은 그 아름다운 보석(寶石)들을
> 아낌없이 바다에 던진다.

죽은 사자의 가슴에다
사막의 벌떼는 단꿈을 치고,

가장 약한 해골은
승리의 허리춤에서 패자의 이름을 빛낸다.

모든 빛과 어둠은
모든 사랑과 미움은
그리고 친척과 원수까지도,
조각과 조각들은 서로 부딪히며

커다란 하나의 음악이 되어,
우리의 불완전(不完全)을 오히려 아름답게
노래하여준다.

— 「불완전(不完全)」 전문

    제목부터 범상치 않다. '불완전'이란 관념어는 평소 잘 쓰지 않는 시어인데 김현승은 관례를 뛰어넘어 시 제목으로 사용하고 있다. 자칫 진부하게 보일 수도 있는데 이런 기우를 씻어주기라도 하듯 참신하고도 깊은 사유를 머금은 시어, 이를 조합한 감각적 은유, 낯선 상징이 특유의 경지를 구축한다. 예컨대, 의미와 분위기가 상치된 시어를 나란히 배치하는 한편, 그 불협화음을 다스려 새로운 화음을 창조해 낸다. 그 중에서도 3연과 4연은 언어미학적 솜씨가 지금 보아도 파격에 가까울 만큼 세련되어 있다.

"낮은 저 바다에서/설탕과 같이 밀물에 녹고/밤은 그 아름다운 보석들을/아낌없이 바다에 던진다"는 표현도 그렇거니와 "죽은 사자의 가슴에다/사막의 벌떼는 단꿈을 치고/가장 약한 해골은/승리의 허리춤에서 패자의 이름을 빛낸다"는 표현도 산수화가 전시된 화랑에서 갑자기 입체파 화가들의 화풍을 보는 듯한 자극적 느낌을 준다. 낯익은 언어를 감성적으로 노래하던 당시의 서정시 시풍과 시어에 비하면 "죽은 사자의 가슴", "사막의 벌 떼", "가장 약한 해골", "승리의 허리춤", "패자의 이름을 빛낸다"는 등의 구절은 지금 보아도 생소하고 독특한 모더니즘시의 진수다.

아래의 시 「가을비」는 아홉 행의 짧은 시로, 행의 길이도 각각 네 단어 이내의 단문이지만 연은 네 개로 구성되어 있다. 이렇듯 치밀한 배치를 바탕으로 한, 행과 연의 탄탄한 구성을 보면 새삼 그의 언어적 특징인 절제와 함축의 묘미를 실감할 수 있다. 그런데 김현승은 그 속에 구구절절 파격적 비유와 감각적 이미지를 담아 시의 밀도와 완성도를 높이고 있다.

    팔구비에 닿는 것
    은시계(銀時計)처럼 차다.

    세로팡으르
    싸는 밤……

    배암 무늬 손잡이
    우산(雨傘)을 받고 혼자 섰다

전에는 더러

이러기도 하였던

뽀—야다란 마음……

— 「가을비」 전문

    1연과 4연은 직유로 볼 수 있지만 은유 이상의 감각적 여운을 선물한다. 2연과 3연은 범상치 않은 은유가 독특한 이미지를 낳는다. "세로팡"지(紙)로 "싸는 밤"과 "배암 무늬 손잡이/우산을 받고 혼자 섰다" 등의 구절이 표상하는 이미지는 모호하면서도 참신하다. 이렇듯 짧은 시에서 연마다 지적 추상과 도시적 감각이 교직한 이미지의 성찬을 이루고 있다. 그러면서도 각각의 독특한 이미지가 충돌하지 않고 전체적으로 극적 조화를 이루는데 김현승 모더니즘시의 진수가 있다.

    아래의 시 「가을」은 그동안 묻혀 있던 것을 새로 찾아내 『김현승 시선집』에 수록한 작품인데, 추상어와 구상어의 절묘한 배합, 치밀하게 절제된 언어의 함축미 등 김현승 모더니즘의 특징이 잘 나타나 있다.

봄은

가까운 땅에서

숨결과 같이 일더니

가을은

머나먼 하늘에서

차가운 물결과 같이 밀려온다.

꽃잎을 이겨
살을 빚던 봄과는 달리,
별을 생각으로 깎고 다듬어
가을은
내 마음의 보석(寶石)을 만든다.

눈동자 먼 봄이라면
입술을 다문 가을

봄은 언어(言語) 가운데서
네 노래를 고르더니,
가을은 네 노래를 헤치고
내 언어(言語)의 뼈마디를
이 고요한 밤에 고른다.

— 「가을」 전문

    1연과 2연은 봄과 가을을 가까운 땅과 머나먼 하늘로 각각 대비시켜 상반된 분위기를 자아낸다. 여름과 겨울은 더위와 추위로 대별되는 상대성을 지니지만 봄과 가을은 기온도 비슷하고 옷차림도 춘추복으로 합성해 부를 만큼 동질성을 나눈다. 또 생성과 수확으로 표상되는 생명성을 공유한다. 그럼에도 시인은 그 성향이 뚜렷이 대비되는 여름과 겨울은 접어두고 굳이 봄과 가을을 가까운 땅과 먼 하늘로 대비시켜 상대성을 부각시킨다. "봄은 가까운 땅에서/숨결과 같이 일"더니 "가을은 머나먼 하늘에서/차가운 물결과 같이 밀려"온다는 것이다. 이를테면 통상의 관용적 관념을 허물고 탈일상적 변화를 시도한다.

본격적인 모더니즘은 3연과 4연에서 돋보인다. "꽃잎을 이겨/살을 빚던 봄", "별을 생각으로 깎고 다듬어", "눈동자 먼 봄이라면/입술을 다문 가을" 등의 구절은 일반 서정시에서는 보기 힘든 감각적 언어와 상징적 은유로 이루어져 있다. 전통서정시와는 확연히 구별되는 시어의 조합과 그 산물인 이미지가 오묘하고 신선하다. 마지막 연의 "내 언어의 뼈마디를/이 고요한 밤에 고른다"는 구절 역시 평소 익숙한 표현에 비해 독특하다.

3. 관념어의 구상적 이미지화

김현승의 모더니즘은 독창적 이미지가 핵심이다. 그는 추상어에 감각적 어휘를 합성해 언어 상식을 뛰어넘는 생소한 의미를 발굴한다. 여기에서 추상어는 관념어와 동격이다. 그 자체만으로는 관념적 성격을 지니고 있기 때문이다. 그러나 그 추상어가 감각적 어휘와 만날 경우, 관념적 잠재태에서 감각적 이미지로 거듭 난다.

그의 시집 제목이자 표제시이기도 한 「견고한 고독」은 추상어 '고독'을 '견고한'이라는 감각적 형용사가 수식해 특이한 이미지를 직조한다.[19] 시 「절대고독」에서의 "영원의 먼 끝"은 '영원'이라는 추상어를 '끝'이라는 명사형 지시어가 수식하고 이를 형용사 '먼'이 수식한다. '영원'이라는 막연한 추상어가 '끝'이라는 구상어를 만나 구체적 사실을 적시하다가, 다시 '먼'이라는 형용사가 합세해 막연한 이미지로 환원되어 새로운 의미를 생성하는 것이다. 시 「고독의 끝」도 제목부터 추상어와 구상어의 결합으로 생소한 이미지를 낳는다.

김현승의 시에서 갈고 닦은 고유어는 별로 눈에 띄지 않는다. 그의 언어는 일상의 언어와 관념적 추상어를 합성, 새롭게 배치해 신선한 이미지를 도출해 낼 때 특유의 집중력을 발휘한다. 정지용, 김소월, 백석, 미당, 김영랑 등이 고유어와 방언 그리고 토속적 정서와 가락을 활용해 두드러진 시적 성취를 보여주는데도 김현승은 여기에서 홀연히 비켜나 있다. 그가 주로 사용하는 언어는 한자어로 이루어진 추상어와 이를 수식하는 일상의 고유어가 주류를 이룬다. 이는 그가 전통서정시와 거리를 둔 모더니즘 시인으로 부각되는 요인이기도 하다.

4. 서구시의 영향

김현승은 릴케뿐 아니라 엘리엇을 비롯한 영미시, 말라르메를 비롯한 프랑스시에도 조예가 깊었다. 아래의 글은 그가 쓴 세계 문예사조사의 일부인데 그의 주지적 모더니즘의 실체와 영향관계를 살펴보게 한다.

말라르메의 시에는 주지적인 면에 치중한 관념상징과 그보다도 순수한 정조상징의 두 가지 유형이 있음을 볼 수 있다. 그리고 후자의 정조적인 상징이 전자의 관념보다 훨씬 순수하고 투명하다. 말라르메의 가치는 후자에서 구하게 된다. 그런데 발레리에 이르면 이 두 수법이 완전히 조화된 가장 지적이면서도 가장 순수한 세계에 도달하고 있다. 다음과 같은 시 구절에서 그 면모를 엿볼 수 있다.

먼 현세에
무엇인가 순수한 초자연의 모습을

비춰주는 전능의 이방인 — 피치 못할 유성들이여

이 무상의 빛을, 이 무적의 무기를

그 영겁의 온갖 비약을

인간의 세계 — 눈물에까지 번져 주는 그대들……

이처럼 김현승은 말라르메의 시에 주목하는 한편, 나아가 주지적 상징의 세계와 주정적 상징의 두 세계를 융합해 상징주의 시의 신대륙을 개척한 발레리의 시에 집중한다. 이와 같은 경향은 그의 시 도처에서 발견할 수 있다.

김현승의 시 「파도」는 한국의 모더니즘이 T. S. 엘리엇의 시를 비롯한 서구시의 영향을 받은 사실에서 김현승도 자유롭지 못함을 실감케 한다.

아, 여기 누가

술 위에 술을 부었나.

이빨로 깨무는

흰 거품 부글부글 넘치는

춤추는 땅 — 바다의 글라스여.

아, 여기 누가

가슴을 뿌렸나.

언어(言語)는 선박(船舶)처럼 출렁이면서

생각에 꿈틀거리는 배암의 잔등으로부터

영원히 잠들 수 없는,

아, 여기 누가 가슴을 뿌렸나.

아, 여기 누가

성(性)보다 깨끗한 짐승들을 몰고 오나.

저무는 도시(都市)와,

병든 땅엔

머언 수평선(水平線)을 그어 두고

오 오 오 오 기쁨에 사나운 짐승들을

누가 이리로 몰고 오나.

아, 여기 누가

죽음 위에 우리의 꽃들을 피게 하나,

얼음과 불꽃 사이,

영원과 깜짝할 사이

죽음의 깊은 이랑과 이랑을 따라

물에 젖은 라일락의 향기―

저 파도(波濤)의 꽃떨기를 7월(七月)의 한 때

누가 피게 하나.

―「파도(波濤)」 전문

"여기 누가 가슴을 뿌렸나", "언어는 선박처럼 출렁이면서", "저무는 도시와 병든 땅" 등의 구절은 기존의 언어를 해체, 통상적으로 거리가 먼 어휘끼리 새롭게 조합해 추상적 현실을 전경화하고 있다. 마지막 연은 그 정황이 한층 두드러진다. 언어미학의 고정관념을 깨고 추의 미학으로의 반전을 시도, 일부러 생소한 느낌을 불러일으킨 것이다.

"여기 누가 죽음 위에 꽃들을 피게 하나"라는 구절은 "죽음의 깊은 이랑과", "물에 젖은 라일락의 향기"처럼 상반된 구절을 대비시켜 낯설게 하기의 극적 효과를 노린다. 이 시는 전체적으로 엘리엇의 황무지를 연상케 한다. 꽃 다투어 피고 만물이 약동하는 4월을 '잔인한 달'로 묘사하며 라일락과 해골을 병치, 기존의 시간 감각을 전복시키는 경우와 비슷한 시적 정서와 기법을 보여주고 있기 때문이다. 앞에서 예시한 김현승의 시 「불완전」의 다음 구절도 엘리엇의 황무지와 흡사한 느낌을 준다.

죽은 사자의 가슴에다
사막의 벌떼는 단꿈을 치고,

가장 약한 해골은
승리의 허리춤에서 패자의 이름을 빛낸다.

모든 빛과 어둠은
모든 사랑과 미움은
그리고 친척과 원수까지도,
조각과 조각들은 서로 부딪히며

― 「불완전」 부분

5. 어구의 전략적 배치

김현승의 시를 읽다보면 평상의 독해 방식으로는 무심코 넘기기 어려운 표현들이 종종 있다. 전쟁 직후인 1955년 12월 〈예술집단〉에 발표한 「어제」도 그 중 하나이다.

    어제,

    그 시간(時間)을

    비에 젖은 뽀―얀 창(窓)밖에 넣어보자.

    어제,

    그 시간(時間) 옆에

    멀리 검은 나무를 심어두자

    오랜 그늘을 지키는

    어제,

    그 시간(時間)을

    정한 눈물로 닦아두자,

    내게는 이제 다른 보석(寶石)은

    빛나지 않으려니……

―「어제」 전문

  1연만해도 "어제 그 시간을" 새로운 분위기로 환기시키기 위해서는 "비에 젖은 뽀―얀 창밖" 보다는 '맑고 밝은 창밖'이라야 자연스럽다. 그런데 상식적 기대를 배반한다. "비에 젖은 뽀―얀 창밖"이라는 부정적 기조에 "넣어보자"는 의식적 다짐을 병치시키는, 이를테면 모호한 기조의 모순어법을 사용하고 있다.

2연의 "검은 나무를 심어 두자"도 마찬가지다. 어제의 부정적 기류를 내일의 의지로 승화시키기 위해서는 "검은 나무"가 아닌 '푸른 나무'여야 어울린다. "어제, 그 시간"은 과거지만 청유형 지시어 "두자"는 미래를 목표로 하는 적극적 다짐이기 때문이다. 따라서 "검은 나무"와 "심어두자"는 두 구절은 긍정적 의지를 실현하기 위한 미래지향적 이미지 제시로는 어울리지 않는 불협화음에 가깝다. 이를테면 일련의 반어법적 형태를 취하고 있는 셈이다.

그런데 마지막 연에서 그 의문은 풀린다. 어제의 부정적 기류를 "정한 눈물로 닦아" 어제와 다른 "보석"을 빚자는 긍정적 의지가 곧 본연의 속내인 것이다. 부정과 위축, 침체의 '어제'를, 긍정과 확장의 분위기로 전환해 새로운 내일을 강화하는 변증법적 전략을 읽을 수 있는 시다. 다만 손쉽게 상투적인 전개로 일관하기보다는 도중에 모호한 '낯설게 하기'식의 긴장을 고조시키다가 극적 반전을 통해 결론에서 핵심의 요지를 강화하는 전략을 구시한다. 이를테면 도입(1연) → 부정적 기류(2연) → 반전(3연) → 긍정적 결말(4연)의 짜임새 있는 기승전결을 전개한다.

일제 강점기의 암울하고 절망적인 시대 상황 속에서 절망(현실)과 희망(이상)의 이분법적 갈등과 종결부의 반전은 많은 시인들의 일반적 도식이기도 했다. 문제는 이런 기류가 해방 이후에도 독재와 민주화라는 테제로 이름만 바꾸어 반복된 데 있다. 따라서 암울한 사회 현실의 타파에 관심이 많은 시인들은 현실과 이상을 전략적으로 양분, 그 부정적 갈등구조를 결국 긍정적 희원과 결의의 테제로 일원화하는 기조를 이어왔다. 김현승은 대부분의 시에서 이런 기조를 견지하고 있다.

6. 정신주의와 모더니즘의 혼융

김현승은 모더니즘 성향의 언어 감각을 선보이면서도 고도의 정신주의적 밀도를 추구해 시의 전체적 수준을 높이고 깊이를 배가하는 것이 특징이다. 그 진수는 주로 그의 초기 시 후반부 그리고 시집 『견고한 고독』과 『절대고독』 시편들에서 가려 뽑을 수 있다.

김현승은 당시의 모더니스트들과 달리 모더니즘과 정신주의를 절묘하게 혼융해 그 경계를 모호하게 한다. 그보다도 두 장르를 결합해 극적 시너지효과를 거둔다는 표현이 더 적절하다. 이 부분은 그의 시가 보유한 특질 중 하나로 한국 시문학사에서도 중요한 가치를 지닌다고 볼 수 있다. 앞의 시 「불완전」의 1연 "더욱 분명을 듣기 위하여/우리는 눈을 감아야"한다는 구절과 마지막 연 "우리의 불완전을 오히려 아름답게/노래하여 준다"는 구절은 그의 시 「절대고독」처럼 정신주의의 깊이와 경지를 되새겨 보게 한다.

「불완전」과 함께 시집 절대고독에 수록된 「완전 겨울」이란 시는 모더니즘의 면모를 보이면서도 『견고한 고독』과 『절대고독』 시편들에서 절정을 이루는 정신주의가 주조를 이루고 있다. '완전 겨울'은 '완전'의 지시어로 '겨울'을 설정하고 있다. 이 시에서 겨울은 완전을 서술하는 시간과 공간의 배경이다. 겨울은 휴식기이자 한 해의 수고로움을 덜고 마무리하는 사계절 중의 하나로 결산의 계절인데, 김현승은 이를 '완전한 시간'으로 보편화한다.

섰다.

입을 다물었다.

사라졌다.

빈 하늘만이
나의 천국으로 거기 남아있다

사랑과 무더운 가슴으로 쓰던
내 시의 마지막 가지 끝에……

―「완전 겨울」 전문

일곱 행의 짧은 시다. 그런데 연은 다섯 개나 된다. 반면 1연은 2음절, 2연은 6음절, 3연은 4음절의 극히 짧은 문장으로 이루어져 있다. "섰다(1연) → 입을 다물었다(2연) → 사라졌다(3연)"로 이어지는 극도의 함축은 그 밀도에 비례해 의미의 문호를 확장한다. 영미 모더니즘의 기수로 최대한 문장의 함축을 주장한 에즈라 파운드가 보아도 놀랄만한 단문이다. 그런데 해석이 간단치 않다. 단락마다 그 내면에는 어쩌면 대하소설 한 편을 압축한 사연과 의미가 담겨 있을 법하다. 그 속에 담긴 함의를 헤아리는 것이 이 시의 묘미이기에 독자의 몫은 그만큼 넓고 깊어진다.

4연과 더불어 모더니즘 성향이 주조를 이루는 마지막 연도 "사랑과 무더운 가슴으로 쓰던/내 시의 마지막 가지 끝에……"라는 두 행이 전부지만 말줄임표가 침묵 속의 기약 없는 말문을 열어놓고 있다. 시「불완전」처럼 화려한 수식어나 갈등구조는 찾아볼 수 없다. 그렇다고 전통서정시의 정서나 문맥과도 거리가 있다. 시「불완전」이 모더니즘의 진수라면「완전겨울」은 정신주의의 결정(結晶)으로 볼 수 있다.

그러나 두 시는 하나같이 모더니즘을 형식상 토대로 정신적 고지를 탐구하고 있다. 그리고 모더니즘과 정신주의를 하나의 통섭적 장르로 결합하고 있다. 이 발전적 융합을 통해 모더니즘은 시의 깊이를 보장받고 정신주의는 관념의 늪으로부터 벗어난다.

김현승은 고도의 정신세계를 추구한 시인으로 재평가 되어야 한다. 다시 말해 한국 현대시문학사에서 보기 드문 정신주의 시의 개척자이자 가늠하기 쉽지 않은 고차원의 정신적 경지에 오른 시인으로 새롭게 자리매김 해야 한다. 비록 지고지순의 고지에서 급격한 심신쇠약에 의해 하산하고 말았지만 그는 오묘한 정신적 체험을 시를 통해 형상화 했다.

절대고독 시기에 그가 추구한 정신세계는 고도의 직관의 경지, 즉 언어도단의 세계와 맥을 함께 했다고 보인다. 그는 언어로 설명하기 어려운 그 경지를 표현하기 위해 파격적 은유, 역설적 모순어법, 초현실적 상징이 돋보이는 모더니즘적 요소를 극적으로 활용했다. 그의 정신주의적 내밀과 모더니즘적 표현기법은 유기적 상호작용을 통해 내면과 형식의 밀도 높은 조화를 이루었다. 따라서 그의 시적 특질을 논할 때는 정신주의와 모더니즘, 두 장르의 결합에 주목해야 한다.

Ⅲ. 생명성과 자아의식

윤동주의 「서시」는 "죽는 날까지 하늘 우러러 한 점 부끄럼 없기를" 다지는 결의로 부터 시작되는데 "죽는 날"이 시의 첫 구절에 등장한다. 그러나 이 시의 전체적 정조로 볼 때 "죽는 날까지"는 '살아 있는 동안'과 동의어이다. 떳떳하게 살아가는 성실한 생명의 추동 기제로 시간적 유한성을 끌어들인 것이다.

김현승의 초기시에 속하는 「인생송가」도 그가 1954년 자신이 편집하던 〈시 정신〉에 발표한 시인데 죽음에 대한 상념이 주제를 이루고 있다. 시 전체에 걸쳐 반복해서 죽음을 언급하고 있지만 죽음 자체보다도 생명성의 본질과 사후에 펼쳐질 새로운 세계에 대한 탐색이 핵심이다. 단순한 생물학적 죽음을 넘어 새로운 사후의 세계를 본질적 차원에서 탐구하고 있는 것이다. 그에게 생사를 초월한 영원성은 절대고독 시기 뿐 아니라 전 생애에 걸쳐 제기된 실존적 생명체로서의 환원적 질문이자 과제였다.

힘들어 산다는 것보다,
우리가 죽은 뒤에
얼마나 아름다운 이른 저녁을 지상(地上)에 가져 오겠느냐.

(중략)

우리가 죽은 뒤에도
인생(人生)은 언제나 즐겁고 또 슬프고
길이 있으라!

― 「인생송가(人生頌歌)」 부분

이 시를 발표한 1954년은 한국전쟁 직후로 전후의 복구와 생계에 매달려야 하는 참담한 시기였다. 그렇다고 41세의 청년이 벌써 죽음과 사후 세계에 대해 숙고하는 것은 일상의 정서와는 거리가 있다. 흔히 견딜 수 없이 고통스럽거나 절망에 사로잡힐 때 죽음을 떠올린다. 그러나 절망이나 고통이 꼭 정서상 죽음과 결부되는 것은 아니다. 절망 속에서도 죽음을 의식하지 않고 오히려 극복 의지를 더욱 견고히 하는 경우도 많기 때문이다.

김현승은 생애 전반을 놓고 볼 때 자주 죽음을 의식할 만큼 고통스러운 절망의 여정만은 아니었다. 교육자로서의 사회적 품격, 최소한의 경제적 안정 그리고 신앙적 경건 속에서 그의 생은 외형상으로는 평탄한 편이었다. 그런데도 그의 시에서 '죽음'이란 시어는 고독·눈물·보석·까마귀·가을처럼 빈도가 높다.

그가 절대고독 시기에 죽음에 천착한 것은 죽음에 관한 일반의 정서와는 성격이 다르다. 신을 떠나 홀로서기를 한 마당에 우주의 본질과 자아의 실존 가치를 정립하기 위해 몰입한 철학적 탐구의 일환이기 때문이다. 그런데 이 시기의 시 말고도 초기시와 후기시에도 죽음은 불가해한 명제처럼 도처에 그 짙은 음영을 드리우고 있다. 이는 성격형성기부터 잠재된 무의식적 억압이 불안의 정서로 그의 내면세계에서 부단히 작용하고 있다고 추측된다. 그리고 그 내재적 심리기제는 죽음에 대한 무의식적 불안과 구원의 명제로 표면화된다.

김현승의 시에서 죽음을 주제로 하거나 죽음이 주제어로 등장하는 양상을 보면 크게 세 갈래로 죽음이 지시하는 함의를 요약할 수 있다. ①죽음에 대한 일반적 시각처럼 죽음을 불안, 체념 혹은 관조의 시선으로 응시하는 경우 ②윤동주의 「서시」처럼 현재의 삶을 더 충실하고 진지하게 추동하는 성찰의 기제로 죽음을 의식하는 경우 ③우주의 본질을 생사문제와 결부해 그 영원성을 추구하는 데 있어서 죽음을 그 과정의 일부로 수용하는 경우이다.

아래의 시는 「독신자」의 한 구절이다. 이 시 역시 한국전쟁의 후유증이 채 가시지 않은 1958년, 그러니까 「인생송가」보다 4년 후에 발표한 작품인데 1연 첫 행부터 죽음이 주제어로 등장한다. 그가 45세 때면 첫 시집 『김현승 시초』를 발간한 이듬해이며, 한국문학가협회 상임위원에 뽑혀 문단에서도 점차 그 위상을 구축해 가는 비교적 안정된 시기였다. 굳이 죽음을 연상할 만한 현실적 단서를 찾기 어려운 시점에서의 평지돌출 같은 현상으로 이 역시 내면의 심연을 장악하고 있는 잠재적 정서의 표출로 볼 수 있다.

나는 죽어서도
무덤 밖에 있을 것이다

— 「독신자」 1연

시작부터 죽음을 언급한 것도 그렇지만 특히 "무덤 밖에 있을 것이"라는 구절이 예사롭지 않다. 단순히 죽음이 일회성 유(有)에서 무(無)로 끝나는 게 아니라, 무덤이라는 무(無)의 감옥으로 부터 탈출해 새로운 유(有)를 지향하는 징검다리로 기능하고 있다. 죽음을 미지의 세계에 이르는 일시적 경유지로 보고 있는 셈인데 당시의 시기적 정황으로 보아 기독교의 부활을 연상케 한다.

「인생송가」나 「독신자」보다 먼저 발표한 「자화상」에서도 죽음이라는 시어가 마지막 연을 닫고 있다. 「자화상」은 김현승이 해방 직후인 1947년 6월, 〈경향신문〉에 발표한 시로 초기 작품에 속한다. 이 무렵 34세인 그는 광주에 있는 숭일중학교 교감으로 근무하던 시기로 특별히 죽음을 떠올릴 만한 정황은 보이지 않는다. 그런데도 죽음이라는 시어가 자전적 독백의 종결부를 이루고 있다.

> 내가 죽는 날
> 단테의 연옥에선 어느 비문(扉門)이 열리려냐
>
> ―「자화상」마지막 연

「인생송가」와 「독신자」는 죽음이라는 주제어가 첫 연을 개시하는데 비해 「자화상」은 마지막 연에서 죽음을 소환한다. "내가 죽는 날"이라는 구체적 정황을 상정해 자신의 삶을 돌이켜 성찰하고 있다. 죽음을 곁들인 성찰을 통해 삶의 가치와 더불어 실존적 자아를 재점검하고 있는 것이다. 청년기부터 죽음이 삶의 무게를 견인하며 그 가치를 고양하는 테제로 작동하고 있음을 알 수 있다. 이와 유사한 정조를 띠고 있는 것들에 다음의 시편들이 있다.

> 그것이 비록 병들어 죽고 썩어버릴
> 육체의 꽃일지언정
>
> ―「사랑을 말함」부분

> 내가 묻힌 흙에서
> 한 줄기 마른 갈대가
> 바람에 불리며
> 언젠가는 모르지만
> 돋아날 것이다

― 「어리석은 갈대」 부분

당신은 내 무덤 위에 꽃을 얹지만
당신의 나는 언제 고요히 눈을 감았던가?

― 「당신마저도」 부분

무덤도 없는 곳에 재로 남아
나는 나를 무릅쓰고 호올로 엎드린다

― 「사행시」 부분

무덤에서도 캄캄한 너를 기다리며

― 「고백의 시」 부분

수고로운 우리의 길이 다하는 어느 날
푸라타나스
너를 맞아 줄 검은 흙이 먼 ―곳에 따로 있느냐?
나는 오직 너를 네 이웃이 되고 싶을 뿐,
그곳은 아름다운 별과 나의 사랑하는 창이 열린 길이다.

― 「푸라타나스」 부분

우리의 무덤마저 빼앗을 때에도
우릴 빼앗을 수 없는 우리의 희망

― 「희망」 부분

아직은 주검으로 굳어져 버리지 않은

　　너는 누구의 연소하는 생명인가

　　너는 아직도 살고 있는 신에 가장 가깝다

―「빛」부분

　　죽음보다 강한 것

　　우리는 사랑을 구한다

―「갈구자」부분

　김현승은 중기시에 속하는 것으로 추정되는 아래의 「꿈을 생각하며」에서 "둥글고 둥글기만" 한 무한순환의 영원성을 노래하고 있다. 마치 니체의 영원회귀를 연상케 한다. 끝없는 순환의 틀 속에서 그 운행 과정의 일환으로 무수의 생사가 무한히 교차하는 생만 허용될 뿐이다. 이 무한순환 구조의 틀은 누구도 건드릴 수 없는 우주 자연의 절대적 규칙이다. 다만 그속에서의 삶을 보다 발전적이고 행복하게 가꿀 수 있는 자율적 의지만 허용된다. 위버멘시의 창조적 생성 의지와 흡사한 셈이다.

　　우리의 가는 길은 아 ― 끝없어

　　둥글고 둥글기만 하다.

―「꿈을 생각하며」부분

　이 무한순환 구조 속에서의 삶은 영생에 해당한다. 그러나 기독교적 영생과는 다르다. 기독교의 영생은 인간의 행위에 대한 인과적 결과가 아니라, 하나님의 주관에 의해 선택적으로 주어진 천국에서의 영구 구원을 가리킨다. 반면 위의 시 구절에 등장하는 순환론적 시각에서의 영생은 천국도 지옥도 아닌(그러나 천국 혹은 지옥일 수도 있는)현상 속에서 주체적 노력 여하에 따라 스스로 천국을 이룰 수 있는 자율성이 보장된다. 한편 해탈이나, 주어진 현상을 유토피아로 보는 긍정적 낙천성도 주체적 자아의 몫이다.

  기독교를 이탈한 김현승이 발견한 세계관은 이와 같은 끝없는 원형의 순환구조를 모형으로 하고 있다. 그러나 그 속에서 해탈이나 긍정적 낙천성의 기미는 선뜻 보이지 않는다. 아직 그 단계에는 이르지 못한 것으로 볼 수 있다. 다만 죽음에 대한 불안에서 촉발된 생사의 문제가 무한순환 구조 속 일련의 과정으로 용해되는 불가시적 정황만 스스로에게 암시하고 있다. 죽음을 언급하면서 위의 시 구절과 비슷한 정조를 나타내는 것들로 다음의 시편들이 있다.

    무덤에 들 것인가
    무덤 밖에서 뒹굴 것인가

                                 ―「제목」부분

    햇빛은
    그 다음날
    무덤에서 얻은 나의 새 이름을
    차거운 돌 ― 그 깨끗한 무늬 위에
    견고하게 견고하게 아로새겨 줄 것이다.

                           ―「돌에 새긴 나의 시」부분

아, 여기 누가

죽음 위에 우리의 꽃들을 피게 하나

─「파도」부분

흙속에 묻힌 뒤에도 그 뒤에도

내 고독은 또한 순금처럼 섞지 않으려가

흙 속에 별처럼 묻혀 있기 너무도 아득하여

영원의 머리는 꼬리를 붙잡고

영원의 꼬리는 또 그 머리를 붙잡으며

돌면서 돌면서 다시금 태어난다면

─「고독의 순금」부분

거기서

나는

옷을 벗는다.

모든 황혼이 다시는

나를 물들이지 않는

곳에서.

나는 끝나면서

나의 처음 까지도 알게 된다.

―「고독의 끝」부분

나는 내게서 끝나는
아름다운 영원을
내 주름 잡힌 손으로 어루만지며 어루만지며
더 나아갈 수도 없는 나의 손끝에서
드디어 입을 다문다.

―「절대고독」부분

　김현승이 발견한 영원의 세계는 "영원의 머리는 꼬리를 붙잡고/영원의 꼬리는 또 그 머리를 붙잡으며/돌면서 돌면서 다시금 태어"나고(「고독의 순금」) "나는 끝나면서/나의 처음 까지도 알게"되고(「고독의 끝」) "나는 내게서 끝나는/아름다운 영원을/내 주름 잡힌 손으로 어루만지"는(「절대고독」) 무한순환의 세계였다. 그러나 그는 절대고독의 산물인 무한순환의 회전그네에서 내려와 신의 품안에서 기독교의 영생관에 생사문제에 대한 해결을 위탁하게 된다.
　아래의 시「마지막 지상에서」는 운명하기 2개월 전에 〈현대문학〉 2월호에 발표한 시인데 죽음을 담담하게 받아들이며 사후 세계와 소통하는 여유를 보인다. 그러나 전체적으로 내면의 심리적 정서를 죽음에 대한 예감이 지배하고 있는 듯한 느낌을 지울 수 없는 시다.

산 까마귀
긴 울음을 남기고

지평선(地平線)을 넘어갔다.

사방(四方)은 고요하다!
오늘 하루 아무 일도 일어나지 않았다.
넋이여,

그 나라의 무덤은 평안한가.

―「마지막 지상(地上)에서」 전문

겉으로는 한가하고 평화롭다. 3연 "오늘 하루 아무 일도 일어나지 않았다"는 대목도 그렇지만 1연 "산 까마귀/긴 울음을 남기고/지평선을 넘어갔다"는 구절은 생사의 갈림길에서 죽음을 습관처럼 의식하면서도 담백한 어조로 하루의 안부를 스스로에게 묻는 안온한 평상심이 주조를 이룬다. 그런데 하루의 생이 연장된 데 대한 안도감보다는 담담한 가운데서도 소슬하게 저미어 오는 우수가 독자들을 숙연하게 한다. 단 한 행으로 이루어진 2연 "사방은 고요하다!"는 구절 역시 느낌표까지 곁들여 가며 죽음을 연상시키는 적막의 극점이다.

제3부

변증법적 역설과 함축의 미학

> 김현승 시는 역설과 모순어법, 절제와 함축, 감각적 은유와 고차적 이미지, 주어부의 동어반복, 추상어의 감각화 측면에서 독창적 경지를 선보인다. 또 생소한 시어를 합성하거나 효과적으로 배치해 관념의 함정에 빠지지 않고 다의적이고 참신한 의미를 도출해 냄으로써 시의 외연을 넓히고 내연을 확충한다.

아래의 글은 김현승이 세계 문예사조사를 다루는 중 상징주의 시에 대하여 논한 대목인데, 김현승 시의 특징을 파악하는 데 있어서도 핵심 열쇠일 수 있다.

> 인간의 주관과 내부로 깊게 진입하려는 상징주의 시인들은 재래의 정확을 본위로 하는 표현 방법은 버리지 않을 수 없게 되었다. 그것은 마치 원자무기 시대에 처한 낡은 지상전투 무기와도 같이 둔한 것들이었다. 그리하여 그들은 새로운 표현의 무기인 애매설(曖昧說)을 취하게 되었다. 그들이 노리는 것은 정확보다는 풍부이며 표면보다는 심오한 내부이다. 가장 세밀하고 오묘한 데까지 들어가 생명의 본질을 좀 더 완전하게 밝히려는 노력이었다.

김현승의 주지적 모더니즘 표현기법은 위의 글에서 제기한 "새로운 표현의 무기인 애매설(曖昧說)"에 가깝다. 또 정신주의시는 "표면보다는 심오한 내부"의 가장 세밀하고 오묘한 데까지 들어가 생명의 본질을 좀 더 완전하게 밝히려는 노력"의 일환이었다. 이 부분은 김현승의 시를 보다 깊고 넓게 읽어야 할 필요성과 맞물리는 과제에 해당한다.

I. 역설과 모순어법

역설(Paradox)은 통상의 논리로는 모순처럼 보이지만 형이상학적 본질이나 은밀한 사실을 효과적으로 지시하기 위해 사용하는 반어법적 표현이다. 따라서 겉으로 보면 비문 같지만 실제로는 그 속에 사실의 요체나 진리의 핵심을 담고 있다. 모순어법(Oxymoron)은 앞뒤가 맞지 않은 두 단어를 의도적으로 연관시켜 본연의 의미를 강조하는 기법이다.

시에서 역설과 모순어법은 사실과 모순을 배치시켜 긴장을 조성하며 시의 핵심적 의미를 전경화 하는 효과가 있다. 시는 산문이 직접적으로 묘사하지 못하는 것을 비유와 상징, 알레고리를 사용해 표현한다. 통상적 어법을 변칙적으로 재구성한 역설이나 함축, 모순어법 등이 그 예다. 선가에서의 화두나 오도송도 초월과 해탈의 오묘한 경지를 언어로는 설명할 수 없기에 탈상식적인 표현법을 응용한다.

1. 상반된 이미지의 재구성

김현승은 시에서 역설과 모순어법을 자주 사용해 관용적 표현의 상투성을 덜고 시적 긴장과 신선함을 도출해내는데 이는 '낯설게 하기'의 일환으로 프랑스의 탐미파 시인들이 주장한 '애매설(曖昧說)'을 연상케 한다.

아래의 시 「이별에게」는 상반된 이미지의 재구성을 통해 시적 긴장과 의미의 화장을 노린다.

> 사라져
> 오오
> 영원(永遠)을 세우실 줄이야……
>
> 어둠 속에
> 어둠 속에
> 보석(寶石)들의 광채(光彩)를 길이 담아 두시는
> 밤과 같은 당신은 오오, 누구이오니까!
>
> ─「이별(離別)에게」 부분

'사라짐'과 '영원'은 상치되는 개념어다. "어둠 속에/보석들의 광채를 담아두"는 것 역시 상반된 이미지의 결합이다. 그런데 전자에는 사라짐을 통해 영원이 생성되는 순환론의 진리를 내포하고 있다. 후자 역시 한 걸음 깊이 들어가 보면 "어둠 속에", "광채를 담아두"는 것은 음과 양의 조화를 뜻한다. 단순히 자구적으로 해석하면 역설에 해당하지만 돌이켜 보면 변증법적 순환의 진리를 담고 있다. 김현승의 시에서 자주 볼 수 있는 현상이다. 그의 시를 온전히 독해하려면 이 점에 유의해야 한다.

이런 현상은 밤을 주제로 한 다음의 시들에서도 눈에 띈다. 밤은 어둠과 휴식, 하강과 침잠, 정적 분위기를 상징한다. 그런데 아래의 시 「내가 묻힌

「이 밤은」에서는 오히려 밤이 터질듯 고요한 역동적 기운으로 팽배해 있다. "터질 듯 고요한"이라는 구절 역시 어울리지 않는 비유로 역설에 해당하는데 이를 되새겨 극도로 긴장된 침묵의 경우로 해석할 때 그 표현 가치는 새로운 동력을 얻는다.

> 아아, 네 검은 머리털에 스며드는 향기
> 모든 언어(言語)에다 새로운 기능(機能)을 불어넣을 여기 잠든 네 호흡(呼吸)과 같이
> 그러나 공허(空虛) 속에 부푸는 풍선(風船)과 같이
> 내가 묻힌 이 밤은 터질 듯 고요하다!
> ― 「내가 묻힌 이 밤은」 부분

아래의 「밤의 영양이 풍부하다」 시 구절에서도 밤은 하강과 침잠의 이미지가 아니라 "무르익은 과실의 밀도와 같"이 영양이 풍부한 상승과 생성의 이미지로 변환되고 있다

> 무르익은
> 과실(果實)의 밀도(密度)와 같이
> 밤의 내부(內部)는 달도록 고요하다
> ― 「밤의 영양(榮養)이 풍부(豐富)하다」 부분

두 시 모두 평상의 이미지와는 달리 역설적으로 밤의 분위기를 새롭게 환기하는 반전의 묘미를 선물하고 있다. 아래의 시 「재」를 보자.

나는 나의 재로
나의 모든 허물을 덮는다.
나의 모든 기쁨과 슬픔을
나는 한 줌의 재로 덮고 간다.

그러나 까마귀여,
녹슨 칼의 소리로 울어다오.
바람에 날리는 나의 재를
울어다오

나의 허물마저 덮어주지 못하는
내 한 줌의 재를
까마귀여,

모든 빛깔에 지친
너의 검은 빛 — 통일의 빛으로
울어다오

―「재」 전문

이 시의 1연은 그 자체로 완성된 경지다. "나는 나의 재로/나의 모든 허물을 덮"고, "나의 모든 기쁨과 슬픔을/나는 한 줌의 재로 덮고"가는 순수 무(無)의 경지다. 모든 "허물"도 희로애락도 사라지고 그저 한 줌 재일뿐인 초월의 단계다. 그 이후의 상황이 완전한 죽음일지 아니면 새로운 생성일지는 시인 자신밖에 모른다. 어쩌면 시인 자신도 이를 모를 수 있다. 그러나 어떻든 완전한 절멸의 경지에 이른 것만은 사실이다. 그리고 이미 "한 줌 재로 덮고 가는" 길인만큼 돌이킬 수 없는 상황이다.

그런데 3연에서는 "나는 나의 재로/나의 모든 허물을 덮"고 가는 마당인데도 불구하고 이를 무효화한 채 "나의 허물마저 덮어주지 못하는/내 한 줌의 재"로 다시 후퇴하고 만다. 1연의 기정사실을 모르쇠 부정하는 자가당착을 바로 뒤이어 천연덕스럽게 저지르고 있다. 또 "기쁨도 슬픔도" 온전히 사라진 무(無)의 경지를 구태여 "울어" 달라고 한다. 그것도 "녹슨 칼의 소리로" 울어달라고 한다. 또 하필 "녹슨 칼"은 무엇인가. 4연도 마찬가지다. "모든 빛깔에 지친/너의 검은 빛"이 어떻게 "통일의 빛"이 될 수 있는가. "지친"은 "통일"과는 상치되는 부정적 표현이다.

따라서 이 시는 역설적 모순어법으로 읽을 때만 비문이나 태작의 혐의에서 벗어 날 수 있다. 그런데 김현승은 여러 시에서 이런 비문에 가까운 탈문법적 모순어법을 사용하고 있다. 그리하여 독자들의 상식적 독해를 배반하고 새로운 화두를 제시한다.

2. 낯설게 하기

김현승 시의 온전한 독해에는 그의 언어 구조와 의미망의 고차적 결합에 대한 이해가 선결 조건으로 따른다. 그는 고독·무덤·그늘·눈물·까마귀·마른 나뭇가지·어둠 등 통상의 부정적 상징어도 반어법적 긍정의 요소로 환원해 '낯설게 하기'의 텍스트로 재구성하기 때문이다. 이 부분은 상식적 독해의 상투성에서 벗어난 탈일상의 심도 있는 접근을 유도한다.

노래하지 않고,

노래할 것을

더 생각하는 빛.

눈을 뜨지 않고

눈을 고요히 감고 있는

빛

꽃들의 이름을 일일이 묻지 않고

꽃마다 품안에 받아들이는

빛

(중략)

빛을 넘어

빛에 닿는

단 하나의 빛.

― 「검은 빛」 부분

"노래하지 않고/노래할 것을 더 생각하"고 "눈을 뜨지 않고/눈을 고요히 감고 있는 빛"이 '검은 빛'의 정체다. 그러나 "노래하지 않고/노래할 것을 더 생각하"는 것은 현실적으로는 모순이다. 또 실제로 눈을 떠야만 빛은 제 구실을 할 수 있다. 검은 빛은 색깔로만 존재할 뿐 정작 광명과는 반대되는 어둠일 뿐이다. 그러기에 "꽃들의 이름을 일일이 묻지 않고/꽃마다 품안에 받아들이는" 변증법적 과정을 통해야만 "빛을 넘어 빛에 닿는", "단 하나의 빛"으로 빛의 실체에 다가서게 된다. 이와 같은 반어법적 재해석에 대한 주문은 다음 시에서도 계속된다.

> 많으면 많을수록
> 적어지는 — 그리하여 사라지고 마는,
>
> 크면 커갈수록
> 가리워지는 —그리하여 그리워지는,
>
> 군중(群衆) 속의 고독이 있다.
>
> 즐거우면 즐거울수록
> 나를 잊는 — 그리하여 내가 남이 되는,
>
> —「군중 속의 고독」 부분

"많으면 많을수록/적어지"고, "커갈수록/가리워지"고, 또 "즐거울수록/내가 남이 되는" 현실적 모순이 연이어 반복되고 있다. 즐거움을 원하고 느끼고 주체는 나인데 오히려 "즐거울수록/나를 잊"고 내게서 "내가" 멀어지는 기현상이 빚어진다. 그러기에 이 시는 반어법적 해석을 필요로 한다. 제목 '군중 속의 고독'과 시인의 내면적 정서를 동시에 헤아려야만 이 시는 그 본질을 제자리로 돌이킬 수 있는 것이다.

시 「절대고독」에서도 이런 정황이 두드러진다. '절대고독'이라는 제목부터 모호성을 띠고 있듯이 시 전체에서도 일반적 오해를 뛰어 넘어 다의적 해석을 요구하는 역설과 모순어법이 주조를 이룬다. 절대고독의 내밀한 정서와 언어도단의 세계를 형상화는 표현기제로 역설적 모순어법을 빌리기 때문이다. 그러기에 절대고독 시기의 정황을 헤아려야 모순어법의 방법론적 가치에 대해 수긍할 수 있다. 동시에 고독과 긴밀한 상호성을 공유하는 역설을 헤아리는 것이 절대고독의 실체를 파악하는 데 효과적이다.

나는 이제야 내가 생각하던
영원의 먼 끝을 만지게 되었다.

그 끝에서 나는 눈을 비비고
비로소 나의 오랜 잠을 깬다.

내가 만지는 손끝에서
영원의 별들은 흩어져 빛을 잃지만,
내가 만지는 손끝에서
나는 내게로 오히려 더 가까이 다가오는
따스한 체온을 새로이 느낀다.
그 체온(體溫)으로 나는 내게서 끝나는
나의 영원을 외로이 내 가슴에 품어 준다.

그리고 꿈으로 고이 안을 받친

내 언어(言語)의 날개들을

내 손끝에서 이제는 티끌처럼 날려 보내고 만다.

나는 내게서 끝나는

아름다운 영원을

내 주름 잡힌 손으로 어루만지며 어루만지며

더 나아갈 수 없는 나의 손끝에서

드디어 입을 다문다 ―나의 시(詩)와 함께.

―「절대(絶對)고독」전문

이 시는 "나는 이제야 내가 생각하던 영원의 먼 끝을 만지게 되었다"는 구절로 부터 시작한다. 본래 영원은 끝이 없는 무한대의 시간을 가리킨다. 따라서 '영원'과 '끝'은 양립할 수 없는 모순관계로 영원의 끝은 모순어법에 속한다. 또 영원을 기독교의 영생으로 해석하는 경우에도 기독교적 생사관에 대한 부정으로 오해될 수 있다. 기독교의 영생 역시 끝이 없는 영원한 생이기 때문이다.

이 시에서 "영원의 먼 끝"은 치열한 사유의 결과물로 그동안 생각해 온 명제의 종결을 의미한다. 이는 기독교적 시각으로 해석할 경우 영생에 이르지 못한 단생적 죽음을 가리킨다. 한편, 무신론이나 일반적 시각에서 해석하려면 "영원"은 빼고 "끝"이라는 단어만 살려서 이해해야 한다. 이 경우에 끝은 죽음과 동의어다.

그런데 여기에서 "만지게 되었다"는 표현에 주목해야 한다. 죽음은 만질 수 없는 성질의 것이기 때문이다. 만지기 전 죽음이 먼저 도래하는 만큼 일체의 작동이 멈추어 버린 죽음의 상태에서는 아무 것도 만질 수 없다. 따라서 만짐의 대상인 영원의 끝은 죽음이 아니어야 그 설정이 가능하다. 따라서 이 표현 역시 모순어법에 속한다. 이와 같은 모순어법은 다음에도 계속된다.

죽음은 잠에 비유한다. 다시 말해 죽음은 영원히 잠드는 것을 말한다. 그런데 이 시에서는 잠에서 깬다고 하고 있다. 따라서 "영원의 끝"을 죽음으로 해석할 경우, 이는 '무한의 끝'과 같은 형용 모순적 오류에 해당한다. 잠에서 깬다는 것은 죽음이 아니라 반대의 현상, 즉 죽음에서 되살아나는 부활을 의미하기 때문이다. 뿐만 아니라 영원의 끝이 죽음이나 영원한 단절을 의미한다면 그것은 "따스한 체온"일 수 없다. 따스한 체온은 생명의 상징이기 때문이다.

시인은 그 체온으로 "내게서 끝나는", "영원의 먼 끝"을 가슴에 품어 준다고 한다. 백 번 접어 무엇인가 내게로 다가오는 것의 체온이 죽음이라면 그 죽음을 어루만질 수 없듯이 가슴에 품어 줄 수도 없다. 죽음이 죽음을 만지거나 품어줄 수는 없기 때문이다. 그러기에 이 시에서 영원의 먼 끝은 단순한 죽음이 아니라 다른 무엇인가로 해석하기를 종용하고 있음을 알 수 있다.

3. 빈번한 동어반복

김현승의 시에서 동어반복 현상은 자주 눈에 띈다. 그리고 이 동어반복은 주어부 중심으로 이루어지고 있다. 이는 주체/주제의 비중과 기능을 강조해 효율성을 제고하기 위한 전략의 일환이다. 여기에서 주목할 점은 주어부를 서술하는 술어부의 참신성 여하에 따라 시의 향방과 내용이 확장 혹은 심화된다는 사실이다. 주어나 주어부가 지시하는 동어반복의 기표적 단순성을 탈피하고 시적 특성을 살리기 위해 술어부의 기의적 다변화가 일차적 방법론으로 요구되는 것이다. 이는 시 전반에 해당하는 일반론일 수 있지만 특히 김현승의 시에서 두드러지는 현상이다. 시 「절대고독」에서 모순어법과 함께 눈에 띄는 현상은 빈번한 동어반복이다.

그 체온으로 내게서 끝나는 영원의 먼 끝을
나는 혼자서 내 가슴에 품어 준다
나는 내 눈으로 이제는 그것들을 바라본다

3연에서는 3행의 짧은 문장 속에 '나'를 칭하는 일인칭 대명사가 5회나 등장한다. 이와 같은 현상은 시 전체에서 18회나 반복되고 있다. 이 시를 쓸 당시 시인의 격렬한 자의식을 엿보게 하는 대목이다. 그만큼 하느님과 결별하고 난 후, 신의 자리를 자아가 대체하는 데 따른 주체의식이 그의 심리를 압박하고 있었다. 마침내 그는 신 중심 대 인간 중심의 대치 상황[20]에서 스스로 자신의 선택에 손을 들어준다. "나는 내 눈으로 이제는 그것들을 바라본다"고 새로운 발견을 한 견자의 시각을 스스로 재확인한 것이다.

또 하나 이 시에서 주목할 부분은 '끝'을 어간으로 하는 형용사형 명사나 동사형 관형사가 빈번히 사용되고 있는 점이다. 시 한 편에 "끝(1회)", "끝에서(3회)", "손끝에서(2회)", "끝나는(2회)" 등, '끝'을 가리키는 시어가 8회나 반복되고 있다. 시어 선정에 남달리 예민한 김현승의 시에서 예외적 현상이다.

이 부분은 유한과 무한이 혼재하는 상황에서 유한을 통해 무한의 세계를 가리켜야 하는 고충을 헤아리게 한다. 유한 너머의 무한세계를 인식해야만 이 시를 온전히 이해할 수 있기 때문이다. 단순히 무(無)와 죽음을 노래하고자 한다면 마지막 한 행으로도 족할 것이다. 이 시를 어떻게 해석할 것인가 하는 질문에 유성호는 적합한 해답꺼리를 제공해 준다. 그는 김현승의 시사적 의의는 인간 존재의 유한성과 소멸성에도 불구하고 그것으로 하여 본질적이며 영원한 세계를 지향하는 초월적 정신의 시적 형상화로 요약된다고 보고 있다.[21]

아래의 구절은 시 「체념이라는 것」의 일부인데 매 행을 "기다리다가"로 시작하고 있다. 일련의 주어부를 이루는 "기다리다가"가 시 전체의 태반을 차지하고 있는 것이다.

> 기다리다가 보내고
> 기다리다가 가고
> 기다리다가 모질지 못하고
> 기다리다가 살아보지 못하는
>
> ―「체념이라는 것」 부분

아래의 시 「내 빈 손바닥」은 주어인 "내"가 매 행마다 반복적으로 첫 문을 열고 있다. 주격인 "나"와 '나'의 소유격 "내"를 합하면 무려 25회나 사용하고 있다. 주어부를 이루는 "내 빈 손바닥"도 7회나 반복 사용하고 있다. 주어를 반복해 연호하며 마치 주문을 외우듯 '주체적 자아'와 그 존재가치를 강조하고 있다.

여기 나를 바스락거리는
내 빈 손바닥.
내 손의 마른 잎사귀.

여기 붙잡고
또 내어준
내 빈 손바닥.
내 마른 뺨으로 어루만지는
내 빈 손바닥.
내 뺨의 눈물을 닦아주던
내 눈물의 눈물을 닦아주지 못한,
내 눈의 햇빛을 가리워 주던
내 햇빛의 눈을 가리워 주지 못한
내 빈 손바닥.

내 얼굴을 바라보게 하는
내 빈 손바닥.

여기 주먹을 힘 있게 쥐었으나
주먹은 주먹 속에서 모래처럼
새어버린,
내 빈 손바닥 ― 하나를 펴고
지금은 내 마지막 시를 그 위에 쓴다

― 「빈 손바닥」 전문

아래의 구절 역시 시 「연(鉛)」의 1연과 2연인데 매 행의 첫 마디가 "나"로 시작되고 있다. "나"를 반복적으로 연호하며 자아에 대한 의식을 일깨우는 한편, 실존적 주체로서의 자아를 의미화하고 있다.

나는 내가 항상 무겁다
나같이 무거운 무게도 내게는 없을 것이다.

― 「연(鉛)」 1연

나는 내가 무거워
나를 등에 지고 다닌다.
나는 나의 짐이다.

― 「연(鉛)」 2연

아래의 시 「고독한 이유」는 총 10행으로 이루어져 있는데 매 행이 주어 기능을 하는 "고독은"으로 시작하고 있다. 시 전체의 태반을 시어 '고독'이 차지하고 있으며, '고독은 + (―이다)'의 형식을 취하고 있다. 고독이라는 어휘를 반복적으로 사용함으로서 고독의 진가를 주지시키려는 전략을 엿볼 수 있다.

고독은 정직하다.
고독은 신(神)을 만들지 않고,

고독은 무한의 누룩으로 부풀지 않는다.

고독은 자유다.

고독은 군중 속에 갇히지 않고,

고독은 군중의 술을 마시지도 않는다.

고독은 마침내 목적이다.

고독하지 않은 사람에게도

고독은 목적 밖의 목적이다

— 「고독한 이유」 전문

이뿐 아니라 김현승의 시 도처에서 아래와 같이 같은 단어, 구와 절, 문장이 매 연의 첫 행을 이루는 동어반복 현상을 목격할 수 있다. 이 밖에도 김현승의 많은 시에서 여러 형태의 동어반복이 이루어지고 있다.

표4 동어반복의 예

제목	내용
희망이라는 것	다섯 개의 연으로 이루어져 있는데 매 연의 첫 행이 마침표가 딸린 "희망."이란 단어로 이루어져 있다.
조국의 흙 한줌	네 개의 연으로 되어 있는데 매 연의 첫 행을 "조국의 흙 한 줌"으로 시작하고 있다.
해동기	다섯 개의 연으로 구성되어 있는데 매연의 첫 행마다 "이월과 삼월이 바뀌어 때가 되면"으로 시작하고 있다.
파도	네 개의 연으로 이루어져 있는데 매 연의 첫 행마다 "아, 여기 누가"로 시작하고 있다.

4. 종결부의 극적 반전

시 「절대고독」은 "더 나아갈 수 없는 그 끝에서/드디어 입을 다문다"고 끝을 맺는다. 그런데 만약 이 구절을 죽음 앞에서의 단순한 함구로 해석한다면 시적 가치를 시인 스스로 반감하거나 포기한 시에 해당한다. 그리고 이 시를 그렇게 읽는 독자 역시 마찬가지의 상황에 처한다. 죽음은 생의 끝이며 죽는 순간 입을 다무는 것은 지극히 상식적인 현상이다. 그런데 이런 상투적 표현을 그대로 시에 옮겨놓는다면 시적 의미가 없는 지극히 진부한 일상지식의 반복에 지나지 않는다. 이 사실을 김현승이 모를 리 없을 것이다.

따라서 이 시는 단순한 죽음이 아닌 다른 어떤 것을 표상하는 심층적 작업으로 해석해야만 단순한 오해의 함정에서 시적 가치를 건져낼 수 있다. 그리고 거듭되는 역설과 모순어법의 열쇠를 풀 수 있다. 이 우주적 실상을 발견하지 않고서는 "꿈으로 고이 안을 받친 내 언어의 날개들을 이제는 티끌처럼 날려 보낼"만큼 초연할 수 없기 때문이다. 다음의 시 「오월의 그늘」에서도 역설은 그 진가를 발휘한다.

> 그늘,
> 밝음을 너는 이렇게도 말하는구나,
> 나도 기쁠 때는 눈물에 젖는다.
>
> 그늘,
> 밝음에 너는 옷을 입혔구나,
> 우리도 일일이 형상을 들어
> 때로는 진리(眞理)를 이야기한다.

이 밝음, 이 빛은

채울 대로 가득히 채우고도 오히려 남음이 있구나,

그늘—너에게서……

내 아버지의, 집

풍성한 대지의 원탁마다,

그늘,

오월의 새 술들 가득 부어라!

이팝나무—네 이름 아래

나의 고단한 꿈을 한때나마 쉬어 가리니……

— 「오월(五月)의 환희(歡喜)」 전문

이 시는 1연 "그늘, 밝음을 너는 이렇게도 말하는구나"라는 구절에서 보듯 '밝음'을 '그늘'과 동일시하는 모순어법으로부터 시작한다. 이 역설적 표현을 빌려 그늘에 관한 부정적 고정관념을 씻고 밝음과 그늘의 상호성을 환기시킨다. 2연 "나도 기쁠 때는 눈물에 젖는다"는 구절도 모순어법으로 읽힌다. 1연에서 "너"를 통해 표현한 역설을 2연에서 "나"를 대응시키며 역설로 되받는 형식을 취한다. 그러면서 실은 밝음과 그늘의 공존 의미를 다독인다. 3연에서도 "이 밝음, 이 빛은/채울 대로 가득히 채우고도 오히려/남음이 있구나"와 "그늘—너에게서……"의 양과 음을 병치시켜 동일시하는 형태를 취하고 있다. 그 연유는 3연에 가서 밝혀진다. "그늘"을 "밝음에 옷을 입"힌 것으로 보는 것은 "일일이 형상을 들어/때로는 진리를 이

야기"하는 경우를 새삼스럽게 상기시키기 위해서다.

　이와 같은 기존의 언어감각을 파괴하는 탈형식적 표현기법을 통해 4연에서는 "내 아버지의 집/풍성한 대지의 원탁마다/그늘,/오월의 새 술들 가득 부어라!"는 밝고 활달한 분위기가 최고조에 이르는 확장세를 보인다. 그리고 그 이면에는 "내 아버지의 집"이라는 구절에서 보듯 기독교적 배경이 깔려 있음을 내비친다.

　그런데 이어지는 마지막 5연에서는 "이팝나무—네 이름 아래/나의 고단한 꿈을 한때나마 쉬어 가리니"라고 4연에서 일구어 놓은 확장세의 급속한 위축을 보이고 있다. "풍성한 대지의 원탁"과 "새 술을 가득 부어라"고 외치던 상승 분위기는 불현 듯 "고단한 꿈"이 "한때나마 쉬어가리니"라는 어조로 급강하한다.

　대개 마지막 연이나 마지막 행에서는 앞의 분위기를 살려 결론을 도출해 내는 것이 통례다. 그런데 김현승은 통상의 상식을 깨고 생소한 반전을 꾀한다. 이를테면 반전에 반전을 거듭한다. 여기에는 종결부에 담긴 함의를 전경화하기 위한 전략이 숨어 있다. 1연에서 꺼낸 '밝음'과 '어둠', 음과 양이 무리 없이 조화를 이루는 것이 생의 진리라는 사실을 전격적으로 재확인하고자 하는 것을 알 수 있다. 이와 같은 종결부의 생소한 처리는 「가을의 기도」나 「푸라타나스」에서도 확인된다.

Ⅱ. 독창적 은유와 이미지

    심상 또는 영상, 형상으로 번역되지만 주로 원어 그대로 통용되는 이미지는 은유, 상징과 함께 시적 특성을 이루는 기본 요소에 해당한다. 이미지는 사물을 감각적으로 마음속에서 재현하는 데 주도적 역할을 한다. 체코의 작가 밀란 쿤데라는 논리적 사상 체계보다 일련의 이미지와 암시가 인간들을 움직인다는 점을 강조하기도 했다.

    중요한 것은 이미지가 시에서 적소에 배치되어 문장이나 문맥에 새로운 활기를 부여할 때 그 가치를 보장받는다는 점이다. 이 경우, 이미지는 독자들 마음속에서 감각적 재생을 통해 사물의 핵심을 지시하는 역할을 하게 된다. 이미지는 때로 특정한 상징으로 고착화되기도 한다.

    인지언어학의 창시자인 조지 레이코프는 "전통적인 은유관에서는 은유를 일상적으로 사용하는 정상적인 언어표현이 아니라 수사적 효과를 높이기 위해 사용하는 일탈적 언어"라고 한다. 은유란 신선한 언어표현이며 이 표현 내의 어떤 낱말이 일상적 의미가 아니라 어떤 특별한 의미로 사용된다고 본다고 한다. 그리고 그는 이 은유관에 도전하며 우리의 사고 과정이 은유적이며 인간의 사고 과정 대부분이 은유적이라는 일상적 은유, 즉 생활 속에 배어 습관적으로 유통되는 은유에 주목한다.[22]

    유치환 시 「깃발」에서는 깃발이 중심 이미지로, 아우성·손수건·순정·애수·마음 등의 보조 관념을 거느리며 은유를 확장한다. 그리고 어떤 사안에 대한 태도나 주장을 표상하는 환유적 상징으로 굳어진다. 한편, 시 창작에서 하나의 신선한 이미지만 도출해 내도 덩달아 시 한 편이 유명해지는 행운을 얻기도 한다. 이미지는 시를 돋보이고, 오래 기억하게 하는, 다시 말해 시의 장수를 담보하는 효과적 장치이기 때문이다. 따라서 시인은 늘 새로운 이미지를 만들어 내기 위해 고민하게 된다.

김현승의 모더니즘 성향을 특징짓는 데 이미지는 핵심적 역할을 한다. 그는 탁월한 이미지스트로 평가될 수 있는데 이 점은 그의 독특한 모더니스트의 면모를 획정하는 필요조건이자 충분조건이기도 하다.

이미지는 단순한 언어 현상이 아니라 심리적 작용에 의해 표출된 복합적이고 내밀한 현상인 만큼 그 함의를 전체적인 맥락에서 살펴보아야지 한 구절만 따로 떼어내어 독립적으로 해석하는 것은 무리이다. 이는 김현승의 시를 이해할 때 특별히 유의해야 할 부분이다.

김현승의 시적 메타포의 핵심인 은유는 전통적 방식에서 탈피해 일상적 표현과 격이 다른 신선한 언어 구조로 이루어져 있으며 그 속에 특별한 의미를 내포하고 있는 것이 특징이다. 아래의 시 「가을의 비명(碑銘)」에는 그 특징이 잘 나타나 있다.

봄은 입술로 말하더니
가을은 눈으로 말을 한다

말들은 꽃잎처럼 피고 지더니
눈물은 내 가슴에
보석(寶石)과 같이 오래 남는다.
밤이슬에 나아와
시월(十月)의 이마 위에 손을 얹어보았는가,
대리석(大理石)과 같이 찰 것이다.

그러나 네 영혼의 피를 내어

그 독에 하나의 물음을

새기는 이만이,

굳은 열매와 같이

종자(種子) 속에 길이 남을 것이다!

— 「가을의 비명(碑銘)」 전문

　이 시는 대부분의 구절이 감각적 은유로 이루어져 있다. 구체적으로 시각적 은유와 추상적 은유가 주조를 이루고 있다. 그 중에는 "말들은 꽃잎처럼 피고 지더니"나 "눈물은 내 가슴에 보석과 같이"처럼 은유보다 직유로 볼 수 있는 구절도 있지만 전체적 맥락에서 보면 빼어난 은유에 속한다. 그가 직조한 은유들은 "봄은 입술로 말하더니/가을은 눈으로 말을 한다"와 "시월의 이마 위에 손을 얹어보았는가"처럼 다의적 해석을 구하는 독창적 이미지를 생성하며 시의 맛과 의미를 풍성하게 한다.
　한편, 위의 시에서 가려낸 아래의 시 구절을 보면 ①은 추상적 어휘를 시어로 활용해 직조한 추상적 은유는 관념의 늪에 빠지지 않고 ②는 오히려 그 묘미를 새롭게 반추하게 하는 명징한 이미지를 도출해 내고 있다.

①

네 영혼의 피를 내어

그 독에 하나의 물음을

새기는 이만이(추상적 은유)

②

열매와 같이

종자 속에 길이 남을 것이다(명징한 이미지)

1. 감각적 이미지

김현승의 시에 나타난 이미지의 특성으로 그 안에 내포된 함의가 생소하고 모호해서 심층적 독해를 필요로 하는 경우가 많은 점을 들 수 있다. 따라서 전후 문맥은 물론 시 전체의 맥락과도 유기적으로 연계된 이미지의 독해가 이루어져야 한다. 김현승의 시에서 이미지는 다른 시인의 경우와 마찬가지로 시각적 이미지가 대부분을 차지하며 생소한 낱말의 배합이 눈길을 끈다.

표5 감각적 이미지

구분	문장	제목
시각적 이미지	마른 나무 가지	가을의 기도
	흰 얼굴	견고한 고독
	단 하나의 손발	
	마른 떡	
	빛의 눈물	
	견고한 칼날	
	마른 목관악기	
	발 딛지 않는 피와 살	
	보이지 않는 눈물	아버지의 마음
	마른 열매	가을
	멍든 피	오른 속에 펜을 쥐고
	허물어진 첨탑	신성과 자유를

구분	문장	제목
시각적 이미지	무거운 잎사귀	동체시대
	든든한 도끼	
	검은 머리털의 힘	떠남
	하늘의 푸른 쭉지	사탄의 얼굴
	광야의 거친 주둥이	
	마지막 빈 가지	만추의 시
	산들 야위어 가고	무등차
	사랑은 마음의 보석	보석
	보석은 눈의 술	
	얼음과 불꽃 사이	파도
	파도의 꽃떨기	
	바다의 육체	바다의 육체
	풍성한 대지의 원탁	오월의 그늘
	빨갛게 반짝이는 열 손가락	누가 우리의 참 스승인가
	깨끗한 무릎	사랑하는 여인에게
	금빛 저녁 종	바람
	추억의 안경	추억
	하얀 축복의 손	신설(新雪)
	구름의 사다리	옹호자의 노래
	외인부대의 깡통	슬픈 아버지
	유월의 넥타이	추억
	깨어진 보석	인간은 고독하다
	검게 타버린 시간	미래의 날개
	돌맞이 앞니같이 맑은	3월생
	핏기 없는 거리	갈구자(渴求者)
	격리된 일광(日光)	
	눈물의 아침이슬	
	수척한 그림자	박명의 남은 시간 속에서
	박명의 손아귀	
	황금의 날랜 옛 화살	유성에 붙여
	불꽃으로 다진 어느 보석	
청각적 이미지	주름이 고요한	겨우살이

구분	문장	제목
청각적 이미지	땅속의 짐승들 울먹이고	겨울 나그네
	바람이 익는다	청천
	가장 깊은 저음	봄비는 음악의 상태로
	저녁에 우는 쓰르라미	가을이 오는 시간
	산 까마귀의 마지막 울음	박명의 남은 시간 속에서
	보석상아(象牙)의 뚜렷한 음향들	추억
	소리의 피	치아(齒牙)의 시
	목마른 피리	고독한 이유
	폭탄 같은 외침	신성과 자유를
	독재자들의 쇠사슬 소리	
미각적 이미지	씁쓸한 자양(滋養)	견고한 고독
	생명의 마지막 남은 맛	
	타는 혀 끝	건강체
	미끄러운 혀	치아(齒牙)의 시
후각적 이미지	외로움도 향기인 양	무등차
	물에 젖은 라일락 향기	파도
	아무도 모를 높은 향기	다형
	마른 풀의 향기	가을의 시
촉각적 이미지	겨울 옷 속	겨울 나그네
	머리 위에 포근한 눈	겨우살이
	내가 만지는 손 끝	절대고독
	목마르지 않는 우리의 희망	희망
	차갑게 떤다	겨울 보석
	얼어붙은 공기	미래의 날개
	수목들의 체온	신설(新雪)
	뼈에서 우려낸 말	산 까마귀 울음 소리
	찔레나무의 그늘	육체
	싸늘한 증류수	옹호자의 노래
	싸늘한 철근	호소
	저무는 육체	인간은 고독하다
	순금의 무게	병(病)
	돌을 주물러	상상법
	가을의 첫 입술	가을의 첫 입술

2. 추상적 이미지

김현승의 시에서 이미지는 추상적이고 모호한 표현의 낯선 것들이 많다. 그중에는 "겸허한 모국어", "거대한 정의", "내 언어의 뼈마디"처럼 추상어와 구상어의 조합이 많다.

시는 창조에 의해 신선도를 유지하고 상투화에 지친 생명을 연장한다. 창조는 어휘의 선택과 조합, 배치를 통해 이루어지는 소소한 문장에서부터 시작된다. 이때 문장의 핵심인 은유와 환유, 이미지를 생성하는 원관념과 보조관념의 상호적 밀도에 따라 창조력은 그 진수를 드러낸다. 김현승의 시에서 보조관념은 원관념과 거리가 멀고 낯설면서도 원관념의 의미를 깊고 새롭게 하는 데 탁월한 기능을 발휘한다. 뿐만 아니라 원관념의 정체를 숨기고 보조관념끼리 어울려 원관념의 목표치를 넘어선 참신한 이미지와 의미를 생성한다.

① 구상어+추상어

　견고한(보조관념)+고독(원관념) 「견고한 고독」

② 추상적 표현+구체어

　세계보다 강한(보조관념)+네 목숨(원관념) 「고독한 싸움」

③ 보조관념의 결합 속에 원관념이 숨어 있는 경우

　나는 끝나면서+나의 처음까지도 알게 된다 「고독의 끝」

이처럼 김현승은 생소한 시어를 합성하거나 효과적으로 배치해 관념의 함정에 빠지지 않고 신선하고 명징한 이미지를 도출해 냄으로써 시의 외연을 넓히고 내연을 확충한다. 정서적으로 '고독'은 그 내재적 배경을 이룬다.

표6 추상적 이미지

문장	제목
겸허한 모국어	가을의 기도
비옥한 시간	
오랜 시간의 회유	견고한 고독
거대한 정의	
목적의 산마루	꿈을 생각하며
기교의 가지 끝	
생명의 밑바닥	형설의 공
모든 빛깔에 지친	재
빈틈없는 웃음	체념이라는 것
내 영혼의 헐벗은 창자	그림자
내 마음의 날개	내 마음 흙이 되어
내 마음의 거품들	
식물성 창자	일요일의 미학
나의 남이던 내가	
일요일을 가진 내 나라	
너의 생명이 닿는 곳	희망이라는 것
내일의 닫힌 상자	
내일의 가교	
내 언어의 뼈마디	가을
검은 울음	시의 겨울
일으켜야 할 동맥	신성과 자유를
치아와 같이 고른 언어	시는 없다
단단한 나날	겨우살이
잉크의 독	시는 없다
영혼의 새	겨울 까마귀
먼 곳에 깊이 든 잠	겨울 나그네
우울한 혈액순환	옹호자의 노래
아름다운 항거	
영혼의 옷	고독의 끝

문장	제목
척박한 황금	갈구자(渴求者)
해바라기의 심장	
세월의 친절	떠남
바래움의 입김	마음의 집
영원의 먼 끝	절대고독
언어의 날개들	
육체의 꽃	사랑을 말함
시간의 마른가지	고전주의자
슬기로움의 휴지(休紙)	건강체
꿈들의 포장지	가을의 입상
육체의 즙	신록
영혼의 피	가을의 비명(碑銘)
오랜 악기의 줄	가을의 소묘
망각의 창고 속	사월
고요한 꿈의 이바지	무형의 노래
광야의 거친 주둥이	아벨의 노래
뿌리 깊은 이빨	
동굴의 우상	주말 동경
문을 굳게 닫은 회의(會議)	우주시대에 붙여
추억의 안경	산줄기에 올라
핏기 없는 명사(名詞)	인간의 의미
언어의 무게	지상의 시
위대한 공허	가을의 시
영원의 꼬리	고독의 순금
내 언어의 뼈마디	가을
무거운 공중	병(病)
광야의 맑은 머리	오른 손에 펜을 쥐고
육체를 입혀	육체
생명의 매듭	비약
진리의 꽃밭	
밤중의 실험관	추억
혈색 없는 명석(明晳)	눈물보다 웃음을

문장	제목
시가의 촉수	나의 심금을 울리는 낡은 제목들
풍성한 밤의 껍질	밤은 영양이 풍부하다
결의의 뼛속	내가 묻힌 이 밤은
어둠의 무게	
수치(羞恥)의 의상	
관대한 너의 옷깃	유성에 붙여
지상의 혼례	
황금의 씨앗	
영원과 소멸	
황금의 날랜 옛 화살	

3. 긴 문장으로 이루어진 추상적 이미지

김현승의 시는 "모든 황혼이 다시는 나를 물들이지 않는 곳", "한 세대에 하나밖에 없는 언어를 잃은 시인" 등, 한 행, 혹은 한 연에 걸쳐 전체적으로 하나의 이미지를 이루는 것들이 많다. 그의 시를 한 구절 한 구절 깊이 음미할수록 그가 얼마나 치밀하게 특출한 이미지를 빚어내는지 새삼 놀라게 된다.

요즈음 시각으로 보면 김현승의 시에도 관용적이거나 유치한 추상어를 사용한 생경스러운 문장이 더러 눈에 띈다. 그러나 당시의 언어감각에 비추어 보면 파격적이며 선구적인 어휘의 치밀한 구사가 돋보인다. 모더니즘과 정신주의의 유기적 결합이 미세한 구와 절의 절묘한 조합에서부터 이루어지고 있음을 알 수 있다. 과감한 어휘의 합성과 몸에 밴 언어의 절제가 신선하고 독특한 이미지를 생성하는 비결로 기능한다. 이 부분은 김현승의 첨예한 감각을 발휘한 수준 높은 이미지스트로서의 면모를 새롭게 조명하고 그 시편들을 새삼스럽게 반추하게 한다.

표7 긴 문장으로 이루어진 추상적 이미지

문장	제목
이슬과 사랑에도 녹슬지 않는	견고한 고독
단단하게 마른 흰 얼굴	
그늘에 빛지지 않고	
어느 햇볕에도 기대지 않는	
생각하던 사람들 굶주려 돌아오면	
결정(結晶)된 빛의 눈물	
네 생명의 마지막 남은 맛	
금 가지 않은 나의 전체	눈물
한 해의 육체를 우리는 팔월까지 다 써버리고	가을이 아직은 오지 않지만
꿈의 세계엔 감옥이 없다	꿈을 생각하며
하늘에다 일일이 못을 박는	이 손을 보라
노인들은 백지에다 애오라지 백지를 그린다	백지
빵 없는 감옥으로 걸어 들어갈 때	자유의 양식
우리는 자유의 벙어리가 된다	
가장 높은 수치(羞恥) 위에서	
배반의 종을 울린다	
나는 걸어가며 내 발을 잃는다	사행시
걸음마다 땅을 핥는다	
낙엽을 줍는 아버지	아버지의 마음
줄에 앉은 참새의 마음	
어린 것들은 아버지의 나라	
아버지가 마시는 술에는 눈물이 절반이다	
화려한 사람들은 그 화려함으로 외로움을 배우게 된다	
모든 황혼이 다시는 나를 물들이지 않는 곳	고독의 끝
영혼의 옷마저 벗어 버린다	
꽃잎을 이겨 살을 빚던 봄	가을
별을 생각으로 깎고 다듬어	
책을 덮고 주무르는 마른 손등	겨우살이
인색한 사람의 저울눈과 같은	
굳은 책임에 뿌리박힌	겨울 까마귀

문장	제목
낙엽보다 쓸쓸한 쓰르라미 울음소리	영혼의 고요한 밤
내 영혼의 메마른 가지에 붙어 우는	
포탄에 패인 물웅덩이에 문득, 얼굴을 비춰본다	가을에 월남에서 온 편지
너의 손으로 우리의 오른 손이 되게 한다	오른 손으로 펜을 쥐고
그 큰 희망을 보석으로 조려	내 마음 흙이 되어
그 빈 하늘에 쫓던 내 마음의 날개	
바람에도 흐르고 구름에도 가리우던 내 마음	
남아도는 유희가 없다	동체시대
깊이 생각할 뿌리는 말라	
가장 큰 것은 없는 것	마음의 집
한 세대에 하나밖에 없는 언어를 잃은 시인	만추의 시
적과 같이 완강한 빛의 맹세	보석
누가 술 위에 술을 부었나	파도
생각에 꿈틀거리는 배암의 잔등	
누가 가슴을 뿌렸나	
성(性)보다 깨끗한 짐승들	
누가 죽음 위에 우리의 꽃을 피게 하나	
언어는 선박처럼 출렁이면서	
사랑하는 창이 열린다	플라타너스
빵 없는 땅에서도 배고프지 않은	희망
우리의 신도 뉘우치고 있을 너와 나의 희망	
물 없는 바다에서도 목마르지 않은 우리의 희망!	
우리의 신도 뉘우치고 있을 너와 나의 희망	
밝음에 너는 옷을 입혔구나	오월의 그늘
네 아픈 이빨로 말하는	치아(齒牙)의 시
네 모진 이빨로 말하는	
장난감 없는 나라의 아기	슬픈 아버지
세상의 모든 책을 덮게 한 고독	인간은 고독하다
가장 겸손한 최후의 수습자	
원죄를 끌고 가는 영혼의 우마차	
깨어진 보석들의 남은 광채	

문장	제목
모든 편력(遍歷)에서 돌아오는 날	인간은 고독하다
추상(抽象)으로도 육체로도 용해되지 않는	
새로운 시간의 수액	
절망과 구원의 두 팔	
흉작(凶作)의 몇몇 이삭	
나도 기쁠 때는 눈물에 젖는다	오월의 환희
파편 위에 터를 닦는 저들 부귀와 영화	사랑을 말함
순간에 안식하는 영웅	
처음은 이슬이요 나머지는 광야	
우리가 가진 최선의 작은 무기는 사랑	
이루지 못한 내 노래의 그늘들	나무와 먼 길
내 영혼이 못 박힌 발뿌리	
불빛보다 따스한 옷	인생송가
어느 미망인의 방명록	
후조는 찾아와 철따라 무덤가에 앉고	
얼마나 풍성한 무한에의 계단이냐	
사라지는 먼 데 종소리	내 마음은 나뭇가지
나는 나의 체온을 비워 두었다	가을의 입상
눈들을 착하게 뜨는	창(窓)
향기로서 옷 입히듯	바람
멀리 검은 나무를 심어 두자	어제
그 시간을 비에 젖은 창밖에 넣어 보자	
지금은 릴케의 시와 자신에 입 맞추는 시간	가을이 오는 시간
오늘은 먼 하늘 빛 넥타이 매어 볼까	가을 넥타이
내 꿈은 나의 영원한 깃발	꿈
시간은 다시 황금의 빛을 얻고	사월
더욱 큰 눈물에 젖은 그늘	낭만평야
이러한 밤엔 철학이란 굳은 빵조각	반 안개 속에서
이루지 못한 내 노래의 그늘들	나무와 먼 길
슬픔은 나를 목욕시켜 준다	슬픔
슬픔이 오고나면 풀밭과 같이 부푸는 어딘가 나의 영혼	
나의 그림자마저 내게서 가르자	독신자

문장	제목
탄환보다 맹렬한 집중	보석
전진하는 그 넓은 주변(周邊)들	추억
찬바람에 옷깃을 세우면	가로수
한 줄기의 빛이 그 깊은 흐름으로 온 밤을 덮어주는	건강체
금속의 육체보다도 더 강한	종소리
썩은 모과껍질에 코라도 부비며	시의 맛
내 영원의 까마득한 새 순	어리석은 갈대
책을 잘못 읽어 굽어진 어깨	가을의 포도(鋪道)
낙엽들이 흩어져 너와 나의 거리를 채워주는	
언어는 낡은 자기(瓷器)처럼 비어 있고	
모든 사람에 앞서 내가 먼저 외로워지는	
많은 사람들이 새 술을 빚어 깊은 지하실에 묻을 시간이 오면	가을의 시
저녁 종소리와 같이 호올로 물러가	
가까운 길에서 나를 배회하게 하소서	
밤의 내부는 달도록 고요하다	밤은 영양이 풍부하다
질서 있게 못을 박는다	
깊은 곳에 고이는 차가운 샘물	내가 묻힌 이 밤은
내가 묻힌 이 밤은 터질 듯 고요하다!	
부드러우나 굳게 다문 너의 입모습	
질투보다 강한 어느 눈물	
너는 그 풍성한 맛을 얻어 비로소 한 개의 잔이 된다	산포도
살의 열매를 기르던 맑은 바람	
가슴들을 더욱 깊이 파	갈구자(渴求者)
주택들을 잊었던 목소리	
하늘은 건너 편 에메랄드의 산지	가을의 소묘
거꾸로 타오르는 하늘의 심장	신성과 자유를
굳은 책임에 뿌리박힌	겨울 까마귀
눈물보다 간곡한 웃음의 복음을	눈물보다 웃음을
외로움조차 속내의처럼 따뜻해 오는	가을 저녁
한국 시의 허리는 철사처럼 가늘어졌다	시의 겨울
내 고독에 돌을 던져 본다	고독의 풍속

문장	제목
많으면 많을수록 적어지는	군중 속의 고독
빛을 넘어 빛에 닿은 단하나의 빛	검은 빛
붉음보다도 더 붉고 아픔보다도 더 아픈	
꽃들의 아름을 일일이 묻지 않고	
노래하지 않고 노래할 것을 더 생각하는 빛	
고독은 군중의 술을 마시지도 않는다	고독한 이유
돌을 주물러 떡을 만드는 거리	상상법
꽃은 겨울에 피고 열매는 사월에 진다	
오늘은 아침부터 내가 되어 나를 갖는다	일요일의 미학
외국 손님 시계주머니 속에 호락호락 들어가는	나의 시
나의 시는 풀냄새도 나지 않는 바람이 되어	
더욱 분명히 듣기 위하여 우리는 눈을 감아야 하고	불완전
아침을 맞기 위하여 밤은 그 아름다운 보석들을 아낌없이 바다 속에 던진다	
죽은 사자의 가슴에다 사막의 벌떼는 단 꿀을 치고	
가장 약한 해골은 승리의 허리춤에서 패자의 이름을 빛낸다	
아름다운 과실 네 아름다운 맛을 벌레 먹는다	나의 진실
장미는 네 밝은 웃음 그 한복판에 벌레를 재운다	선을 그으며
마음 한구석 어딘가 바늘구멍으로 나는 눈물을 흘린다	
네 목적을 네 등 뒤에 지고서도 온 길을 찾아 너를 헤매게 하라	목적
벼락 맞는 가지 위에 집을 짓고	나의 소리는
천 길 낭떠러지에 외로운 목숨의 새끼들을 기른다	
거친 벌톱으로 하늘가에 호올로 앉아 목이 타는 짐승들을 기다린다	
푸른 하늘에 깊이 심은 영원의 뿌리	이상
그대의 붓끝으로 걸어가라	성장
영혼에 아름다운 옷을 입히고	새날의 거룩한 은혜와 기원
우리는 다수이며 하나이다	생명의 합창
공중에 나는 새들이나 즐겨 줄 크리스마스 추리를 세운다	하늘에 세우는 크리스마스 추리

문장	제목
슬픔이 언어를 잃으면 커다란 짐승도 되는가	저녁그림자
너는 나의 밖에서 나와 사는 혹시 나의 검은 영혼인가	
넋이여, 그 나라의 무덤은 평안한가	마지막 지상에서
나는 오늘도 내 마음 속에서 나오고 또 문을 닫고 들어간다	마음의 새봄
한 팔을 잃으며 다른 팔이 굵어진다	근황
나의 두개골에 빗물이 고인다	
길들이 끝나는 곳에서 길은 열리더	비약
슬픔을 더 부르지 않을 나의 집	겨울 실내악
내가 넘기는 책장은 책이 되지 못한다	평범한 하루
꽃의 자유가 그 뿌리 밑에 떨어질 때	나의 한계
뿌리를 보며 내 안에 열매를 맺는 열매	
모든 언어의 재산을 팔아	신년송
내 언어의 과부(寡婦)가 되고저	
빈 하늘만이 나의 천국으로 남아있다	완전 겨울
내 시의 마지막 가지 끝	
당신은 내 무덤 위에 꽃을 얹지만 당신의 나는 언제 고요히 눈을 감았던가?	부재(不在)
비내리는 포도(鋪道)의 한때마저 나는 내 우산 안에 있지도 않았다.	
너는 태어났을 때보다도 더욱 새롭다	고독한 싸움
세계보다 강한 네 목숨	
너는 피와 같은 꿈을 흘린다	
낡은 제목들의 음향과 그윽한 향기	나의 심금을 울리는 낡은 제목들
오랜 술과 같이 묵은 해를 더욱 달게 만드는	
무거운 세월에 밀려 깊이 파묻힌 제목들	
시간의 썩은 흙 속	
죽음이란 썩을 것이 썩는 곳	어린 것들
무덤에서 얻은 나의 새이름	
돌에 새긴 나의 시	
나는 눈물이 너무 많아서 나는 아무래도 천국으로 갈 수는 없겠다!	

문장	제목
부드러운 꽃잎의 가장자리 내 목숨의 가시덤불은 시들시들 마른다	병(病)
오만한 포구(浦口)와 침략의 궁전 피 묻은 붉은 발톱 아래	1960년의 연가
진보의 이름으로 우거진 주검의 정글 속에서 위대한 상실을 통하여 푸른 하늘에 사는 눈동자	호소
얼마 남지 않은 작은 모래알	박명의 남은 시간 속에서
모든 그윽한 꽃향기들이 해체되는 날 모든 우리의 무형(無形)한 것들이 허물어지는 날 모든 사람들이 돌아오는 길 모든 전진하는 것들의 수레바퀴	옹호자의 노래
당신의 눈은 나의 마음 생각하는 나의 마음보다 더 깊은 당신의 눈	가을은 눈의 계절
사상은 언제나 배고프다 노래할수록 멀어질 뿐 새 것 속에 새 것이 없다	그냥 살아야지

4. 연 전체가 복합적 이미지로 이루어진 시

아래의 시는 각각 「사월」의 2연과 3연인데 김현승의 모더니즘 성향을 파악하는데 중요한 텍스트에 속한다.

깊은 상처에 잠겼던 골짜기들도

이제 그 낡고 허연 붕대를 풀어버린 지 오래이다

— 「사월」 2연

시간은 다시 황금의 빛을 얻고

> 의혹의 안개는 한동안 우리들의 불안한 거리에서
> 자취를 감출 것이다.
>
> ─「사월」 3연

2연과 3연은 연 전체가 신선한 이미지로 구성되어 있는데 감각적 언어 구사가 일반 서정시와는 결이 다른 변별성을 보이고 있다. 구체적으로 2연은 두 개의 이미지가, 3연은 세 개의 이미지가 중첩되어 유기적이며 복합적인 이미지를 생성한다. 관념적이면서도 그 프레임에 갇히지 않고 감각적 해석의 출구를 열어놓고 있는 것이 특징이다.

> 깊은 상처에 잠겼던 골짜기+낡고 허연 붕대를 풀어버린 지 오래(2연)
> 시간을 다시 황금의 빛을 얻고+의혹의 안개는+불안한 거리에서 자취를 감출 것(3연)

"깊은 상처에 잠겼던 골짜기", "낡고 허연 붕대", "시간은 다시 황금의 빛을 얻고", "의혹의 안개", "불안한 거리에서 자취를 감출 것" 등의 이미지는 김현승의 독특한 주지적 언어감각을 한층 돋보여 준다.

김현승의 시는 시각적 이미지를 중심으로 감정을 드러내지 않고 명료하고 딱딱한 형식의 언어를 간결하게 구사한 영미 이미지스트들과 이미지가 겹치기도 한다. 이는 그가 남도의 서정적 풍취, 토속 문화와 일정의 거리를 두고 서구의 주지주의 시풍에 가까운 면모를 보이는 단초이기도 하다. 그러나 구도적 정신세계를 바탕으로 자신만의 독창적 시세계를 일관되게 추구한 점에서 서양의 모더니스트들과는 확연한 변별성을 지닌다. 찬찬히 음미할수록 그의 이미지 조탁 능력은 탁월해서 대부분의 시들이 이미지의 보고다. 이 점은 그의 시를 재평가하는 출발점이자 척도이기도 하다.

Ⅲ.   절제와 함축미

아래의 글은 언어와 진리의 상호 관계, 그리고 언어의 무분별한 사용에 대한 경각심을 환기시키고 있다.

> 말은 진리를 통해 비로소 그 지속성을 얻게 되고, 진리를 통해 하나의 독자적인 세계가 된다. 그리고 진리를 통해 말에 지속성이 생기는 까닭에 말은 소멸하지 않는다. 말이 생겨 나왔던 침묵은 이제는 진리를 둘러싸고 있는 신비로움으로 변하게 된다. 진리가 없다면 말은 침묵 위에 드리워진 막연한 말의 안개에 불과할 것이며, 진리가 없다면 말은 하나의 불분명한 중얼거림으로 와해되고 말 것이다.
>
> — 막스 피카르트, 『침묵의 세계』 부분[23]

언어는 본질적으로 진실을 표현하기 위한 기호이며 사회적 약속이다. 언어가 진실과 일치할 때 사회정의를 근간으로 한 상생의 윤리를 담보할 수 있으며 진리가 주도하는 표리 일치한 세상을 일굴 수 있다.

학문이나 문학의 궁극적 가치는 진리의 자각과 보편화에 있다. 이 경우, "말할 수 없는 것에 대해서는 말하지 않아야 한다."는 비트겐스타인의 주장이나, 에드문트 후설의 '판단 중지'설을 빌리지 않더라도 말의 무게는 진리의 실상과 비례한다. 궁극의 깨달음에 이른 순간, 진리의 오묘한 경지 앞에서 침묵하는 것은 불완전한 인간의 약속 기호인 불완전한 언어(불완전한 인간을 상대로 한)로 완벽한 우주의 질서체계를 설명할 수 없기 때문이다.

1. 언어의 함축과 감정의 절제

김현승의 시는 언어의 함축과 감정의 절제를 요체로 한다. 이는 정련된 언어를 적재적소에 효율적으로 배치해 극적 효과를 거두기 위해서인데 그 이면에는 구원과 자아완성을 목적으로 궁극적 진실을 추구하는 내밀한 사유와 순일한 정동이 잠재태를 이루고 있다. 그는 시 「절대고독」에서 보이지 않고, 들리지 않는 미지의 세계를 명징하고 감각적인 은유로 심화하고 확장한다. 그러나 말할 수 없는 것에 대해서는 침묵으로 응수한다. 이는 언어도단의 경지에 이르러 본 자만이 감당할 수 있는 침묵의 언어로, 가장 정직한 침묵이며 가장 효율적인 언어다. 이를테면 열반적정 경지에서의 순결하고도 충만한 침묵일 수 있다.

함축은 언어의 압축과 정제, 외연과 내연의 긴장을 통해 질적 밀도를 강화하는 것으로 시에서는 그 완성도 및 경제성을 가늠하는 척도다. 시가 산문과 다른 것은 산문에 비해 문장이 함축적인 데 있다. 이는 시가 함축의 언어를 기본으로 한다는 사실을 의미한다. 함축은 불필요하거나 부차적인 묘사·진술·설명을 배제하고 최소의 언어로 최대의 효과를 거둔다. 이때의 효과는 가장 적합한 표현과 더불어 그 표현 속에 담긴 의미나 지시가 다의적으로 해석되는 것을 말한다. 또 한 단어가 하나의 의미만을 표시하는 것이 아니고 동시에 다른 의미를 내포할 경우, 바람직한 함축이 이루어지는 데 일상의 언어에 비해 한결 질적 강도가 높다.

한편, 함축된 언어는 모호성을 띠는 경우가 많은데 이는 의미를 풍부하게 다의적으로 확장하는 효과를 낳는다. 물론 여기에서 모호성은 난해함과는 결을 달리한다. 애매한 문장일수록 그 속에 복합적 의미를 지니고 있으며, 새로운 해석의 여지를 넓히는 동력으로 작용하기도 한다. 이런 면에서 애매성은 다의미성으로 읽힌다. 그러나 모호성이 너무 막연해서 특정의 의미를 도출해 내기 어려울 때는 난해성의 벽에 갇혀 그 기능을 제대로 발휘하지 못한다. 이 경우, 오히려 퇴고나 배제의 대상이 될 수 있다. 따라서 모호한 표현은 궁극적으로 명징한 의미나 가치를 도출해 내는 데 길잡이가 될 수 있어야만 그 존재가치를 보장받을 수 있다.

김현승 시의 특질을 한 마디로 요약하면 간결하면서도 심오한 함축미에 있다고 할 수 있다. 그의 시는 엄격한 시어의 선별, 어구의 적합한 자리 배치, 오랜 숙고, 치밀한 조탁 과정을 통해 완성된다. 그는 일제강점기 말기를 제외하고는 대체로 꾸준히 시를 발표하지만 한 편, 한 편이 손으로 꼽을 만큼 오랜 시간에 걸쳐 태어난 과작이었다. 시를 함부로 다루지 않고 거의 종교적 성실성으로 시 창작에 임하는 장인의 자세를 확인할 수 있다.

김현승은 절제와 긴장의 두 축을 중심으로 수준 높은 함축을 시도한다. 때로 그의 시 일부에서 문맥을 거스르는 듯한 과도한 생략과 비약, 생소한 돌출로 비치는 경우를 만날 수 있는데 이는 함축의 극대화를 위한 효율적 전략에 속한다고 볼 수 있다. 따라서 그의 시를 온전히 독해하기 위해서는 함축의 묘미와 방법론에 대한 깊은 이해가 전제된다. 그의 시는 형식과 내용, 외연과 내연 양면에서 동시에 함축이 이루어지는데 이는 탄탄한 완결성을 보장하는 비결이다. 「견고한 고독」은 문장을 최적의 상태로 축약하는 김현승의 함축법과 함축미를 탐지할 수 있는 교과서적 시다.

껍질을 더 벗길 수도 없이

단단하게 마른

흰 얼굴.

그늘에 빚지지 않고

어느 햇볕에도 기대지 않는

단 하나의 손발.

모든 신(神)들의 거대(巨大)한 정의(正義) 앞엔

이 가느다란 창끝으로 거슬리고,

생각하던 사람들 굶주려 돌아오면

이 마른 떡을 하룻밤

네 살과 같이 떼어 주며,

결정(結晶)된 빛의 눈물,

그 이슬과 사랑에도 녹슬지 않는

견고(堅固)한 칼날 — 발 딛지 않는

피와 살.

뜨거운 햇빛 오랜 시간(時間)의 회유(懷柔)에도

더 휘지 않는

마를 대로 마른 목관악기(木管樂器)의 가을

그 높은 언덕에 떨어지는,

굳은 열매

쌉슬한 자양(滋養)

에 스며 드는

네 생명의 마지막 남은 맛!

―「견고(堅固)한 고독」 전문

  1연 "껍질을 더 벗길 수도 없이/단단하게 마른/흰 얼굴"은 마치 극밀도의 함축으로 완성한 그의 시를 압축해 놓은 것 같다. 여기에서 "흰 얼굴"은 세 음절에 불과한 짧은 은유지만 다의적 내용을 상징적 이미지로 함축하고 있는 데 주목해야 한다.

  2연 "그늘에 빚지지 않고/어느 햇볕에도 기대지 않는/단 하나의 손발." 역시 더 이상 빼거나 줄일 수 없이 함축한 결구다. 진정성이 몸에 밴 주체적 인격으로서 갖추어야 할 지고지순의 요건을 제시하고 있는데 마치 윤동주의 서시를 구체화해 놓은 구절 같다.

  3연 "모든 신들의 거대한 정의 앞엔/이 가느다란 창끝으로 거슬리고,/생각하던 사람들 굶주려 돌아오면 이 마른 떡을 하룻밤/네 살과 같이 떼어 주며"에 이르러서는 서두의 결구에 대한 실천 강령이 제시되고 있다. 그런데 모호한 추상적 표현이 주조를 이루고 있다. 시각에 따라 다양한 해석이 나올 수 있는 상징과 은유가 오히려 묘미를 선사한다. "사람들 굶주려 돌아오면 이 마른 떡을 하룻밤/네 살과 같이 떼어 주며"라는 구절은 기독교적 체취가 바탕을 이루면서도 이를 뛰어넘어 광의의 확장성을 지시함으로서 마침내 보편의 가치를 확보하게 된다.

  마지막 행 "네 생명의 마지막 남은 맛"은 고독을 음미하며 창조적 가치를 심화하는 김현승 시세계의 응축된 함의를 되새기게 하는데 생명성을 테제로 고독과 시의 함수관계를 집약해 암시하는 함축미의 절정에 속한다.

2. 문장의 밀도와 긴장

시에서 '긴장'은 그 생명을 좌우하는 필수요소다. 참신한 시어의 선정과 배치, 밀도, 전체적 구성, 함축, 열정에서 치밀하고 치열한 정성을 기울여야만 적절한 긴장을 유지할 수 있다. 도입부부터 결말에 이르기까지 시종일관 탄탄하고 구김살 없이 문맥을 이끌어 가는 힘이 긴장이다. 긴장이 유지되지 않으면 시는 고유의 탄력을 잃게 된다. 긴장은 문자적 의미는 바깥세계로 향하고 비유적 의미는 작품 내부로 향하는 것으로 안과 밖에서 서로를 당기는 힘을 말한다. 이질적 요소가 한 문장 안에서 공존하려면 힘의 균형이 이루어져야 하고 그 저항이 팽팽할수록 효과적이다. 이질적 요소를 병치해 그 이미지와 의미를 새롭게 전경화하는 데 긴장은 구심점 역할을 한다.

함축적이면서도 세련된 언어를 구사하며 주지주의적 모더니스트 성향을 띠는 김현승은 추상어와 구상어를 적절히 배합해 시의 은유적 반경과 밀도를 강화한다. 또 극도의 함축과 절제를 통해 긴장을 극대화한다. 시에 대한 그의 열정은 시를 신앙과 대등한 생의 한 축으로 삼는 데서 확인할 수 있다.

신과의 조우를 위해 그는 늘 긴장해야 했다. 마찬가지로 시를 쓰기 위해 그는 늘 내면세계의 긴장을 유지했다. 그리고 그 심연에는 고독이 진을 치고 있었다. 그는 고독 속에서 신을 찾고 고독 속에서 시를 썼다. 사소한 실례로 그는 잠시도 한눈을 팔수 없는 긴장 속에서 상대팀과 대치해야 하는 축구를 좋아했다. 또 비록 장난 내기이지만 화투치기를 좋아한 심리적 배경에서도 긴장을 즐기는 면모를 엿볼 수 있다. 마치 도박중독자인 도스토옙스키가 극도의 긴장 속에서 소설을 쓴 것을 연상케 한다.

김현승은 시에서 한 치의 오류나 빈틈도 허락지 않는 면에서는 김춘수와 닮았다. 이는 수준 높은 완성도를 담보한다. 그러면서도 무의미 시를 추구한 김춘수와 달리 김현승은 수도승이나 사상가처럼 수승한 직관과 의미를 추구했다. 긴장은 그의 시를 시종 탄탄하고 명징하게 견인하는 비결이자 힘이었다. 「가을의 기도」 마지막 연은 김현승이 얼마나 시에서 긴장을 중요시 하는지 실감케 한다.

> 가을에는
> 호올로 있게 하소서……
> 나의 영혼,
> 굽이치는 바다와
> 백합의 골짜기를 지나
> 마른 나뭇가지 위에 다다른 까마귀같이
>
> ―「가을의 기도」 마지막 연

마지막 연 중에서도 마지막 구절 "백합의 골짜기를 지나/마른 나뭇가지 위에 다다른 까마귀같이"는 그가 끝까지 긴장을 풀지 않고 오히려 강화하는 시적 긴장의 백미이다. 대개는 백합의 골짜기에 이른 부분에서 종결하고 말 터인데, 김현승은 거기에서 한 걸음 더 나아가 "마른 나뭇가지 위에 다다른 까마귀같이"라는, 전체적인 분위기와는 생소한 이미지를 더해 시의 밀도를 높이고 '낯설게 하기'식의 긴장을 유발한다.

　가을의 기도보다 3년 전에 발표한 시 「푸라타나스」에서도 특유의 함축과 긴장을 감지할 수 있다.

　　꿈을 아느냐 네게 물으면,
　　푸라타나스,
　　너의 머리는 어느 덧 파아란 하늘에 젖어 있다.

　　너는 사모할 줄 모르나,
　　푸라타나스,
　　너는 네게 있는 것으로 그늘을 늘인다.

　　먼 길에 올 제,
　　호올로 되어 외로울 제,
　　푸라타나스,
　　너는 그 길을 나와 같이 걸었다.

　　이제 너의 뿌리 깊이
　　영혼을 불어넣어도 좋으련만,
　　푸라타나스,
　　나는 너와 함께 신이 아니다!

　　수고로운 우리의 길이 다하는 어느 날,

> 푸라타나스,
>
> 너를 맞아 줄 검은 흙이 먼—곳에 따로이 있느냐?
>
> 나는 오직 너를 지켜 이웃이 되고 싶을 뿐
>
> 그곳은 아름다운 별과 나의 사랑하는 창(窓)이 열린 길이다
>
> ―「푸라타나스」 전문

총 5연으로 된 시로 기독교적 세계관이 바탕을 이루면서도 기독교적 정서와 기독교가 채워주지 못하는 인간적 고독이 서로 길항하며 긴장을 유지하고 있다. 또 1연과 3연은 통상의 서정시와 비슷한 정조의 일상적 표현인데 비해 2연과 4연은 모호한 추상적 표현이 생소한 느낌을 주며 다의적 해석의 빌미를 준다. 5연도 1행과 2행의 "이제 수고로운 우리의 길이 다하는 오늘 날/푸라타나스"까지는 일상적 정서로 읽히는데, "너를 맞아 줄 검은 흙이 먼 곳에 따로이 있느냐?"는 구절에 이르면 일상의 정서로 해독하기 어려운 모호성을 안겨 준다. 그러나 마지막 4행과 5행 "나는 오직 너를 지켜 이웃이 되고 싶을 뿐/그곳은 아름다운 별과 나의 사랑하는 창이 열린 길이다"에서 시 전체를 아우르는 총체적 의미의 반전이 일어난다.

이처럼 정상(1연)―모호(2연)―정상(3연)―모호(4연)―반전(5연)의 이질적 대응이 상호 자극을 나누며 긴장을 고조시킨다. 그리고 마지막 연에서 새로운 과제처럼 심도 깊은 해독의 여지를 안겨준다. 결과적으로 김현승은 구도의 치밀함과 내연의 긴장에 의해 당시의 시풍과는 색다른 독자적 특성을 갖추게 된다.

김현승은 역설, 아이러니, 은유와 상징, 낯설게 하기 등을 통해 상투화되기 쉬운 시적 안일을 일깨운다. 이는 긴장을 조성해 관심을 집중시키고, 신

선한 시각으로 상상력을 동원해 독해에 몰입할 수 있도록 한 전략의 일환이다.

때로 생소한 어휘와 구절이 낯설게 느껴지는 경우도 있지만, 돌이켜 보면 그 속에는 고도의 인과적 함의가 내포되어 있음을 알 수 있다. 이 부분이야말로 김현승의 시가 지닌 특유의 강점에 속한다. 이처럼 그는 구와 절, 행과 행, 연과 연을 경계로 이질적 이미지를 병치해 조합하고 이의 길항과 융화를 통해 궁극적 본질의 실체를 전경화한다. 때로는 상충된 어휘와 이미지가 충돌하는 경우도 있지만 그 이면에는 변증법적 반추 과정을 통해 효과적으로 시적 본질에 다가가기 위한 고도의 복선이 깔려 있음에 유의해야 그의 시를 온전히 독해할 수 있다.

김현승은 아래의 글에서처럼 "무기교의 기교"를 시작법상 최고의 경지로 본다. 그의 시를 읽을 때에도 유의해야 할 부분이다.

> 시의 기교는 무기교→기교→무기교의 기교와 같은 순서로 발전한다. 보통은 기교의 단계에 이르기도 힘들지만 진정한 시란 무기교의 기교의 경지까지 도달해야 한다. 그런데 무기교의 기교 단계는 눈에 잘 보이지 않는다.

시에서 기교는 일정의 수준을 담보하는 길잡이일 수 있다. 그러나 일부러 기교를 의식하는 순간, 시는 본령으로 부터 멀어진다. 기교는 일정한 수준까지는 시적 열정과 동행하지만 임무를 마치자마자 경계대상으로 배척된다. 정상적인 수준에서는 기교가 시의 격을 떨어뜨리기 때문이다. 김현승은 언어의 조탁과 함축, 배치에서 특유의 솜씨를 발휘한다. 그러나 그것은 기교가 쉽게 드러나지 않는 무기교의 기교이기 때문에 더 빛난다.

아래의 시는 시의 겨울의 한 부분으로 해방 되던 해 8월 문예지에 발표한 작품 한 대목인데 정확한 날짜가 적혀 있지 않아서 해방 후인지 전인지 가늠하기 어렵다. 이 시에서 눈에 띄는 "서울 아가씨의 밍크 종아리는/한결 곧아졌는데"라는 구절은 김현승 시에서 보니 드물게 해학적이다.

> 반세기 하고도
> 십 년을 더 지나고서,
> 서울 아가씨의 밍크 종아리는
> 한결 곧아졌는데,
> 한국 시의 허리는
> 철사처럼 가늘어졌다
>
> ― 「시의 겨울」 부분

그러나 김현승의 시에서 해학은 유연하지 못하고 다분히 경직된 형상으로 나타난다. 자신은 해학적으로 표현하려고 하지만 그의 시는 본의 아니게 어느새 정색을 하고 만다. 본래 해학은 그의 시에 맞지 않는 언어의 옷이었다. 성격상으로 은근하거나 능청스럽지 못한 그에게 시는 한 치의 허두도 용납지 않을 만큼 진지하고 관조적이며 염결한 사유의 결실이기 때문이다

Ⅳ. 다양한 부호 사용

김현승은 시에서 문장의 종결어미마다 마침표를 찍고 있는데 이 부분은 당시의 일반적 형식이었다고 볼 수 있다. 그런데 시 대부분의 종결어미 없는 연의 마지막 행, 일부 행의 말미, 문장의 사이에서도 습관처럼 쉼표를 사용하고 있다.

> 쉬임 없는,
> 불꽃같은,
> 진흙에서 꺼낸,
>
> (중략)
>
> 떠는 첫 입술에 거칠게 내어 밀던
> 그러나 깨끗하게, 헤어지던,
> 땀을 쥔,
> 거친, 종이 된
>
> ―「이 손을 보라」 부분

그의 시 도처에서 말줄임표를 목격할 수 있는데 아래의 시 「희망이라는 것」에서는 연마다 말미에 말줄임표를 반복 사용하고 있다. 또 종결어미가 없이 "희망"이라는 한 단어가 한 행을 이루는데도 마침표를 찍고 있다.

희망.

희망은 분명 있다.

네가 내일의 닫힌 상자(箱子)를

굳이 열지만 않는다면…….

희망.

희망은 분명히 빛난다.

네가 너무 가까이 가서

그 그윽한 거리(距離)의 노을을 벗기지만 않으면……

희망.

그것은 너의 보석(寶石)으로 넉넉히 만들 수도 있다.

네가 네 안에 너무 가까이 있어

너의 맑은 눈을 오히려 가리우지만 않으면……

희망.

희망은 스스로 네가 될 수도 있다.

다함없는 너의 사랑이

흙 속에 묻혀,

눈물 어린 눈으로 너의 꿈을

먼 나라의 별과 같이 우리가 바라볼 때……

희망

그것은 너다.
너의 생명(生命)이 닿는 곳에 가없이 놓인
내일의 가교(架橋)를 끝없이 걸어가는
별과 바람에도 그것은 꽃잎처럼 불리는
네 마음의 머나먼 모습이다.

— 「희망이라는 것」 전문

아래의 시 「사랑하는 여인에게」에서처럼 그의 시 도처에서 줄표(—)가 눈에 띈다.

보석보다
별을 아끼는
그러한 손. — 왼손.

우리의 뜻을
밝게도 장밋빛으로 태우는
그러한 가슴 — 둥근 가슴.

목소리 — 우리의 노래인
맑은 목소리.

— 「사랑하는 여인에게」 부분

아래의 시 「인생송가」에서처럼 그의 시 도처에서 느낌표가 자주 발견되는데 이는 청유형 종결어미나 의미를 새삼스럽게 강조하는 경우에 사용한 것으로 볼 수 있다. 그러나 여기에 쉼표와 말줄임표까지 더해지면 전체적으로 매끄럽지 못하다.

힘들여 산다는 것보다,
우리가 죽은 뒤에
얼마나 아름다운 이른 저녁을 지상에 가져 오겠느냐!
어느 미망인의 방명록에 오를 때,
금요일의 이튿날 어느 회관에서
무명의 시인들이 그의 추도시를 읽을 때…….

초조한 땅에서 사는 것보다
우리가 죽은 뒤에
얼마나 아름다운 들가의 꽃잎들이,
꿈이 되어 우리 섰던 자리에 피어나겠느냐!
후조는 찾아와 철을 따라 무덤가에 앉고…….

우리가 사는 동안
그렇게도 소중턴 그처럼 보람있던
한숨도 절망도 분노와 웃음 또한 사랑하는 애인들도
누굴 상속자로 물음조차 없이
구름 지워 가 없는 하늘에 흩날려 버리는 것은,
얼마나 풍성한 무한에의 계단이냐!

우리가 죽은 뒤에도
인생은 언제나 즐겁고 또 슬프고
길이 있으라!

— 「인생송가」 전문

아래의 시 「오월의 환희」는 쉼표, 마침표, 말줄임표, 느낌표, 줄표가 어우러져 마치 부호의 종합전시장 같다.

그늘,
밝음을 너는 이렇게도 말하는구나,
나도 기쁠 때는 눈물에 젖는다.

그늘,
밝음에 너는 옷을 입혔구나,
우리도 일일이 형상을 들어
때로는 진리를 이야기한다.

이 밝음, 이 빛은,
채울 대로 가득히 채우고도 오히려 남음이 있구나,
그늘 — 너에게서……

내 아버지의 집
풍성한 대지의 원탁마다,

그늘,
오월의 새 술들 가득 부어라!

이깔나무 ― 네 이름 아래
나의 고단한 꿈을 한때나마 쉬어 가리니……

―「오월의 환희」전문

　각 행과 연, 종결부, 문장 사이에 쉼표 마침표 느낌표, 줄표가 연이어 진을 치고 있다. 행마다 거의 쉼표를 찍고 있으며, 종결어미 마다 마침표를 찍고 있다. 또 연의 마지막 행은 말줄임표가, 문장과 문장 사이에 줄표가, 명령어에는 느낌표가 자리 잡고 있어서 산만한 느낌을 준다.
　이런 현상은 그의 시 대부분에 걸쳐 반복적으로 나타나는데 현재의 시각으로 보면 불필요한 부호의 과다 사용으로 볼 수 있다. 그러나 당시의 관례를 감안하면 오히려 절제와 함축을 중시하는 그의 철저한 언어관리 습관을 돌이켜 보게 한다. 적재적소에서 부호도 나름의 함축적 언어 역할을 하고 있기 때문이다. 문장과 행을 구축함에 있어서 끊어야 할 부분에서는 끊고, 잠시 호흡을 멈추어야 할 부분에서는 멈추고, 생략할 부분에서는 과감히 생략하는 일련의 조탁과정을 부호를 통해 적절히 수행하고 있는 것이다.

제4부

고독한 영혼들의 지문 대조

> 김현승은 고독을 내면적 정서로 하는 릴케, 니체, 아우구스티누스와 사상·신앙 면에서 각각 동질성을 분점한다. 김현승과 이들의 접점과 공통분모를 헤아려보는 것은 김현승의 시세계를 보다 차원 높은 광의의 시각에서 고찰하는 작업일 수 있다.

　김현승과 릴케·니체·아우구스티누스는 불안과 고독을 특성으로 한 내면의 정서·기독교·문학·사상에서 긴밀한 유사성을 보인다. 릴케와는 시, 니체와는 사상, 아우구스티누스와는 신앙에서 동질감을 나눈다. 고독은 김현승 뿐 아니라 네 사람 모두의 정서적 특징인데 그 요인을 보면 각각의 성격, 시대적 배경, 성장 환경, 교우관계, 특정 사건과의 조우 등에서 차이가 있다. 그러나 고독에 함몰되지 않고 이를 실존적 자아 탐구와 창작의 긍정적 에너지로 활용한 점에서는 공통점을 지닌다.
　릴케와 니체, 아우구스티누스는 치열하게 삶의 실천적 명제와 우주의 궁극적 본질을 추구한 서양의 대표적 지성들이다. 이들은 직간접적으로 시공을 뛰어넘어 김현승에게 영향을 준다. 그 중에서도 신과 결별 후 허무의 심연에서 '영원회귀'로 표상되는 우주적 실체를 깨치고 힘에의 의지를 역설한 니체는 후대의 김현승과 일련의 사상적 행적을 공유한다. 따라서 상당

량의 지면을 통해 이들을 김현승과 비교하는 까닭은 그의 시와 신앙, 정신세계를 고찰하는 데 이들이 일련의 길잡이 역할을 분담할 수 있기 때문이다. 부연하자면 이들을 김현승을 깊고 넓게 이해하는 심층적 읽기와 확장적 읽기의 효과적 텍스트로 삼고자 해서다.

김현승의 시세계는 크게 초기·중기·후기로 나눌 수 있다. 초기는 불안과 고독을 정서로 한 시가 주조를 이루고, 시와 정신세계의 절정기를 이루는 중기는 절대고독 상황에서의 주체적 자아 탐구가 주조를 이룬다. 반면, 기독교로 회귀한 이후의 후기는 참회와 찬양 위주의 신앙이 주조를 이룬다. 이 부분에서 초기는 릴케, 중기는 니체, 후기는 아우구스티누스와 맥을 같이 한다.

릴케는 유소년기의 충격적 상처를 안고도 꾸준히 시와 신을 추구한 점에서, 니체는 실존적 회의 속에서 신을 부정하고 주체적 자아를 탐구한 점에서, 아우구스티누스는 회의와 방황을 거쳐 더욱 돈독히 신의 품으로 귀의한 점에서 김현승과 시와 철학, 신앙세계의 공통점/근접성을 나눈다.

김현승의 시 「가을의 기도」는 다분히 릴케에게서 그 정조와 어법을 빌려 쓴 것으로 읽힐 수 있다. 김현승은 릴케와 고독한 분위기, 실존의 근원에 대한 고뇌, 시의 진실에 대한 가치추구 부분을 공유하고 있는데 그것은 종교적 경건성과도 일치하는 두 시인의 접합점이었다. 릴케는 평생 불안과 고독 속에서 신과의 소통을 추구한다. 김현승 역시 뿌리 깊은 불안과 고독 속에서 끊임없이 신과의 합일을 꾀한다.

김현승은 절대고독의 시기에 구심점을 상실한 신앙적 이단아였다. 그러나 그때는 신으로부터 버림받은 고아(孤兒)가 아니라 자진해서 기독교의 허상을 떨쳐내고 인간적 주체를 선언한 자율적 독립체였다. 김현승은 '주체적 사고'에 있어서 시공을 초월해 니체와 행보를 같이 한다. 김현승과 같이 기독교 목회자의 가정에서 성장한 니체는 신을 버리고 '영원회귀'와 '힘에의 의지'를 테제로 현대철학의 물꼬를 트며 독자적 사상을 펼친다. 그러나 김현승은 니체가 끝까지 자신의 사상을 밀고 나간 것과 달리 결국 신이라는 거대한 본질 속으로 귀환하기에 이른다.

김현승은 아우구스티누스처럼 치열하고 경건하게 신의 세계를 지향한다. 그리고 한때 신을 포기할 만큼, 심각한 방황기를 거쳐 신의 품으로 귀의한 점 역시 아우구스티누스와 흡사하다. 그러나 아우구스티누스가 기독교 바깥세계의 이단에 심취해 방황한 것에 비해 김현승은 기독교 신앙의 틀 안에서 내면의 혼란을 겪는다. 아우구스티누스는 신과 멀어져 마니교의 허상에 탐닉하는 동안 잠시나마 고독에서 일탈할 수 있었지만, 김현승은 신을 포기하는 순간 절대고독의 무중력상태에 침잠한다. 그러나 아우구스티누스가 신으로부터 스스로 버림을 자초한 자신을 돌이켜보는 순간, 그 뼈저린 고독이 그를 다시 신의 품으로 안내했듯이 김현승도 잠시 신을 떠나 인간적 영혼을 담보로 주체적 자아를 추구했지만 회개하고 더욱 절실하게 신의 세계로 되돌아온다.

그들은 시행착오를 거치면서도 치열하게 진리를 추구하고 남달리 예민한 영혼으로 심각한 내면의 동요, 고독과 불안, 절망감을 극복해 심원한 정신세계를 개척했다. 만약에 그들이 그토록 고독하지 않으면 그와 같이 위대한 성취는 이루기 어려웠을지 모른다.

Ⅰ.　　　　　　　　　　　릴케와의 시적 접점—초기

김현승은 자타가 공인하는 고독의 시인이다. 그가 절정의 시를 쓸 때는 고독도 절정이었다. 고독을 빼놓고 그를 이해하기 어렵다. 아래의 시 구절에서 김현승은 익명의 "시인들"을 빌려 자신의 고독을 노래하고 있다. 또 자신처럼 "외로운 시인들"을 만나리라는 예감을 피력하고 있다.

> 굽이도는 어느 먼 길 위에서
> 겨울의 긴 여행에 호올로 나선 외로운 시인들도 만날테지……
> ―「나무와 먼길」 부분

"겨울의 긴 여행에 홀로 나선/외로운 시인들"은 김현승 자신이자, 생의 "먼 길 위에서" 고독하게 실존의 의미를 추구하는 이들을 지칭하는 집합명사다. 다음의 시 「가을이 오는 시간」에서는 이와 같은 "외로운 시인"으로 릴케를 끌어들이고 있다.

> 우리의 마음들은 벌써 낙엽이 진다.
> 우리의 마음들은 남긴 것이 없음을
> 이제는 서러워한다.
> 지금은 먼 ―길을 예비할 때―
> 집 없는 사람들은 돌아와 집을 세우는,
> 지금은 릴케의 시와 자신에
> 입 맞추는 시간……

— 「가을이 오는 시간」 3연

"릴케의 시와 자신에/입 맞추는"구절에서 보듯 김현승은 릴케와 자신, 릴케와 자신의 내면적 동질성인 불안과 고독, 나아가 릴케와 자신의 시세계를 동일시하고 있다. 진정으로 고독한 시인만이 고독한 시인을 알아볼 수 있음을 실감케 한다.

1. 불안과 고독

릴케는 어머니와의 갈등 속에서 성격형성기부터 불안과 고독의 늪에 잠긴다. 그런데 점차 많은 철학자, 예술가들과 교류하고 사고의 폭을 넓히면서 불안으로부터 야기된 침울한 고독을 깊은 사색과 생의 긍정적 요소로 변환시킨다. 사람에게 필요한 것은 위대한 내면의 고독이기에 오래 자신 속에 머물 줄 알아야 한다고 한 릴케는 『젊은 시인에게 보내는 편지』에서 다음과 같이 쓰고 있다.

> 당신의 고독은 당신이 매우 낯선 환경을 만날 때 당신의 후원자이며 안식처가 될 것이다. 당신이 난처하고 어려울 때 당신은 고독으로부터 모든 길을 발견하게 될 것이다.

김현승에게 고독은 깊고 치열한 사유의 산실이었다. 그는 그 속에서 심신의 휴식을 취하고 시적 에너지를 충전했다. 릴케도 끊임없이 사교의 보폭을 넓히는 중에도 고독을 영혼의 안식처로 삼았다. 그 고독은 릴케가 힘들고 난처할 때 올바른 길을 찾도록 돕는 숨은 안내자 역할을 하기도 했다.

김현승에게 고독을 주제와 제목으로 한 시들이 많듯이 릴케의 시에도 고독을 제목으로 한 시 그리고 고독을 주제로 한 시들이 많다. 그 시들은 고독한 내면의 정서가 주조를 이루고 있다. 한편, 김현승의 초기시에는 신의 품안에서의 고독과 불안이 심리적 배경으로 깊숙이 작용하는데[24] 이는 릴케의 시적 정서와 유사하다. 또 형식과 정조에서도 릴케의 영향이 눈에 띈다.[25]

　예술은 보이지 않는 신을 믿어야 하는 종교와 다분히 관념에 기댈 수밖에 없는 철학에 비해 눈에 보이고 귀에 들리는 객관적 상관물인 사물을 새롭게 형상화한다는 점에서는 현실적이다. 그러나 이미 신이 창조한 사물을 자신만의 언어로 재창조하는 작업인 탓에 종교나 철학에 비해 창조적이며 추상적이다. 따라서 우주를 설계하고 만물을 골고루 특이하게 빚은 신의 손길에 걸맞은 상상력과 언어의 조탁이 소요된다.

　예술가들은 창작이 원활할 때는 황홀한 자기만족을 맛보지만 여의치 않을 때는 심각한 내적 진통을 감내해야 한다. 그리고 그러면서도 그 고통스런 작업에 혼신을 쏟아 몰입한다. 그리고 인류와 더불어 예술을 통해서 영혼의 생기와 활력을 충전한다.

　릴케의 전기를 쓴 H.E. 홀트후젠은 "릴케의 귀족에 관한 관계 속에는 어머니의 속물근성이 기벽에 가깝도록 승화되어 있고 동시에 그것이 정신적인 것으로 변화되어 나타나고 있는데 그것은 주체적 자유에 대한 극도의 욕구로 극복이 된다."는 날카로운 지적을 한다. 릴케는 유별난 어머니의 성화로 일곱 살까지 여자아이처럼 길러지는 수치를 겪다가 여덟 살 때는 아버지의 강요로 유년군사학교에 보내진다. 성적 정체성 혼란과 급격한 환경의 변화가 주는 충격은 어리고 예민한 그에게 심각한 상처였다. 그때

의 기억이 추후에까지 얼마나 그를 고통스럽게 했는지는 그의 편지에 생생하게 나타나 있다.[26]

병약하고 고독한 유년시절과 적성에 맞지 않는 군사학교에서 시달린 릴케는 평생 고독 속에서 때로는 고독을 음미하며 산다. 그 고독의 정체는 불안이다. 그의 내면세계를 깊이 들여다 본 폴 발레리는 "그는 정신적인 불안과 비밀 때문에 가장 고민한 인간이었다."[27]고 추억한다. 또 한 사람 카로사도 극도로 예민한 릴케의 영혼을 안타깝게 회상한다.

> 릴케는 항상 위협을 받고 있다는 감정 때문에 괴로워했고 지나칠 정도로 과민했다. 그는 자기의 예술을 날씨가 좋지 않으면 소리가 이상하게 되기 쉬운 값진 바이올린과 같이 취급하지 않을 수 없었다. 때로는 자기의 중심점에서 쫓겨나지 않을까하는 의구심도 굉장했다. 그럴 때면 그는 자기의 율법에 귀를 기울이고자 걸음을 멈추고 서있었다.[28]

그러나 그는 불안과 고독으로 점철된 자기 세계 속에서 오히려 자신에게 주어진 섬세한 영혼의 성대(聲帶)를 한층 아름답고 숭고하게 가꾸어 시로 노래한다. 그리고 그 배후엔 신이 있었다. 릴케도 아우구스티누스나 니체 못지않게 실존의 본질을 탐구한 것이다. 어쩌면 그 민감한 영혼의 귀로 신의 목소리를 종교인 못지않게 자주 듣고 있었는지도 모른다. 그 부분에 대해 로베르트 무질은 아래와 같이 증언하고 있다.

> 릴케로서 중요한 것은 종교적인 기본 경험을 그리는 것이었다. 다시 말하면 모든 완전한 인생의 형태에는 어디나 신이 존재하는 것을 보여준다. 피조

물이 모두 신에게서는 하나라는 것을 릴케 이전의 어느 서정시인도 독일어로 표현할 수 없었다. 그는 결코 이 시대의 정상(正常)은 아니었다. 정신의 운명이 시대를 넘어서서 그 위로 걸어가는 언덕이었다.[29]

릴케는 도스토옙스키의 『죽음의 집』을 읽고 나서 자신은 열 살 때부터 그런 감옥의 공포와 절망을 맛보았다고 술회한다. 그리고 한 때는 정신분석 치료를 받을 생각까지 한다. 그러나 이내 돌이키고 만다. 설사 그것이 파멸을 가져온다 해도 자기 힘으로 극복하고 그에 따른 성취를 이루는 것이 현명하다고 생각했기 때문이다. 그의 정신세계와 의지의 일면을 엿볼 수 있는 대목이다.

김현승은 릴케의 「가을날」을 읽고 "릴케는 생각하기 위해 고독을 사랑하는 한편 그 고독을 지키고자 했었다."고 한다. 이어서 릴케의 고독을 일러 정신의 폐허가 된 현대의 황무지에 새로운 질서를 세우려고 했다는 해석을 덧붙인다. 한편, 고독은 외부로부터 돌아와 자신과 함께하는 가운데 자신을 되돌아보며 자신의 생에 대해 진지하게 검토하여 생을 확대할 수 있는 최적의 기회라는 긍정적 평가를 한다. 그리고 릴케의 고독에서 한 걸음 더 나아가 '절대고독'의 세계에 이른다.

2. 신을 지향하는 실존적 고독

아래의 구절은 릴케의 「고독」이라는 시의 일부인데 세계적으로 널리 알려져 있으며 지금까지도 시 창작의 텍스트로 자주 인용되고 있다.

①
아무 것도 찾지 못한 육신들이
실의와 슬픔에 빠져 서로를 놓아 줄 때

②
서로를 미워하는 사람들이
한 침대에서 잠들어야 할 때

—릴케 「고독」 부분

  통상적으로 김현승의 고독은 타자로 인한(타자와의 관계에 의한) 것이 아니라 자신을 타자로부터 격리해 혼자만의 공간 속에서 자아를 돌이켜 보고 사색에 잠기는 자율적 고독이다. 반면 위의 시에 나타난 릴케의 고독은 타자와의 관계 속에서 상호간 욕망 혹은 정동의 불일치로 인해 발생한 타율적 고독이다. 그 중 ①은 불교의 8고(八苦)[30] 중 애별리고(愛別離苦: 사랑하는 사람들이 헤어지는 고통)에 해당하고 ②는 원증회고(怨憎會苦: 원망하고 미워하는 사람들이 한 곳에서 만나는 고통)에 해당한다. 돌이켜 보면 욕망의 불충족으로 인한 결핍과 소외가 고독의 동인이다. 그러나 이를 그렇게 단순히 보아선 안 된다. 치열한 이항대립의 갈등구조 속에서 야기되는 인간관계의 내밀한 본질을 심도 있게 다루고 있기 때문이다.

  한국적 감성의 서정시에 익숙한 독자들에게는 생소한 시지만 시적 긴장과 구성, 언어의 탄력 면에서 자주 거론되는 우수한 작품에 속한다. 이처럼 이질적인 이미지를 나란히 병치해 극적 효과를 거두는 '낯설게 하기'는 김현승의 시에서도 자주 볼 수 있는 현상이다.

아래의 릴케 시 「마지막 곡」은 죽음에 관한 시인데 본질적으로 신을 향한 고독과 맞닿아 있다.

> 죽음은 위대한 것.
> 입가에는 웃음을 짓지만
> 우리는 그의 혈육
> 우리가 삶의 중앙에 있다고 생각할 때
> 죽음은 우리들 삶의 한복판에서
> 마구 울음을 터트리려 한다
>
> — 릴케 「마지막 곡」 부분

김현승은 죽음을 주제나 시어로 한 시를 많이 발표했는데 이는 생명성에 대한 집요한 천착으로 볼 수 있다. 릴케도 위의 시에서 죽음을 "위대한 것"으로 묘사하며 "우리가 삶의 중앙에 있다고 생각할 때/죽음은 우리들 삶의 한복판에서" 실존적 존재의 의미를 일깨워 준다고 한다. 죽음이 삶과 유리된 삶의 종착지가 아니라 삶의 한복판에 위치한 실존의 주요 명제/동력임을 상기시켜주고 있는 것이다. 김현승이 생사일여(生死一如)의 영원을 추구하며 삶의 성찰기제로 죽음을 의식하는 것과 흡사한 맥락이다.

다음은 릴케가 아내 클라라에게 보낸 편지인데 기독교에 대한 그의 신앙과 현실적 비판의식이 잘 나타나 있다.

> 나는 막 피어나고 있는 수선화를 몇 포기 가지고 와서 그것을 이 한적한 시골 예배당의 제단에다 올려놓았소. 이 예배당은 내가 돌보고 있는데 너무

타락해서 이제는 미사 같은 것도 올리지 않는 곳이오. 그러니 이젠 이곳이 신에게로, 언제나 개방되고 소박한 신앙심을 가진 이들에게로 되돌아간 셈이오.[31]

릴케는 시골 예배당을 돌보고 있을 만큼 기독교에 각별한 신앙심을 지니고 있었다. 그러나 교단의 타락에 대해서는 비판적 회의를 감추지 못한다. 김현승과 기독교에 대해 정서적으로 일치하는 부분이다.

다음의 시「시도시집」에서 릴케는 본격적으로 신을 등장시켜 고독의 근본적 동인을 상기시켜 준다. 신의 존재를 자아와 동일시하려는 무의식적 욕구가 시를 통해 형상화되고 있는 것이다. 김현승이 신과의 거리에 대해 예민하게 반응했듯이 릴케도 끊임없이 신의 곁에 더 가까이 다가가고자 한다.

> 나는 신의 주위를 맴돈다. 그 태고의 탑 주위를
> 나는 수천 년 동안을 맴돌고 있다
> 하나 나는 아직도 내가 한 마리 매인지 비바람인지
> 아니면 크나큰 노래인지 모르고 있다
>
> ―릴케「시도시집」부분

릴케는 신의 주위를 맴돌면서도 신에 다가가지 못하는 자신의 실존적 고독을 노래하고 있다. 그런데 이는 단순히 화자의 일생에 국한된 것이 아니라 수천 년 지속되어 온 항구적이며 근원적인 인류의 염원이다. 신을 향한 염원은 곧 인간(현상)과 신(본질)의 결합을 지향하는 지상 보편의 명제인 것이다.

"아직도 내가 한 마리 매인지 비바람인지" 모르는 자신의 정체에 대한 회의는 화자가 신/궁극적 본질에 이르지 못한 것을 의미한다. 신과의 거리가 멀 때 유난히 고독했던 김현승과 정서적으로 일치하는 부분이다. 그런데 이런 갈증은 다음 시 「지키는 사람처럼」에서 해소된다. 마치 김현승이 신의 외곽에서 방황하다가 신의 품으로 온전히 귀환한 것을 연상케 한다.

> 포도밭에 원두막을 짓고서
> 지키는 사람처럼
> 주여, 저는 당신 안에 있는 원두막입니다
> 오오 주여, 저는 당신의 밤에 싸인 밤입니다
> ―릴케 「지키는 사람처럼」 부분

기도문을 외우듯 "주여", "오오 주여"를 연호하고 있다. 원두막에서 포도밭을 지키는 것처럼 주의 품안에서도 주와 혼연일체를 이루고자 하는 것이다. 주를 지키는 것은 곧, 온전히 주와 함께 공존하는 자신을 지키려는 다짐을 뜻한다. 원두막과 그리스도, 화자가 삼위일체를 이루며 시도 그 절정에 이른다. 시 「마지막 곡」에서 삶 속에 죽음이 공존하는 것처럼 마침내 주와 한 몸을 이룬다. 시 「지키는 사람처럼」은 「마지막 곡」의 완성형인 것이다.

3. 순결한 영혼의 고독

릴케는 불안과 고독 속에서도 아름답고 진실한 세계를 열정적으로 추구한다. 그는 인간성을 상실한 시대에 순수한 영혼을 노래한 '고독의 시인'으로 회자되고 있다. 그가 하이데거를 비롯한 많은 지성과 시인들로부터 '시인 중의 시인'으로 추앙받는 사실을 돌이켜 보면 시인에게 실존에 대한 치열한 탐구와 그로 인한 고독이 얼마나 심대한 영향을 미치는가를 새삼 실감케 한다.

릴케는 "고독은 단 하나뿐이며, 위대하며 견뎌내기가 쉽지 않지만, 우리가 맞이하는 밤 가운데 가장 조용한 시간에 자신의 내면으로 걸어 들어가 몇 시간이고 아무도 만나지 않는 것"이라며 "고독을 버리고 아무하고나 값싼 유대감을 맺지 말고 심장의 가장 깊숙한 심실 속에 고독을 꽉 채우라"고 덧붙인다.[32] "밤마다 무거운 대지가/모든 별들로부터 고독 속으로 떨어진다.(「가을」)"고 노래한 릴케는 많은 글에서 자아, 삶과 죽음, 즉 존재에 대해 치열하게 고민하게 한 정체가 고독임을 밝히고 있다. 그는 형이하(形而下)의 세계에서 형이상(形而上)의 진리를 치열하게 추구한 실존주의적 시인이며, 고독을 음미하고 창조적 에너지로 역동화할 줄 아는 철학적 지성이었다.

릴케는 아름다움과 진실을 추구해 뿌리 깊은 영혼의 상처를 치유한다. 그리고 끊임없이 열정적으로 세상과 사람들을 사랑한다. 사랑은 그의 심각한 내면의 통증을 다스리는 묘약이었다. 그의 영혼은 깊고, 높고, 고요하고, 맑았다. 그에게 신과의 통로는 늘 열려있었다.

릴케의 많은 시는 고독한 영혼으로 실존과 진실, 미학, 신을 추구한 것들이다. 그러나 영혼의 밀도를 깊이 있게 다룬 저서 중 하나를 꼽으라면 그의 장편소설 『말테의 수기』를 택할 수 있을 것이다. 수기 형태의 이 책에서는 다분히 릴케의 실존주의에 가까운 철학적 면모를 살펴볼 수 있다. 어린 시절의 공포, 사랑, 죽음, 시인과 고독, 여성 숭배, 탕아의 전설 등을 주제로 인간과 생에 대하여 본질적인 질문을 하고 있는데 특히 신의 존재에 심층적으로 접근하고 있어서 그의 내면을 파악하는 데 좋은 길잡이가 된다.

김현승의 딸 김순배는 부친의 시세계를 한 마디로 "결곡하고 순정하다."고 정의한다. 그가 부친의 시 중 대표작으로 꼽은 「가을의 기도」, 「푸라타나스」, 「눈물」 등의 시에는 그런 성향이 두드러지게 나타나 있다. 릴케와 김현승은 결곡하고 순정한 영혼의 소유자다. 고독의 시인으로 불릴 만큼 그들에게 고독은 시의 주요 정조를 이룬다. 그리고 고독을 통해 시와 신을 동시에 추구한다. 릴케와 김현승은 신에 대한 갈구, 고독과 불안, 예민한 영혼, 아니마적 성향, 시에 대한 열정 등 고유의 정서적 특성을 공유한다.

김현승은 "릴케를 좋아한다. 릴케에게서 취할 점은 진실성이다. 왜 그런지 그는 어느 시인보다 추구의 진실성을 보여주고 있다. 시의 궁극이 진실에 있다면 릴케야말로 시를 누구보다 잘 아는 시인"이라고 했다. 그만큼 둘 사이에는 시간의 벽을 뛰어넘어 교감을 나눌만한 정서적, 시적 공감대가 깊었다.

그러나 문제를 해소하고 과제를 수행하는 면에서는 방법론적 차이를 보인다. 둘의 공통분모인 시적 바탕을 릴케가 예술적 감각으로 승화했다면 김현승은 철학적 감성으로 승화했다고 볼 수 있다. 릴케는 미술을 비롯해 장르를 초월한 예술, 여행, 연애 등, 다양한 경로를 통해 내면에 적체된 병리적 응어리를 발산하고 영혼의 파동을 확장한다. 반면 김현승은 오롯이 시와 신앙에만 몰두, 청정한 정신과 견고하고 성실한 인격을 추구한다. 릴케가 예민한 감성의 다발적 분출로 무의식 세계의 억압을 해소한데 비해 김현승은 일관된 절제와 냉철한 정신 관리로 영혼을 정화하고 마음의 평안을 이룬다.

Ⅱ.   니체와의 사상적 접점―중기

  니체는 그의 글이 독자나 평자의 시각에 따라 다의적 해석을 낳기에 다양한 스펙트럼을 가진 철학자이자 시인으로 알려져 있다. 아래의 시는 신은 죽었다고 단정적 선언을 한 그의 시로 보기에는 논리적으로 연결이 안 되는 측면이 있다.

    발길 멀리 떼어놓기 전에

    눈길 멀리 던지기 전에

    다시 한 번, 외로움에 몸 둘 바 몰라

    두 손길 들어 당신께 비옵니다.

    당신을 피함은 다가감이라

    은밀히 마음 깊은 곳에 당신을 위한 축제의 제단을 마련합니다.

    어느 때일지라도

    당신의 목소리가 나를 다시 부르도록.

    거기 깊이 새겨진 말씀이 뜨겁습니다.

    그 말뜻은 미지의 신에게라.

    나는 그의 소유, 비록 내가 독신자의 무리 속에

    이 시간까지 섞여 있었을지라도

    나는 그의 것 ―나를 어쩔 수 없이 끌어당기는

    덫을 느끼겠네.

    아무리 달아난다 해도

    꼼짝없이 그를 섬기게 만드는 올가미

당신을 알고 싶습니다, 미지의 당신,
내 심령 속 깊숙이 파고든 당신을
내 목숨을 폭풍처럼 정처 없이 떠돌게 하는 당신
알 수 없는 당신, 그러면서 가까운 나의 혈연!
당신을 알고 싶습니다, 몸소 당신을 섬기고 싶습니다.

—니체 「미지의 신에게」 전문[33]

니체는 "나를 어쩔 수 없이 끌어당기는/덫을 느끼겠네./아무리 달아난다 해도/꼼짝없이 그를 섬기게 만드는 올가미"로 신과 불가분의 관계를 설정하고 있다. 그리고 그 신은 자신의 소유주이자 "나의 혈연"이기에 "몸소 신을 섬기고 싶다"는 희원을 덧붙인다. 마치 타고르의 『기탄잘리』나 아우구스티누스의 『고백록』 한 대목을 연상케 한다.

따라서 이 시가 니체의 사상적 맥락과 일치하려면 그가 신의 존재를 부정하기 이전에 쓴 것이어야 맞다. 그의 무신론적 사상과 이 시의 신 중심적 정서는 각각 정반대의 성향을 보이고 있기 때문이다. 아니면 이 시에서의 신이 기독교의 하나님이나 우상적 허구의 신(니체가 이미 그 권위를 파기한 신)이 아닌, 보편적 우주 질서를 진리의 의지에 따라 주재하는 비인격적 신으로 그 존재 의미를 재해석 하는 수밖에 없다. 미지의 신은 예전에 알고 있던 신이 아니라, 영원회귀의 질서를 관장하는 존재, 즉 우주의 궁극적 본질을 지칭하는 것으로 보아야 하는 것이다.

그러나 이 부분은 설득력이 약하다. 여기에서 신은 "어느 때일지라도/당신의 목소리가 나를 다시 부르도록/거기 깊이 새겨진 말씀이 뜨거운" 분이다. 또 "당신을 피함은 다가감이"이어서 "은밀히 마음 깊은 곳에 당신을 위한 축제의 제단을 마련"할 수밖에 없는 불가분의 존재다. 신이 아니고서는 이와 같이 절대적인 존재는 상정하기 어렵기 때문이다. 따라서 이 시는 그가 기독교와 결별하기 이전의 작품으로 보아야 일련의 개연성을 지닐 수 있다.

니체는 김현승의 경우처럼 아버지가 개신교 목사였다. 신을 부정하기 전까지 기독교 신앙은 니체가 비판할 겨를도 없이 어려서부터 관습적으로 몸에 배어 있었다. 그리고 매사에 적극적인 그는 기독교 신앙에도 적극적이었다.

> 성서는 내 유년시절의 책이었다. 내가 미처 딴 책을 마음에 두기 전에 나는 그 속에서 심각하게 읽고 사고했다. 물론 나는 그걸 읽어야만 했으나 그걸 원망한 적은 없다. 성서에 대한 나의 철저한 집착과 종교적 행사에 대한 나의 열성적 참여는 이웃 아이들 사이에서 나를 꼬마목사란 명칭으로 불리게 만들었다.[34]

위의 글에서처럼 초기의 니체는 격정적인 성격을 바쳐 기독교 신앙에 몰두해 있었다. 그러나 분연히 기독교와 자신을 분리하고 신에게 등을 돌린다. 그리고 이런 반기독교적 행보는 기존의 가치체계에 대한 부정과 해체로 이어져 그의 의식과 철학의 핵심을 이룬다. 니체는 기독교의 구원론과 연관해서 기독교적 삶의 의미 역시 사제의 의해서 허구적으로 조작된 것으로 본다. 삶의 핵심은 구체적, 현실적 삶에 있음에도 불구하고 기독교는 삶의 핵심이 피안에 있다고 호도한다는 것이다.[35]

이후 니체는 허구의 존재에 예속된 피안의 담보물이 아니라 자신이 주체가 되어 구체적 삶을 주도해 나가는 현실에서의 삶을 추구한다. 그는 신이라는 허구적 존재의 구속에서 벗어나, 영원회귀의 무한궤도 속에서 왕성한 생명력과 창조력을 바탕으로 한 '힘에의 의지'를 신의 대체기제로 설정한다. 그리고 이를 통해 의연히 운명을 개척해 나가는 위버멘쉬(Übermensch), 즉 의타적 멍에를 벗은 주체적 존재로서의 자아를 추구한다. 그 출정가가 아래의 시 「새로운 바다로」인데 앞의 시 「미지의 신」과는 상반된 정조를 보인다.

> 저기로 가고 싶다―, 가고 싶다, 나는. 나를
> 믿고 내가 젓는 노를 믿으며.
> 가슴을 연 바다는 넓고. 그 푸르름 속으로
> 내 제노아의 배는 물살을 가른다.
> 삼라만상은 더더욱 새로운 윤기를 더하고
> 정오가 우주공간에, 시간 위에 잠든다.
> 오직 네 눈동자만이―, 두려웁도록
> 나를 응시하누나, 끝없는 영원이여!
>
> ―니체 「새로운 바다로」 전문[36]

"삼라만상은 더더욱 새로운 윤기를 더하"는 세계와 "나는. 나를/믿고 내가 젓는 노를 믿으며"는 신에게 등 돌린 후 새로운 세계를 향한 주체적 자아를 표상한다. 그리고 "나를 응시하"는 그 세계, 즉 "끝없는 영원"은 무신론적 '영원회귀'의 세계를 지칭한다.

니체는 기존의 진리/가치체계를 일거에 부정하고 해체한 후, 위버멘쉬의 긍정적 세계관을 통해 운명을 창조적 의지로 개척해 나가는 변증법적 결론에 이른다. 절대고독 시기의 김현승도 신 중심의 의타적 세계관을 부정하고, 단독자로서의 주체적 위치에서 양심을 담보로 한 인간 중심의 질서체계를 탐구한다. 그러나 니체가 신을 대리한 차라투스트라를 통해 실존의 본질을 설파한 것과 달리 김현승은 다시 기독교에 귀의해 신을 향한 믿음을 배가한다.

위의 두 편의 시를 놓고 볼 때, 니체는 '미지의 신'에게서 '새로운 바다'로 나간 데 비해 김현승은 '새로운 바다로'에서 '미지의 신'에게로 발걸음을 돌이킨 것에 비길 수 있다.

1. 김현승과 니체의 공통점

니체의 『차라투스트라는 이렇게 말했다』는 잠자는 영혼을 일깨움과 동시에 왜소하고 나약한 의지를 강화해 건강하고 긍정적인 위버멘쉬의 삶을 일구도록 촉구한다. 박제된 이성의 썩은 틀에 묶여 신음하는 의지를 해방해 디오니소스적 자유를 누리도록 한다. 영원회귀의 극복책인 창조적 생성의 순간을 촉발시켜 영원의 현주소인 현재성을 회복함으로써 진정한 시간의 소유주로 자리매김하게 한다. 타자적 욕망에 순치된 노예의 멍에를 벗고 주체적 '힘에의 의지'를 발휘, 인간의 원초적 생기를 되찾도록 자아혁명의 에너지를 제공한 것이다. 니체는 『차라투스트라는 이렇게 말했다』를 쓸 때 그 영혼과 정신이 가장 명징하게 고양되어 있었다. 더불어 지적 열정과 주체적 의지로 충만해 있었다. 김현승도 절대고독의 시기가 그랬다.[37]

김현승은 종교적 환경과 사상적 측면에서 니체와 흡사한 면모를 보인다. 김현승의 아버지는 자신이 세운 광주 양림교회에서 목회 활동을 하다가 김현승이 37세 되던 해 사망한다. 평양 숭실전문학교에서 동문수학한 형과 자신의 아들도 목사이며, 어머니와 아내, 가족 전체가 독실한 기독교인이었다. 한편, 니체의 아버지도 루터교 목사였다. 할아버지도 루터교 목사였으며, 어머니는 루터교 목사의 딸이었다. 그러나 아버지는 니체가 5세 때 뇌질환으로 사망한다.[38] 한편, 니체가 김나지움에서 고전문헌을 배운 데 비해 김현승은 기독교 계통학교에서 청소년기를 거친다. 김현승이 니체보다 직접적으로 기독교 영향과 훈련을 더 받은 셈이다.

이처럼 김현승은 니체와 기독교적 환경에서 적잖은 공통점을 보인다. 특히 절대고독 시기만 떼어놓고 보면 유사성은 한층 더 두드러진다. 둘은 기독교와 결별하고, 독자적 사상을 추구하는 정신사적 공통점을 보인다. 평생을 고독 속에서 보낸 것[39]을 비롯해 아버지가 개신교 목사인 점, 독실한 기독교 가정에서 성장했으면서도 기독교에 회의를 품고 신을 부정한 점, 그에 대한 대안으로 인간 중심의 주체적 자아를 추구한 점, 기독교의 내세적 구원론을 배제하고 무(無)의 과정을 거쳐 영원한 생성 의지를 추구한 점, 말년을 병고에 의해 심신이 제대로 기능하지 못한 점 등은 시공을 초월한 공통점에 해당한다. 그러나 니체가 기독교에 대한 비판적 시각을 고수한 데 비해 김현승은 잠시의 방황 후 곧 바로 기독교에 귀환해 배전의 신심을 보인 점은 비교가 된다.

니체는 일찍이 기독교의 부패와 허구를 목격하고 개혁의 소명을 되새긴다. 김현승도 기독교 교회를 통해 그와 같은 현상을 경험하게 된다. 그것은 그의 반기독교적 혐오를 추동하는 외부적 요인이었다. 김현승의 시세계에서 시집 『견고한 고독』과 『절대고독』이 발표되던 시기는 그의 시적 특징으로 꼽을 수 있는 정신주의시의 절정기에 해당한다. 이 무렵 그는 기독교

일변도의 절대 신앙을 버리고 유신론자에서 무신론자로, 하나님을 향한 의타적 존재에서 인간중심의 주체적 자아로 변신하는 극적 변화를 시도한다.

김현승에게는 여성성, 즉 아니마적 요소가 잠재되어 있었다. 절대고독은 구심력으로 작용하던 아니마가 원심력인 남성성으로 변환을 꾀한 남성적 자아, 즉 피동적 자아가 분기한 주체적 자아의 일단이었다. 어려서 아버지를 잃고 여성들 속에서 성장한[40] 니체도 아니마적 기질을 안고 있었다. 사자후 같은 과격한 발언이나 '힘에의 의지', '위버멘쉬'는 아니마의 여장을 벗어던진 남성성의 반동적 발현으로 볼 수 있다.

니체는 유난히 남성적인 지성과 의지를 선호했다. 그가 남성적 카리스마를 지닌 아버지뻘의 바그너에게 심취했던 것 역시 그런 시각을 가늠케 한다. 그가 나약함을 혐오하고 강인한 남성적 의지를 주장한 이면에는 소심하고 나약한 자신의 여성성에 대한 콤플렉스가 잠재되어 있었다고 볼 수 있다. 이 부분을 유추하게 하는 아래의 글을 보면 니체는 어릴 적 자신의 집을 감옥으로 표현하고 있다.

> 어머니는 결혼 생활 6년도 채 못 되어 아버지가 죽자 세상 모든 남자에게 자신의 자궁을 폐쇄해버렸다. 그리하여 그녀에게 다가와 두 손과 시선으로 말없이 호소했던 모든 남자들에게 적의에 찬 시선을 고정시켜버렸다. 그녀가 시인하는 눈초리로 바라볼 수 있었던 남자의 형태를 한 대상은 오로지 나뿐이었다. 이 사실은 내게 집을 감옥으로 만들고 말았다. 그리고 이러한 감옥은 오직 이 같은 집 속에서 자라난 사람만이 이해 할 수 있는 법이다.[41]

니체는 일찍이 자기만큼 깊은 회의에 잠겨 세상을 바라본 사람도 없으리라고 토로한다. 또 "나는 그 어떠한 도시에도 정주하지 못하고, 그 모든 문에서 새로 출발했다. 내가 근래에 마음을 주었던 사람들은 내게는 낯설기만 하고 조롱거리일 뿐이다. 나는 아버지의 나라와 어머니의 나라로부터 쫓겨난 것이다. 그러므로 나는 아직 발견 되지 않은 채, 저 머나먼 바다에 있는 아이들의 나라만을 사랑할 뿐이다."[42]라고 한다. 이는 그만큼 고독했다는 증거이다. 신을 부정하는 회의와 허무의 망망대해에서 절대고독의 의지를 곧추 세운 김현승의 경우와 '고독의 극점에서의 정서'를 공유한 셈이다.

니체는 플라톤 이후 이원론적 관념에 사로잡혀 허구의 사상을 반복하는 서구철학의 고루한 전통을 철저히 부정했다. 실존과는 거리가 먼 사유로 자유로운 사상의 환기(換氣)를 억압하는 '이론적 도그마'를 과감히 파괴하고 해체했다. 그는 사상 유례가 없는 회의, 거침없는 부정과 비판, 황량한 허무주의의 늪에 침잠하는 과정을 거친다. 그리고 마침내 힘에의 의지를 통해 '영원회귀'의 반복적 순환구조에 대한 창조적 생성의 극복책을 제시한 위버멘쉬였다. 김현승이 신과 결별하고 주체적 자아를 통해 무(無)의 황야에서 "영원의 끝"을 어루만지는 절대고독의 순간과 흡사한 지점이다.

그러나 니체의 '차라투스트라'에 비해 김현승은 뚜렷한 메시지나 구체적 결과물을 제시하지 못한 아쉬움이 있다. 이 부분은 김현승이 뜻하지 않은 병마로 인해 절정의 순간에서 더 나아가지 못하고 황급히 회귀한 점이 고려되어야 할 것이다. 한편, 니체가 열광적이고 격정적인데 비해 김현승은 절제와 균형이 조화를 이루는 인격을 추구한 점에 있어서 상이한 성격적 특징을 나타낸다.

2. 니체의 영원회귀와 위버멘쉬

"사람은 같은 물에 다시 발을 담글 수 없다"고 한 헤라클레이토스의 주장은 여전히 유효하다. 시간은 끊임없이 흐른다. 공간도 그 속의 사물도 끊임없이 변화한다. 따라서 똑 같은 상황은 두 번 다시 반복될 수 없다. 겨울이 가면 다시 봄이 오지만 작년의 봄과 올해의 봄은 분명 다르다. 어제의 나와 오늘의 나가 다르듯 어제의 세상과 오늘의 세상은 엄연히 다르다. 다만 밤과 낮, 계절이 반복적으로 순환하는 그 사실만은 불변이다. 따라서 우주는 불변과 변화의 이중주 속에서 그 무한궤도를 쉼 없이 운행한다.

니체의 영원회귀는 기독교에 대한 부정과 무신론을 배경으로 도출된 사상이다. 영원회귀는 철저한 니힐리즘, 즉 무(無)/무의미와 맞닿아 있다. 신의 존재를 부정한 니체는 주체를 해체한 허무적 회의 속에서 그 부조리를 극단적 무(無)의 경지까지 밀고 나간다. 그리고 마침내 우주의 무궁한 순환구조 속에서 인간을 비롯한 만물은 언제나 같은 상태로 회귀되는 반복적 상황에 놓이게 된다는 결론에 이르게 된다. 이는 잠시도 같은 상황이 동일하게 반복될 수 없다는 사실에 입각해 제기된 순환론이나 윤회사상과는 미시적 측면에서 차이가 있다.

로저 트리그는 영원회귀에 대해 삶은 어떤 의미나 목적도 없으며 더욱이 종착점도 없이 불가피하게 반복되는 지극히 가공스러운 상태, 즉 무(무의미)만이 영원하다는 사실로 가장 극단적인 형태의 니힐리즘, 즉 영원한 무(無)로[43] 해석하고 있다. 그러나 이는 니체가 극단적 허무주의의 늪에서 탈출하는 처방의 일환으로 영원회귀와 동시에 위버멘쉬의 창조적 생성의지를 주창한 사실을 놓치고 있다.

영원회귀는 순환론에 기반한 동양의 범신론적 우주론이나 불교의 윤회

사상과 비슷한 맥락을 안고 있다. 그러나 순환론적 입장에서는 유사성을 공유할 수 있지만 범신론도 기독교 유일신론과 신의 입지만 다를 뿐 유신론의 형태이기에 니체 특유의 무신론과는 마찰의 여지가 있다.[44] 영원무궁한 순환의 고리에 관해서는 선제적으로 인간의 의지가 개입할 여지가 없다. 다만 불가피하게 부여된 운명 속에서 순간마다 창조적 생성을 통해서만 주체적 삶을 누릴 수 있다. 이 지점에서 니체는 삶을 부정하기보다 긍정함으로서 영원회귀의 피상적 권태에 대응하고자 한다.

니체는 기독교가 내세의 영생에 취한 나머지, 현실의 삶을 긍정적으로 받아들이지 않는다는 점에서 니힐리즘적이라고 주장한다. 그리고 죽은 신에게 맹종하는, 주체가 묘연한 입장에서는 삶의 의미를 찾을 수 없으므로 스스로 삶의 의미를 창조해야 한다고 한다.[45] 위버멘쉬는 창조하는 자를 가리키며 '힘에의 의지'는 창조적 생성의 에너지이자 비결이다. 위버멘쉬는 관습적 도덕으로부터 자유로운 자, 도덕을 초월하는 자, 그 누구와도 닮지 않은 독립적 개인, 해방된 개인을 가리킨다. 영원회귀의 불가피한 수동성을 적극적 능동으로 변환하기 위해 니체는 운명을 긍정하고 거기에 창조적 생명력을 부여하는 'Amor Fati(運命愛)'를 제시한다.

순환론은 큰 틀에서는 밤낮이나 계절처럼 순환 현상이 되풀이 되는 것을 말하지만 이와 동시에 실제 현실에서는 새로운 변화가 연속적으로 발생한다. 따라서 고정된 상황도 불변의 실체도 지속될 수 없다. 순환은 단순 반복이 아니라 작년의 봄과 올해의 봄이 다르듯 무상 속의 순환이다. 미시적 변화를 전제로 하는 순환의 대원칙 속에서 만물은 끊임없는 변화의 과정을 겪게 되는 것이다.

불교의 윤회는 인과의 법칙 속에 자신의 의지와 행위가 작용해 새로운 결과를 낳으며 이는 다시 돌이키게 될 인과응보의 원인으로 자리 잡는다고 한다. 여기에서 자신의 의지와 행위는 윤회의 피동적 악업을 선업으로 바꾸는 적극적 능동성으로 기능할 수 있다. 한편, 그보다 한 차원 더 높여 부처처럼 수행에 의해 윤회의 사슬에서 벗어나 해탈의 경지에 이르고자 한다. 이 부분에서 니체의 위버맨쉬는 전자의 경우에 가깝다고 볼 수 있다.

니체가 말한 무(無)의 세계는 지구가 멸망하고 우주가 백지화 된 상태, 또는 죽음에 의한 자아의 멸절(滅絶) 상태가 아니다. 니체의 사상은 기존의 가치관, 도덕, 거짓 주체에 대해 그 의미와 가치를 부정하는 데서 출발한다. 의미가 없기에 가치도 없고, 따라서 뚜렷한 목적도 있을 수 없다. 그런데 니체는 이런 현상이 끊임없이 똑 같은 형태로 반복된다고 말한다. 이를테면 극단적 니힐리즘이 그가 말하는 무(無)의 실체인 것이다.[46]

그러나 이는 앞에서 말한 것처럼 극단적 부정을 통해 위버멘쉬의 긍정적 생명의지를 강조하기 위한 선제장치로 기능한다. 니체의 무(無)/무의미는 신의 존재를 부정한 데서 그 단서를 찾아야 한다. 그의 극단적 니힐리즘은 신의 부재를 전제로 한 모형이기 때문이다.

신은 우주와 생명을 주관하는 절대적 존재이며 우주의 존재 의미 자체이기도 하다. 이런 신의 부정은 곧 신을 중심으로 창조되고 운행되는 우주질서에 대한 의미의 해체와 재해석을 요구한다. 니체는 신의 존재를 부정하듯이 진리도 부정한다. 진리의 부정은 그동안 주류를 이루어 온 사상이나 철학, 종교에 대한 부정을 의미한다. 그리하여 니체는 대부분의 기존 철학을 파괴하고 해체해 버린다. 그리고 삶의 의미를 발견할 수 없고 목적도 없으며, 결과도 없이 기계적 순환 과정만 반복되는 영원회귀 상황을 제시한다.

여기에서 니체 사상의 핵심인 변증법적 반전이 일어난다. 니체는 이 암울한 니힐리즘 상황에 절망하지 않고 특유의 능동적 대처방안을 제기한다. 무에서 유를 창조하되 그 주체는 신이 아니라 자신이라는 것이다. 그는 신을 대신해 스스로 삶의 의미와 활력을 창조해야 한다고 주장한다. 그리고 신을 대신한 창조적 주체, 즉 주체적 자아를 위버멘쉬로 명명한다. 순간마다 최선을 다해 무의미의 늪에서 의미를 도출해 내고, 니힐리즘의 제물인 지상을 생성의 무대로 활성화하는 것이다. 니체는 이런 위버멘쉬의 창조적 에너지를 '힘에의 의지'로 규정한다.

3. 김현승의 절대고독과 영원성

김현승은 그의 시 「절대고독」에 나오는 '영원'에 대해 명확한 실체를 밝히지 않는다. 또 이를 포괄적으로 입증할 만한 자료도 미흡하다. 이처럼 영원에 대한 화자의 구체적 진술이 없는 상황에서 그 실체를 시 몇 구절만으로 파악하기에는 무리가 있다. 일부 산문에서 그 정황을 단편적으로 막연하게 설명하고 있지만 그 후에도 다수의 시편들에서 영원은 주요 이슈로 언급되고 있는 점을 기억해야 한다. 또 시에서는 화자가 인지한 부분보다도 더 심도 있게 그 의미가 확장될 수도 있다는 점을 고려한다면 김현승의 시에서 영원은 보다 포괄적이고 심층적인 시각에서 해석할 필요가 있다.

그의 시 「절대고독」은 무신론적 자아를 중심으로 무(無) 세계에 진입해 새로운 지향점을 추구하는 과정에서의 전환기적 사상의 일단이다. 이 시에서 "영원의 먼 끝"은 그 실상을 모순어법으로 이해할 것인가 아니면 구체적 정황으로 이해할 것인가 하는 과제를 제기한다. 전자를 따를 경우, 영원의 상징성은 시적 상상력과 결부되어 다의적 해석을 유도한다. 또 후자를 대입할 경우, 범신론적 순환론의 대원칙에 가까울 수 있지만 영원회귀의 반복 주기와 흡사할 수도 있다.

시는 철학이나 과학과 달리 다의적 해석이 허용되는데 이를 통해 의미를 확장하고 심화시킬 수 있다. 시에 시인의 명료한 사상이 담긴 경우라도 시인이 구체적으로 자신의 논지를 밝히지 않았을 때 독자는 다의적 해석을 통해 그 본질에 접근하는 수밖에 없기 때문이다. 이 경우, 독자는 공동의 저자로 참여하게 된다. 김현승의 시 「절대고독」은 전체적으로 담담하게 관조적 정조를 띠고 있다. 이 시만으로는 극단적 무/무의미 세계의 절망을 실감하기 어렵다. 그렇다고 무(無)의 세계를 과감히 떨치고 새로운 창조적 생성을 촉구하는 주체적 의지도 선뜻 감지되지 않는다.

대체로 서구가 구체적이고 직정적인 표현을 사용하는 반면 동양은 관조적이고 함축적인 표현을 선호하는 경향이 있다. 김현승은 내향적 성격에다 군더더기 없는 언어 습관과 함께 절제가 몸에 배어 있다. 그의 시의 특징으로 일컫는 정신주의적 면모도 고도로 정제된 언어의 산물이다. 니체는 "신은 죽었다"는 식의 여과 없는 직설을 풍부한 수사를 곁들여 무모할 정도로 과감하게 토로한다. 반면 김현승은 치밀하게 갈고 다듬은 시어를 함축해 지극히 절제된 형태로 표현한다. 따라서 니체와 김현승의 논지를 비교하기 위해서는 각각 그 표현 성향을 감안해야 한다.

김현승이 신과 결별한 직후 언급한 무(無)의 세계는 단순한 사후를 의미하지는 않는다. 그의 시 「절대고독」도 죽음 앞에 직면한 자신의 사후를 노래한 것은 아니다. 이 점은 "영원의 먼 끝"을 "따뜻한 손으로 어루만진다"는 구절에서 확인할 수 있다. 일단 이 구절은 영원을 전제로 하기 때문이다. "내가 만지는 손끝에서/나는 무엇인가 내게로 더 가까이 다가오는/따뜻한 체온을 느낀다"는 구절 역시 단순한 무(無)의 상태가 아닌 유(有)의 세계를 시사한다. 허무주의의 나락에서 니체가 우주의 실체를 무(無), 즉 영원한 단절로 보지 않고 영원회귀의 유(有)로 본 것이나 비슷한 맥락이다. 신을 부정한 이후에도 엄연히 우주는 존재하며 정상적으로 운행되고 있는 현실 앞에서 영원의 무궁한 질서를 재확인한 것일 수 있다.

김현승도 니체와 마찬가지로 신을 부정한 무신론자의 시각에서 무(無)와 만났다. 그러기에 신을 중심으로 한 의미는 자연히 부정될 수밖에 없다. 의미를 설계하고 운용하는 주체가 사라진 마당에 그 의미만 존립할 수는 없기 때문이다. 신적 가치와 의미를 부정하는 무신론적 의미는 신을 전재로 인식되어 온 기존의 의미와 배치되기 마련이다.

여기에서 두 가지 추론이 가능하다. 하나는 시 「절대고독」의 '영원'은 지구의 생명체가 탄생해 멸망하고 다시 그와 같은 상황이 반복되는 사실을 지칭하는 것으로 볼 수 있다. 이는 니체의 영원회귀를 보다 유연하게 포괄적으로 해석한 경우에 해당한다. 또 하나의 추론은 범신론의 순환론에서 범신론을 배제하고 순환론만을 취한 경우이다.

그렇다면 신이 없는 가운데에서도 저절로 운행되는 우주의 순환을 가리킨 것으로 볼 수 있다. 이 부분도 니체의 영원회귀와 대체적인 맥락에서는 흡사하다. 그러나 순환의 구조적 형태를 보는 시각에서 중요한 차이가 있다. 니체는 동일한 상황이 거듭해서 주어지는 기계적 반복을 일컫는데 비해 김현승은 무궁한 변화를 통한 순환의 고리를 지켜본다. 이는 범신론의 유신론적 신관을 배제하고 자연적 순환 구조만을 취하는 형태이다. 그 순환 구조는 니체의 영원회귀와 달리 큰 틀에서는 순환 구조를 취하되 끊임없는 변화를 통해 삶의 방향성을 제시하는 무상(無常)에 초점을 맞춘 것이다.

신과의 결별을 선언하고 독자적 길을 나선 김현승도 무(無)/무의미의 늪에서 벗어나 주체적 자아를 실현하기 위한 방안을 모색한다. 그 흔적은 시뿐 아니라 산문에서도 찾을 수 있다. 절대적 의지처이던 신을 부정하고 무신론의 니힐리즘에 침잠한 상실감과 불안, 허무감은 니체 못지않게 심각했다. 그러나 이에 대한 해결책을 구하는 방법론에서는 상당한 차이를 보인다. 김현승은 니체의 창조적 적극성보다 동양적 순환론에 입각해 무(無)/무의미의 세계에서의 출구를 자연스럽게 탐색했다고 보인다.

동양인들은 대개 순환론적 우주자연의 질서체계에 순응하고 그 속에서 자연친화적 정서를 함양해 왔다. 김현승은 독실한 기독교도로 평생을 유일신의 절대성에 의지해 온 터였다. 따라서 절대적 진리와 가치관의 주제자이던 신을 부정한 무신론자의 입장에서 선뜻 범신론의 신을 수용하기는 어려울 수 있었다.

그러나 동양인으로서 오랜 집단무의식 속에 다져진 우주자연의 순환 질서에 대한 정서가 내면화되어 있을 것이라는 추론은 가능하다. 비록 범신론의 신성은 받아들이기 어려웠지만 순환의 큰 틀에서 빚어지는 자연의 치밀하고 오묘한 변화에 대한 경외심은 시인의 직관이나 감성으로도 충분히 감지할 수 있었을 것이기 때문이다. 김현승은 이와 같은 자연친화적 정서와 내밀한 관조를 통해 내면을 추스르고 생의 의지를 강화했기 때문에 니체처럼 강렬한 창조적 의지가 분출하지는 않았다고 볼 수 있다. 시「절대고독」의 내향적 분위기에서도 이와 같은 정황은 어렵지 않게 발견할 수 있다.

우주의 순환 구조는 총체적으로는 유상의 형태를 취한다. 그러나 그 구체적 사실은 끊임없는 변화를 일구어 가는 무상을 실체로 한다. 그리고 이 유상과 무상이 합작하여 우주의 운행 질서를 지켜 나간다. 여기에서 니체는 유상의 순환구조만 기계적 반복으로 보고 무상의 구체적 성질은 소홀히 다룬 반면, 김현승은 무상과 유상을 동시적 작용으로 보았다고 볼 수 있다. 만약에 무의 세계를 니체의 영원회귀와 같은 절망적 상황으로 인식했다면 「절대고독」과 같은 담담하면서도 달관적인 정조의 시가 탄생하기 어려웠을 것이다.

김현승은 신을 부정한 절망을 동양적 순환론으로 위무하고 마음의 안정을 다졌다고 보인다. 예컨대 동양의 많은 시인과 사상가들이 순환론의 품 속에서 안분 자족하는 삶을 누리고 현실 초월적 시를 노래한 것과 비슷한 맥락이다. 니체의 영원회귀는 과정의 기계적 반복이 주제인데 비해 김현승의 순환론적 시각은 과정의 변화가 대세를 이룬다. 과정의 기계적 반복은 암울한 권태와 습관적 피로를 낳지만, 과정의 무상한 변화는 만물의 현상이 시시각각 바뀌는 상황에 따라 다양한 적응을 할 수 있는 변수를 제공한다. 이 부분은 니체가 위버멘쉬를 통한 창조적 생성 의지를 강화한 준거이기도 하다.

4. 무의미와 실존

니체는 기계적 순환만 반복될 뿐인 무(無) 세계에 절망한다. 이에는 신의 부재에서 야기된 신 중심의 의미 부재, 즉 무의미가 원인을 이룬다. 여기에서 그의 주장이 절망적 상황 제기에만 그친다면 극단적 허무주의에 불과할 뿐이다. 이와 같은 상황에서는 허무, 권태, 무력감, 도덕적 해이에 지쳐 자살하거나, 광기에 휩쓸리기 쉽다. 그러기에 니체는 곧장 무(無)의 늪에서 탈출하기 위한 방안을 제시한다. 절망의 농도가 강할수록 절망에서 탈출하고자 하는 반동적 욕구도 강한 탄력성을 지니게 된다. 이 역동성은 '힘에의 의지'로 발화하게 된다. 니체는 힘에의 의지를 무기로 우주의 주체자인 신의 존재를 부정하고 자아를 주체적 존재로 부각시킨다. 신의 부재와 동시에 사라진 의미와 가치를 재창조하기 위한 특단의 조치였다. 신이 코드화한 의미를 탈코드화 한 후 다시 재코드화한 것이다.

니체는 신의 사망선고와 동시에 신에게 빼앗긴 창조성을 되찾아 주체적 권리를 행사한다. 그리고 이의 에너지/수단을 힘에의 의지로 부른다. 창조적 생성은 무의미의 의미화였다. 의미에는 목적이 따르기 마련이다. 의미와 욕구의 실현은 목적을 수반하기 때문이다. 무의미에서 무(無)자를 떼는 것과 동시에 무목적과 무가치도 본연의 목적과 가치를 되찾게 된다.

흔히 니체를 일체의 의미를 부정한 무의미의 주창자로 오해하기 쉽다. 그러나 어떤 주장에도 의미가 따르게 마련이다. 더욱이 '창조'와 '의지'에는 의미가 전제될 수밖에 없다. 만약 의미가 없이 거기에 어떤 행위가 주어진다면 망나니에게 칼을 쥐어준 것이나 마찬가지이기 때문이다. 일정한 주장을 전개하는 철학이나 사상계에서 의미 없는 학설은 있을 수 없다. 불가지론이나 회의주의도 나름의 의미를 갖추고 있다. 니체는 절망의 수렁에서 탈출한 쾌거를 세상과 나누려는 충동으로 차라투스트라를 빌려 위버멘쉬와 힘에의 의지를 역설한다. 그러나 창조적 생성과 힘에의 의지에 대한 단순한 역설만으로는 막연하고 공허할 뿐이다. 그 구체적 실천 방법을 찾는 것은 후대의 몫인 것이다.

신 중심의 의미와 자아중심의 의미 차이는 후자를 좇는 자에게 전례 없는 비상 상황을 제기한다. 스스로 자아에게 자유와 권리를 부여하는 대신에 자신이 주체가 되어 생의 의미와 가치, 그리고 생성 에너지를 창조해야 하는 과제를 떠안겨 준다. 철저한 무신론자를 자처하는 니체는 신이 없는 상황에서 무의미로 부터의 해방을 주창하며 창조적 생성을 노래했다. 신을 대신한 자아 중심의 주체적 창조는 새로운 의미를 부여하는 것으로 의미 생산의 일환으로 작용했다. 하지만 문제의 궁극적 해답이 아닌 문제의 제기에 그칠 뿐이었다. 구체적 대안으로 까지는 발전하지 못하고 모호한 구호만 요란했기 때문이다.

사고의 핵심 요소인 이성에 회의적인 니체의 비합리적 사고는 기존의 사상이나 사고를 무참히 파괴하고 해체하는 데는 익숙했지만 그에 대응할 구체적 논리의 제시에는 미흡했다. 그러기에 그 구체적 해결 방법을 현재까지도 프랑스 현대철학자들을 비롯한 세계의 사상가들이 다투어 강구하고 있다. 이는 니체에서 본격적으로 논리화되지만 실은 고대에서부터 되풀이 되어 온 인류의 끈질긴 화두이기도 하다.

흔히 불리한 여건이나 악조건 속에서 불가능에 가까운 상황을 극복해 새롭게 도약할 때, 무에서 유를 창조한다는 수사를 쓴다. 니체도 무(無)의 세계에서 창조적 생성의 세계로 도약을 추구한다. 이는 무(無)의 외형인 무의미의 늪에서 유(有)의 세계로 의미의 회복을 꾀한 것이었다. 김현승도 신의 품을 떠나 독자적 독립을 선언한 후 무(無)의 세계에 침잠한다. 그리고 자아중심의 활로를 찾는다. 그러나 니체처럼 적극적인 창조의 의지는 보이지 않는다. 차분하고 관조적이며 소극적 형태를 띠고 있다. 성격도 내향적이며 언어도 절제적인 데다 표현 장르가 시인 점을 감안하더라도 니체의 역동성에 비해 다분히 정적인 면모를 보이고 있다.

니체의 창조적 생성이나 위버멘쉬는 구체적 논지보다는 주관적 역설(力說)이 주류를 이루고 있다. 그러기에 하이데거는 "니체는 무(無)의 본질을 물을 수도 없기 때문에 무(無)의 본질을 사유할 수도 없었다"[47]고 밝히고 있다. 같은 상황만 기계적으로 반복되는 무의미하고 암울한 절망에서 탈출하려면 그에 합당한 논리적 뒷받침이 있어야 한다. 그런데 모호하고 공허한 생의 지침만 구호처럼 막연히 되풀이 하고 있다. 무의미나 무한 반복의 본질에 대한 설명이 없이 그 탈출구만을 맹목적으로 제시하고 있을 뿐이다. 이 부분에 대해 강영계도 "니체는 세계를 충동적이며 움직이는 것으로 파악하지 못하고 원인과 결과에 따라 자연적으로 발생하는 현상으로만 파악했다고"[48] 보고 있다.

니체는 우주의 순환을 반복적 현상으로만 파악하고 막연히 창조적 생성만 역설했을 뿐, 거기에 내재된 구체적이고 오묘한 변화와 차이에 대해서는 의미를 부여하지 않는다. 헤라크레이토스의 '만물은 유전한다'는 지론은 반복 속의 부단하고 미세한 차이를 강조하고 있다. 니체는 여기에서 반복만 취하고 차이에 대해서는 소홀했다. 니체가 그 변화무쌍하고 오묘한 차이에 대해 천착했더라면 그의 창조적 의지를 논리적으로 뒷받침 할 수 있었을 것이라는 아쉬움이 남는 대목이다.

5. 힘에의 의지와 양심

니체는 기독교의 유일신론이 문화·사상·사회·일상의 정서를 지배하던 상황하에서의 노예적 허구와 이성을 주체로 한 관념 철학의 실존적 괴리를 파괴, 해체하고 스스로 창조적 생성을 주관하는 주체적 위치에 서게 된다. 그리고 기독교가 세계적 종교로 자리 잡기 전, 고대문화와 사상의 근간을 이루던 그리스신화와 그리스 정신에 철학의 바탕을 두게 된다. 이 부분은 니체가 신 중심의 의미 체계와 이성 중심의 동일성적 독단을 배제하고 무의미의 늪에서 새로운 활로를 찾아 나설 때 일련의 출구를 제공한다. 신이 사라진 무/무의미 세계의 절망을 극복하기 위해 니체는 그리스적 활력과 디오니소스적 역동성에서 창조적 생성의 에너지원을 찾은 것이다.

김현승은 신과의 거리, 즉 친소 여하에 따라 고독의 밀도가 좌우될 만큼 신앙에 몰두해 왔다. 그런데 정신주의시의 절정기에는 신을 부정하고 무(無)/무의미의 늪에 침잠한다. 전지전능한 우주의 창조자이자 주재자로 확신해 오던 신을 부정함에 따라 의미 체계가 일시에 붕괴된 세계는 의미가 해체된 무의미의 망망대해였다. 이와 같은 절망적 상황을 김현승은 동양 정신문화의 배경인 순환론적 관조를 통해 다스린다. 니체와 그리스 정신과의 관계처럼 김현승도 내면세계 심연에 장구한 세월에 걸쳐 체화되어 온 범신론적 우주관이 집단무의식으로 내장되어 있었다고 볼 수 있는 대목이다.

우주의 순환구조를 단순반복의 총체적 현상만 피상적으로 파악한다면 암울한 허무와 권태의 늪에 빠지게 된다. 그러나 그 총체적 현상과 더불어 한 치의/잠시의 오차도 없이 새롭게 변화하는 신비롭고 오묘한 자연의 실상을 긍정적으로 헤아린다면 벅찬 생동감을 느낄 수 있다. 후자의 무궁무진한 생동감을 통해 전자의 허무감을 극복할 수 있게 되는 것이다.

순환 속의 변화는 항시적이며 항구적인 시공간의 우주질서에 대한 경외감과 신뢰를 심어준다. 동양에서는 일찍이 이와 같은 순환과 변화의 무궁한 조화와 본질을 감각적으로 체득하고 있었다. 니체의 창조적 생성도 이와 같은 순환 속 변화의 질서체계에 창조적으로 적응할 때 비로소 그 방법론과 타당성을 확보할 수 있게 된다.

니체는 마지막 순간까지 신을 부정하고 반기독교적 정서와 더불어 이성 중심의 관념철학, 기존의 도덕에 대한 불신 기조를 견지한다. 반면 김현승은 절대고독 시기, 무신론을 배경으로 한 무(無)의 세계에서 '영원한 생성'

의 오묘한 실체를 탐구하다가 고혈압으로 쓰러진 후 곧장 신[49]의 품으로 회귀하게 된다.

회귀 후, 김현승은 잠시 신을 배반한 대가로 아우구스티누스의 고백록에 비길 만한 회개와 찬양을 바친다. 병후의 심신 쇠약을 감안해도 급격한 신과의 재회는 그의 무신론적 충격 강도가 니체에 비해 낮았음을 시사한다. 또 기독교와 결별하고 무신론의 세계에 접어 든 요인도 니체처럼 치열한 사고의 결과라기보다 당시 기독교에 대한 실망, 그리고 이로 인한 반동적 심리작용이 컸다고 볼 수 있다.[50]

무(無)의 세계, 즉 신이 부재하는 무의미의 세계에서 니체는 기존의 이성과 철학, 도덕조차도 무차별적으로 공격한다. 반면 김현승은 자아의 내면에 자리 잡고 있는 양심을 끌어내, 신적 가치를 부여한다. 니체는 관념과 이성의 바탕인 마음보다도 몸의 중요성을 부각시킨 데 비해 김현승은 마음의 일단인 양심에 의지하고자 한다. 양심은 도덕의 내재적 핵심으로 사회적 선순환 구도의 나침반 구실을 하기 때문이다. 따라서 니체가 힘에의 의지를 통해 창조적 생성을 구가한 데 비해 김현승은 양심을 생의 의미와 의지의 준거로 삼는다. 니체는 자아의 주체적 실존을 추구한 반면 김현승은 양심을 주축으로 한 사회적 관계의 조화를 추구한다. 이는 개인적 성향의 차이일 수도 있지만, 동양의 유기적 관계론과 서양의 존재론적 사고방식 차이에 그 근원적 배경이 있을 수도 있다.

양심은 신의 권능으로부터 인간적 독립을 선언한 김현승이 새롭게 제시한 인간관계의 근간으로, 인간의 본성과 결을 같이하며 사회적 질서를 담보하는 준거다. 이 부분은 인간의 근원적 존재 가치에 대한 신뢰를 전제로 한다. 김현승은 양심을 진리와 동격으로 격상하고, 이를 신성에 가까운 인간의 주체적 요소로 삼은 것이다. 이는 인간의 도덕이나 양심의 가치에 대해 회의적이던 니체와 상치되는 지점이다.

절대고독 시기는 냉철한 이성과 주체적 의지가 절정에 도달한 무렵이다. 성실과 내밀을 겸비한 김현승의 지성은 종교간 협소한 경계를 뛰어 넘어 보편적 시각에서 진리의 본질에 관한 사유의 폭을 넓히고 깊이를 추구한다. 불교에 대한 탈기독교적 이해도 이와 같은 변화의 일단이었다. 이는 기독교의 일방적 도그마에 갇혀 있다가 그 옹벽을 뚫고 나와 보다 광활한 시각으로 세계를 응시한 지적 탈영토화의 결정(結晶)이었다.

Ⅲ. 아우구스티누스와의 신앙적 접점—후기

김현승의 후기시는 하나님에 대한 참회와 찬양의 시가 주조를 이룬다. 마치 아우구스티누스의 고백록을 시로 읽는 것 같다. 아우구스티누스가 이단의 방탕생활을 접고 새로 신의 품에 안겼듯이 김현승도 잠시의 외도를 거쳐 한층 독실한 기독교인이 되어 신의 발밑에 엎드린다. 다만 아우구스티누스는 모태신앙인인 김현승보다 한참 늦은 33세에야 본격적인 기독교의 세례를 받는다.[51] 그는 기독교를 배신한 게 아니라 엄밀히 따지면 마니교를 버리고 기독교로 개종했다고 보아야 한다. 반면 김현승은 기독교를 부정하고 무신론적 미지의 세계를 지향하다가 다시 귀의한 점에서 아우구스티누스와 처지가 다르다. 또 아우구스티누스는 젊은 날의 방탕과 더불어 이단의 종교에 매몰되었지만 김현승은 잠시의 무신론적 일탈을 보였을 뿐 평생에 걸쳐 모범적이고 성실한 기독교인의 자세로 일관한다.

한편, 아우구스티누스는 신의 품에서 사제의 신분으로 기독교 사상의 정립에 몰두하면서도 마치 젖먹이처럼 신을 그리워한다.

> 오랫동안 주님을 만나지 못해 숨을 헐떡이며 질식할 것 같다가 마침내 이 초막집에 산들바람이 불어와서, 주님 안에서 숨을 쉴 수 있게 되었기 때문에 주님을 찬송하는 목소리들이 교회에 울러 퍼질 때 나는 더 펑펑 눈물을 쏟아낼 수밖에 없었습니다.

『고백록』의 일부분인 위의 글에서도 아우구스티누스의 신을 향한 참회와 찬양이 얼마나 절실한가를 알 수 있다.

1. 참회와 찬양

종교는 신을 통한 구원을 추구하는 접신의 향연이다. 따라서 신과의 만남이 제대로 이루어지지 않을 때 희망은 멀어지고 반사적으로 절망적 고독에 빠진다. 신과의 불일치는 자신의 존재에 대한 회의를 유발한다.

그리스인들은 몸에 병이 생기면 의사에게 가듯이 마음에 병이 생기면 신을 찾았다고 한다. 그처럼 종교의 역할은 일차적으로 인류의 영혼을 치유하는 일이다. 그래서 종교의 주요서적을 일러 경전이라고 부르며 정신세계 최고 텍스트의 지위를 부여한다. 요컨대 사회가 복잡하고 험악할수록 신앙에 매진하는 것은 정신적 고통을 덜고, 따뜻한 위안을 받음과 동시에 영혼의 순수를 회복하기 위한 정신 치유적 자기배려다.

중세 교부철학을 대표하며 삼위일체설을 비롯해 기독교 교리의 기초를 세운 아우구스티누스는 신과의 관계에 있어서 한때 소원했으나, 주변을 떠나는 법 없이 항상 자신을 지켜주는 신의 존재를 확연히 깨치고 거듭 태어난다. 아들의 배교에 절망해 어머니가 절교를 선언하자 아우구스티누스는 이단자적 방황을 접는 회심을 통해 마침내 신의 은혜를 발견하고 구원에 이르게 된다. 잠시 보이지 않는 신의 곁을 떠났다가 그 따뜻한 손길을 뚜렷하게 확인할 수 있는 원래의 자리로 돌아온 '탕아의 귀환'이었다. 처절한 방황 속에서 그토록 갈구하던 신과의 온전한 만남이 이루어진 것이다.

저의 자비로우신 주여! 당신을 불러 찾습니다. 당신을 잊고 있을 때에도 당신은 저를 기억하셨습니다. 당신을 마음속에 불러 모시며, 마음이 열망을 가지고 당신을 맞이하는 것처럼 마음을 준비해주시는 분은 당신이시며, 열망을 마음에 불어넣어주시는 분도 당신이십니다. 지금 당신을 불러 찾는 저를 외면하지 마소서. 당신은 불러 찾기 전에 저에게 오셨습니다. 여러 가지 음성으로 되풀이해 부르는 제 소리를 멀리서 들으시고 제가 당신을 불러 찾았던 것처럼 저에게 다가왔습니다.[52]

— 『고백록』〈13권 하느님의 선 1. 하느님을 불러 찾다〉

아우구스티누스는 끊임없이 신을 갈구하면서도 온전히 신을 만나기 전에는 그만큼 영혼의 상처와 고통에 시달린다. 그 상처는 네 가지 현상으로 분류해 볼 수 있다. 그는 신 앞에서의 무능·무지·안일·결핍으로 번민하고 갈등하는 자아를 구도적 자세로 참회하고 있다.[53] 유의할 점은 무능과 무지는 신 앞에 겸허할 수밖에 없는 인류 공통의 현상으로 자신의 인간적 한계를 고백한 것이지만, 안일과 결핍은 자신의 신앙 태도에 관한 미흡을 스스로 꾸짖은 것이라는 사실이다.

2. 신을 향한 겸손과 성실

아우구스티누스는 『고백록』에서 "당신은 우리를 창조하셨고 우리의 마음은 당신 안에서 안식할 때까지 결코 안식할 수 없습니다."라는 신을 향한 간절한 마음을 토로한다. 신과의 만남을 통해 그 은혜를 누리기 전에는 고독할 수밖에 없는 피조물로서의 한계를 드러낸 것이다. 신 앞에서는 누구나 겸손해지기 마련이다. 우주와 만물의 창조주이자 전지전능한 신 앞에서 인간은 지극히 무능하고 무지한 존재일 뿐이다. 그러기에 진심으로 무릎 꿇고 고해하며 경건한 예배를 바친다.

통상적으로 '무능'과 '무지'는 부정적 어휘이다. 자기발전에 걸림돌로 작용한다. 그러나 신 앞에서 느끼는 무능과 무지는 나약하고 협착한 자신의 실체를 재확인하는 뼈저린 반성과 각성의 산물이다. 이때 무능과 무지는 종전의 부정적 이미지를 떨치고, 신에게 고하는 반성적 결의이자 자신을 독려하는 채찍으로 적극성을 발휘한다. 전지전능한 신에게 가까이 다가가기 위해서는 자신의 무능과 무지를 인정하고 통감하는 데서부터 출발해야 하기 때문이다.

그러기에 신 앞에서 감지하는 무능과 무지는 접신(接神)과 자아발전의 긍정적 활력소로 기능한다. 자신의 무능과 무지에 대한 각성의 밀도가 깊고 진지할수록 자신의 실상을 온전히 깨칠 수 있고 나아가 배전의 신선한 능력과 지혜를 획득하게 된다. 오만과 방종의 벽에 가려 보이지 않던 자아와 사리(事理)에 대해 참다운 분별이 명징하게 열리는 것이다. 무능과 무지의 자각에서 비롯된 지극한 겸손은 신에 대한 경외와 신뢰를 강화해 준다. 그리고 신의 은총에 미치지 못하는 안일과 결핍을 독려해 분발을 촉구한다.

아우구스티누스에게 방황의 상처와 그에 따른 참회의 소산인 무능과 무지에의 자각은 미처 신의 품에 이르지 못하는 안일과 결핍을 신을 향한 열성과 충만으로 치환한다. 다시 말해 심기일전한 각성의 표출인 무능과 무지는 심원한 지혜의 원천으로, 안일과 결핍은 온전히 신의 은총에 도달하는 동력으로 활성화 된다.

신을 향한 처절한 자기반성의 결과 시급히 해결해야 할 절박한 당면과제로 대두된 무능과 무지, 안일과 결핍은 그 농도만큼 역설적 순기능의 요소로 작동한다. 그렇게 무능과 무지, 안일과 결핍을 온전히 승화함으로써 아우구스티누스는 내밀한 자아를 확충하고 신성과의 고차적 결합을 이룬다. 무능에서 비상한 능력을 찾고 무지에서 심오한 지혜를 탁마하여 안일을 열정으로, 결핍을 충만한 은총으로 전환한다. 그리하여 심각한 내면의 상처를 치유하고, 스스로가 유능한 인류의 교사, 즉 교화의 주체로 부상하게 된다.

아우구스티누스의 『고백록』은 제목과 달리 참회보다는 신에 대한 찬미 일색이다. 처절히 참회하는 중에도 찬미는 반복되고 있다. 방탕과 방황의 먼 길을 돌아와 마침내 종점이자 구원의 종결자인 신의 품에 안겨서 쓴 책이니 아무리 절절한 참회를 한다고 해도 이내 벅찬 감격을 주체하지 못해 자신도 모르게 찬미로 돌아설 수밖에 없기 때문이다.

신과의 거리가 멀어질 때 그는 영혼의 상처로 시달린다. 그러나 신과의 만남이 이루어질 때는 상처의 밀도만큼이나 환희로 충만하게 된다. 그 상처는 고독과 쌍벽을 이루어 그가 신과 멀어진 자아를 의식하고 신에 귀의하도록 촉매 역할을 해준 소중한 신앙적 환경이자 길잡이다. 그에게 신과의 만남은 영혼의 상처와의 영구 결별을 뜻한다. 비로소 온전한 영혼의 치유에 이른 것이다.[54]

제 영혼이 이런 일들을 되새기면서도 아무런 불안을 느끼지 않게 해주신 당신에게 무엇으로 보답을 할까요? 주여, 당신을 사랑하고 감사하며, 당신의 이름을 찬양하겠습니다. 당신은 약속하신대로 저의 죄를 말끔히 씻어주셨으니 이것은 당신의 자비의 표시라고 생각합니다. 제가 다른 악을 행하지 않는 것도 역시 당신의 은혜라고 생각합니다. 그렇지 않았더라면 저는 무슨 짓을 했을지 모릅니다.[55]

— 아우구스티누스 『고백록』 〈2권. 청년시절 7. 용서하시는 주님께 감사〉 부분

종교인이며 철학자이자, 아름답고 감성적인 문장가인 아우구스티누스의 문학적 색체가 짙은 『고백록』은 신앙 서적뿐 아니라 인류 정신사의 영원한 고전으로 꾸준히 읽히고 있다. 신앙에 대한 절절한 고백임과 동시에 만물의 창조주로서의 신에 대한 해설서이며, 신의 충만한 은총에 대한 찬미로 시종일관하고 있는 영혼의 치유서인 것이다.

3. 신앙적 성찰과 철학적 사고

아우구스티누스는 일찍부터 문학에 취미가 있었다. 6세 때 문법학교에 입학했는데 시 암송과 웅변에 소질을 보인다. 라틴 문학을 논할 때의 중요한 인물로 라틴 문학 말기를 대표하는 문장가인 그의 심미적이며 정열적인 문체는 어려서부터 연마한 결실이었다. 수사학에 탁월한 재능을 보인 그는 로마제국의 황실에 수사학 교수로 초빙되어 수사학과 문학을 가르치기도 한다. 그는 아버지의 권유에 따라 아플레아우스에게서 철학을 익힌다. 키케로의 『호르텐시우스(철학의 권유)』란 책을 읽고 철학에 심취한 그는 진리와 악 등 존재에 대한 문제를 탐구하는 등, 나중에 그가 정립한 교부철학의

방법론적 기초를 다진다.

아우구스티누스의 교부철학은 지칠 줄 모르는 탐구욕으로 진리를 추구한 열정의 결과물이었다. 그는 특히 성경을 문자 그대로 읽지 않고, 그 속에 담긴 상징적 함의에 주목했다. 성경에는 일반상식으로는 수긍하기 어려운 기적과 신비스런 사건이 무수히 등장한다. 따라서 이를 보는 시각에 따라 다양한 해석이 더해질 수 있다. 또한 정통과 이단에 대한 기준이 모호해서 숱한 참 신앙인이 무고한 정죄를 당하는 모순을 빚기도 했다. 이런 혼란에 두렷한 기준점을 제시한 아우구스티누스는 바오로 다음으로 기독교 지성사에서 중요한 위치를 차지한다. 또한 방황하던 시기나 기독교에 귀의한 시기를 가리지 않고 그의 생애를 관통하는 키워드는 사랑이었다. 그 대상이 삶이든, 여성이든, 학문이든, 진리든, 신이든 그는 혼신을 기울여 사랑하였다.

김현승은 기독교 신앙인이자 시인으로 널리 알려져 있다. 여기에 하나 더 추가 할 명제가 있으니 곧 그의 지성을 표상하는 철학적 사고이다. 그가 신과의 결별을 선언하고 절대고독의 독자적 행보를 내딛는 데는 치열한 철학적 사유와 판별력이 작용한다. 그의 산문에도 철학에 관한 언급이 종종 보이며[56] 시 도처에도 철학적 혜안이 특유의 빛을 발한다. 고독은 그의 신앙과 시, 철학적 사유가 숨 쉬는 공간이다. 따라서 신앙과 시, 철학은 김현승을 이해하는 인문학적 배경으로 코드화 된다. 아우구스티누스와 김현승은 시대를 뛰어넘어 기독교 신앙, 철학적 분석력, 문학적 소질, 고독을 공유한다.

제5부

시기별 시와 신앙

> 김현승은 시와 신앙이 동행하며 시기에 따라 조화와 갈등, 결속의 관계를 이룬다. 한편 고독과 시, 고독과 신앙과의 관계 역시 그의 시와 신앙을 논하는 데 있어서 핵심 명제에 속한다.

김현승의 시세계는 시기에 따라 초기시와 중기시, 후기시로 구분할 수 있는데 그 경계가 뚜렷한 편이다. 시적 경향, 수준, 정조 면에서 그 변별점을 별 무리 없이 확인할 수 있기 때문이다. 그 중에서도 '자아 중심'의 중기시와 '신 중심'의 후기시는 확연한 차이를 보인다.

그를 고독의 시인으로 부르는 것처럼 그의 시를 논할 때 시와 고독의 함수관계는 명료한 변별점을 제공한다. 그리고 그 이면에는 모태신앙에서 비롯된 신과의 각별한 관계가 주요소로 작용한다. 초기시와 중기시, 후기시에 각각 신을 향한 신앙의 밀도에 따라 시적 경향과 고독의 내용도 차이가 있는데 시기별로 시와 고독, 신앙이 일정한 궤도의 변화를 공유한다. 습관적으로 신의 세계를 지향할 때, 이성적 회의에 의해 신과의 관계가 소원할 때, 그리고 예기치 않은 병후, 신의 품으로 돌아와 절대적 신앙에 전념할 때의 고독과 시적 경향은 뚜렷한 차이를 보인다.

표8 시기별 시와 신앙, 고독의 특징

구분	초기	중기	후기
시	감성적이며 자연 친화적인 성찰의 시. 「가을의 기도」, 「옹호자의 노래」 등	주지적이며 자아중심적인 정신주의 시. 「견고한 고독」, 「절대고독」 등	신에 대한 감사와 찬미의 시. 「크리스마스 모성애」, 「감사」 등
신앙	모태신앙에서 비롯된 관습적 신앙	신과 자아의 갈등과 주체의식의 고양	신에게의 온전한 회귀
고독	내재적 잠복	고독의 절정과 심화	고독의 늪에서 벗어나 신의 품에서 안식과 평정에 이름

Ⅰ. 시와 고독의 함수관계

　김현승의 시를 논할 때 관심 깊게 살펴보아야 할 핵심 코드는 시와 고독의 상호관계다. 김현승의 시에서 '고독'은 시의 질과 밀도를 좌우하는 핵심 기제다. 시와 신앙의 관계처럼 시와 고독의 관계도 일련의 함수관계를 지니고 있는데 이 부분은 그의 시를 본격적으로 이해하는 열쇠에 해당한다.

　고독은 그의 신앙과도 밀접한 상관성을 지닌다. 멀리 혹은 가까이에서 내면세계를 추동하는 신과의 거리에 따라 고독의 농도와 밀도도 강화되거나 약화되기 때문이다. 신과의 관계가 소원해 가장 고독할 때 절정의 시가 탄생하고 신의 품에 안겨 가장 평화로울 때 수준 이하의 태작이 빚어진다. 중기시와 후기시는 이를 방증하는데 전자는 중기시에서, 후자는 후기시에서 두드러진다.

　김현승은 기독교 시인으로 널리 알려져 있다. 다만 기독교 신앙을 정신적 바탕으로 하고 있지만 기독교시에 국한하거나 기독교에 구애 받지 않고 내밀한 시세계를 추구한 점에서 단순한 기독교 시인으로 단정하는 속단은 피해야 한다. 그는 기독교시의 한계를 넘어 보다 광범위하고 지적이며 미학적인 영역에서 시의 본령에 충실한 시인이기 때문이다.[57]

목회자를 아버지로 독실한 기독교 가정에서 나고 자라 평생에 걸쳐 모태신앙을 견지해 온 김현승이 신과의 결별을 선언하고 무신론자의 낯선 길을 택한 것은 예사롭지 않은 결정이었다. 그는 니체처럼 철학자도 아니며, 경솔한 판단이나 기분에 휩쓸릴 만큼 격정적이거나 진보적인 성격도 아니었다. 합리적이면서도 보수적인 지성이었다. 무엇보다도 신앙은 그의 생과 정신세계를 견인하는 절대가치였다. 그런 그가 그와 같이 파격적인 변화를 보인 데에는 진지한 숙고와 결연한 의지가 작용했다고 보아야 할 것이다.

시와 신앙은 그의 정신세계를 견인하는 두 축이었다. 시는 그의 지성과 영혼의 고차적 경지를 담보해 주는 지고지순의 가치재였다. 그는 시에 대한 열정과 시인으로서 남다른 자긍심과 사명감을 지니고 있었다.

김현승의 시적 특징 및 전환점은 논자에 따라 1기·2기·3기·4기의 네 시기로 구분하는 경우와[58] 초기·중기·후기의 세 시기를 기준 삼아 구분하는 경우로 양분되고 있다. 또 3기로 구분하는 경우, 구체적으로 그의 시를 논할 때에는 대개 『견고한 고독』과 『절대고독』의 시를 중심으로 한 중기시에 집중하고, 초기시와 후기시에는 관심도를 낮추는 경향이 있다. 이는 그의 시가 절정을 이룬 시기의 시와 그 정신세계에 관심을 갖고 창작 배경과 내면세계의 파악에 비중을 두기 때문으로 볼 수 있다. 반면, 후기시에 비중을 두는 경우는 시보다도 기독교 신앙에 초점을 맞추어 그의 시세계를 조명하고자 하는 경향을 보인다.

이 책에서는 김현승의 시세계를 시기에 따라 그 경계가 두렷한 3기로 구분해 각각의 시기별 특징을 살펴보기로 한다. 구체적으로 고독의 심화, 주체적 자아 탐구가 주조를 이루는 시기, 즉 시집 『견고한 고독』과 『절대고독』에 수록된 시를 발표한 시기부터 발병 전까지를 기점(중기로) 삼아 그 이전을 초기, 그 이후를 후기로 삼분한다.

1. 순결한 기도와 생명애—초기시

생명체는 자연을 떠나서는 생존이 불가능하다. 당장의 호흡조차도 자연의 조화다. 누구나 결국은 자연의 품으로 돌아가게 마련이다. 인간 역시 자연의 일원이며 넓게 보면 자연 그 자체다. 시에 있어서도 순수한 시심은 자연의 본성이며, 대부분의 시어 역시 자연을 일컫는 단어들이다. 따라서 시인은 기본적으로 자연적일 수밖에 없다.

김현승의 초기시에서는 자연을 주제로 하거나 배경으로 한 감상적이고 서정적인 성향의 작품이 주를 이룬다. 그런데 김현승의 시에서 자연은 인간을 위한 장치로 의인화되어 고유한 자연미를 효과적으로 발산하지 못하고 있다는 지적도 있다. 염무웅이 그 부분에 대해 "김현승에게 있어서 자연은 인간의 유한성과 욕구를 보여주는 자연이며 그런 의미에서 인간만을 위한 자연이다."[59]라고 지적했듯이 기독교의 인간 중심적인 일면을 들추어 볼 수 있는 대목이다. 그렇다고 그의 자연관에 흠집을 낼 정도는 아니다. 다만 그가 인간 중심의 기독교적 세계관을 벗어나 자연과의 일체성을 강조하는 동양사상에 폭넓게 몰입하지 못한 점은 아쉬움으로 남을 수 있다.

또 그의 철학적 사고와 감각적 언어가 표현상 부자연스런 형태로 조우하는 경우, 이를 피상적으로 해석하다 보면 시의 일부에서 마치 자연이 관념의 도구가 된 느낌을 지우기 어려울 때가 있다. 하지만 시의 대부분이 자연을 객관적 상관물로 설정하고 있는 데서도 알 수 있듯이 그는 자연과 시의 긴밀한 상호관계를 충분히 인지하고 있다. 시의 기법 상 서구적 모더니즘을 차용한 까닭에 감각적 언어가 자연에 대한 일반적 시각과 다른 표현으로 비칠 수도 있지만 기본적으로 그의 시는 자연에 대한 친밀감을 담고 있다. 부연하자면 자연은 생명의 원천이며 시 역시 생명애의 결실이라는 사실을 그의 시 도처에서 발견할 수 있다.

김현승의 시적 감수성은 은연중 자연에서 배우고 이식된 환경적 산물이다. 그의 시에서 자연은 시어의 대부분을 차지하며 배경 혹은 주제를 이룬다. 이는 기본적으로 그의 시가 자연친화적이라는 증거다. 그는 "우리가 살고 있는 이 시대에서 인위와 인공은 자연을 쫓아내다가 이제는 시에서조차 자연이 안주할 자리를 주지 않고 있다."고 한다. 이처럼 그의 시에 나타난 자연은 '보석'처럼 빛나며 '별'처럼 영롱하고, 싱싱한 '나무그늘'처럼 시원한 동경과 은의(恩義)의 대상이다.

현대 문명의 반자연적 일탈에 대해 심각한 우려를 표명한 사실만으로도 그가 자연의 위력과 가치에 대해 얼마나 사려 깊게 천착하고 있는지를 헤아릴 수 있다. 자연의 본성은 조화와 합일에 있기에 자연과 인간의 조화와 합일이야 말로 인간이 문명의 횡포에 의해 퇴화된 자연성을 회복하는 활로라는 사실을 그는 시종일관 자연의 본원인 순수한 영혼의 언어로 시를 통해 노래한다.

그가 그 시기에 쓴 시 중에서 당시의 고독을 적절한 감성으로 드러내면서도 널리 애송된 「푸라타나스」와 함께 다른 시 「겨울 까마귀」를 곁들여 보기로 한다.

먼 길에 올 제

호올로 되어 외로울 제

푸라타나스

너는 그 길을 나와 같이 걸었다.

이제 너의 뿌리 깊이

나의 영혼을 불어 넣고 가도 좋으련만

푸라타나스

나는 너와 함께 신이 아니다!

수고로운 우리의 길이 다하는 어느 날

푸라타나스

너를 맞아줄 검은 흙이 먼 곳에 따로이 있느냐?

나는 길이 너를 지켜 네 이웃이 되고 싶을 뿐

그 곳은 아름다운 별과 나의 사랑하는 창이 열린 길이다.

― 「푸라타나스」 부분

이 시는 초기시에서 두드러지는 경향으로, 나무를 의인화하여 자신과 동격으로 상정해 놓고 인간들과는 나누지 못한 내밀한 대화를 이끌어가는 자연친화적 감성이 주조를 이루고 있다. 한편, 이 시가 지금까지도 많은 사랑을 받는 것은 김현승의 초기시에서 드러나는 감상적 정조가 그의 내밀한 시정신과 절제를 통해 많이 다듬어지고 닦여져서 본격적인 장인의 수준에 이르렀기 때문이다. 거기에 특유의 고독한 분위기와 외롭고 힘겨운 길을 혼자서 의연히 걸어가는 선구자적 감성이 독자들의 감동을 불러일으키기 때문이기도 하다.

그는 "먼 길에 올 제/호올로 되어 외로울 제" 그 길을 같이 걸어준 동반자에게 "우리의 수고로운 길이 다하는 어느 날", 즉 고독한 순례가 끝나는 구원의 순간 "나는 길이 너를 지켜 네 이웃이 되고 싶을 뿐"이라며 간절한 동행의 의미를 부여한다. 그리고 그 동행이 마지막으로 머물러야 하는 "그곳은", "너를 맞아줄 검은 흙"인 죽음처럼 "먼 곳에 따로" 있는 게 아니고, "아름다운 별과 사랑하는 창이 열린 길"인 '영원'이다.

그는 "푸라타나스"에게 "나는 너와 함께 신이 아니다!"라고 느낌표를 찍어 신이 아닌 생명체, 즉 실존적 주체로서의 억양을 높인다. 그만큼 신을 향한 의지가 강렬하다는 뜻일 수도 있지만 한편 그에 이르지 못한 탓으로 고독하다는 반증이기도 하다.

시 「푸라타나스」를 쓸 무렵은 절대고독 시기가 아니라 신에게 일상적으로 집중하던 시기임에도 불구하고 절대고독의 징후가 엿보이는 작품이다. 여기서 "푸라타나스"는 단순한 나무가 아니라 그의 고독한 내면을 형상화하기 위한 상징물이다. 아래의 시 「겨울 까마귀」에서의 까마귀도 마찬가지다.

영혼의 새

매우 뛰어난 너와
깊이 겪어 본 너는
또 다른,
참으로 아름다운 것과

호올로 남은 것은

가까워 질 수도 있는,

언어(言語)는 본래

침묵으로부터 고귀(高貴)하게 탄생한,

열매는

꽃이었던,

너와 네 조상(祖上)들의 빛깔을 두르고.

내가 십이월(十二月)의 빈 들에 가늘게 서면,

나의 마른 나뭇가지에 앉아

굳은 책임(責任)에 뿌리박힌

나의 나뭇가지에 호올로 앉아,

저무는 하늘이라도 하늘이라도

멀뚱거리다가,

벽에 부딪쳐

아, 네 영혼의 흙벽이라도 덥북 물고 있는 소리로,

까아욱—

깍—

―「겨울 까마귀」 전문

김현승에게 까마귀는 보통 우리가 연상하는 불길하고 음산한 흉조가 아니다. 죽음과 흉조로 인식된 상투적 시각을 전복시켜 새삼 생명성을 강조한 상징물이다. 그는 까마귀를 "하늘의 유랑시인", "침묵의 새" 등으로 부르며 자신의 고독을 형상화한다. 그에게 각별히 친근한 새인 까마귀는 "매우 뛰어"나고 "깊이 겪어 본", "영혼의 새"다. 2연의 "참으로 아름다운 것과", "호올로 남은 것은" 결국 "가까워 질 수도 있는" 동질의 것이라는 의미로 고독의 아름다움에 대해 고차원의 가치를 부여하고 있다. 그에게 있어서 고독은 "침묵으로부터 고귀(高貴)하게 탄생한 언어의 산실인 바로 그 "침묵"이다.[60] 이 시에서 그가 왜 까마귀를 좋아하며 그토록 고원한 존재로 형상화 하는지 살펴볼 필요가 있다.

의식과 무의식 양면에 걸쳐 실향의 상흔을 깊숙이 안고 있는 그에게 고향에서 흔히 보이던 까마귀는 잃어버린 고향을 의미한다. 그리고 그 고향은 보다 본질적이고 근원적인 목적지로 구원의 궁극적 장소다. 까마귀는 곧 실향(실낙원)의 질곡에서 벗어나 영원한 고향(복낙원)에 이르고자 하는 망향적 희원의 상징이다. 이처럼 본연의 고독과 망향의 정조가 한데 어우러진 내밀하고 청정한 기운 속에서 그의 시는 평상적 언어의 경계를 넘어 선구도자적 구극의 비의(秘義)를 노래하게 된다.

2. 내밀한 고독과 절정의 시—중기시

김현승의 시는 신과 결별하고, 자유의지 하나로 처절한 고독의 세계로 접어들 때가 전성기였다. 그 이전이나 그 이후에도 그만큼 순도 높고 밀도 깊은 시는 찾아보기 어렵다. 그에게 있어서 자기충전적 고독은 한층 의지를 강화하고 시를 심층화했다. 고독을 통해 단련된 강건한 의지가 그 중추적 역할을 한 것이다. 그것은 곧 자아와 실존에 대한 근원적 몰입이었다.

김현승은 남달리 자아의식이 강한 편이었다. 그의 정서적 기조를 이루는 고독은 분출하는 자아의식의 모태였다. 또 그의 시 창작을 견인하는 바탕이며 동력이었다. 시와 신앙의 양립이 최선의 목표였지만 그는 시와 신앙 사이에서 서성이거나 때로는 방황하곤 했다. 그럴수록 시 창작에 대한 욕구는 상승했다. 시는 신앙과 더불어 그가 추구하는 최고의 이상적 가치에 속하기 때문이었다. 시에 골몰하다 보면 때로 신의 존재를 잊게 되고, 이는 인간적 자아에 대한 몰입으로 이어졌다.

고독은 평소 냉철하고 이지적인 그의 이성을 추동하는 촉진제 역할을 했다. 고독할 때, 신과의 교감으로 인해 억제 되었던 자아의식은 한층 고양되었다. 이 경우, 자아의식은 신과의 갈등을 유발하고 그럴수록 그는 더욱 고독했다. 신과의 거리는 자아의식의 방향과 농도에 따라 결정되었다. 신과의 관계가 돈독할 때 그의 자아는 신의 권능과 은총에 예속된 부속물이었지만, 본질적으로 자아에 대한 집착을 전제로 하는 자아의식은 신에게 다가가는 길목을 가로 막는 장애요소이기도 했다. 그의 내면세계에는 신이라는 모호한 존재의 불가시적 속박으로부터 자유롭고자 하는 인간적 속성과 의지가 깊숙이 내재되어 있었기 때문이다. 시와 학문은 그런 잠재의식을 일깨우고 거기에 예민한 성격과 비판적 지성으로 무장한 논리적 비판이 가세했다.

기독교 안에서 김현승은 한낱 신의 피조물일 따름이었다. 신과 결합된 자아만 허락될 뿐 주체적 자아는 용인될 수 없었다. 그러나 자아의식이 강고해 신을 맞아들일 내면의 공간이 협소할 때 신과의 거리는 멀어지고 그는 고독했다. 그 절정기가 절대고독 시기인데 당시 김현승은 신과의 종속

관계를 끊고, 신 중심의 추상적 세계에서 인간 중심의 구체적 세계로 선회했다. 그리고 그 가치 기준은 신의 은총이 아니라 인간의 양심이었다. 모처럼 신과의 예속관계에서 해방된 주체적 자아가 최고조에 이른 시기였다. 신에게 맡겨 두었던 자아를 되찾아, 새롭게 설계한 인간적 행로를 손수 개척하고자 한 것이다.

김현승이 자연을 자연 그대로 두지 않고 내밀한 고독의 표상으로 변형하고 재가공한 흔적은 중기시에서 두드러진다.[61] 그의 분출하는 자아의식과 추상적이면서도 감각적인 언어의 생소한 교직은 자연을 자연 그대로 노래하지 않고 내면화/관념화함으로써 자연의 원형으로부터 멀어지는 결과를 자초한다. 초기시의 외경을 배경으로 한 자연친화적 감수성이 중기시에 이르러 내부지향적 자아 추구로 심화된 것이다. 자연에 관한 직정적 감수성이나 낭만을 배제하고 자연의 근원적 실재에 몰입한 주지적 시 작법의 일환이었다.

그러나 그것은 기본적으로 자연을 통해서 위로 받고 일상의 미학적 감흥을 꾀할 수 있는 물아일체의 자연친화적 열락을 스스로 방기(放棄)함으로써 자신을 고독한 내면세계에 가두는 요인이기도 했다. 자연을 자연스럽게 누리지 못하는, 다시 말해 자연과 자연스럽게 동화하지 못하고 자연에 대한 고의적 변형과 재해석을 시도한 시적 변용은 국가와 사회, 기독교계에 대한 환멸에 지친 그를 더 고독하게 했다. 따라서 그가 이를 곳은 내면세계의 고독밖에 없었다.

해방 후 민족적 상황이 달라진 터에 1930년대 풍의 센티멘탈리즘의 연장은 허용될 리 없었다. 그렇다고 불순한 현실 치중의 시를 쓰기도 싫었으며 내 기질에도 맞지 않았다. 나는 지금까지 내가 등한히 하였던 나의 인간의 내면의 세계로 눈길을 돌렸다. 너무도 외계적인 자연에만 치우친 나머지 인간의 내면적인 자연은 몰각하고 있었던 것이다. 그리하여 나는 자연으로 부터 인간으로, 외계로부터 내면의 세계로 관심을 돌렸다.

위의 글은 해방 이후 김현승의 시적 변모에 대한 핵심 단서의 하나다. 감성적 정조로 자연을 노래하던 그가 "내면의 세계로 관심을 돌린"것은 그의 내면세계를 관장하는 고독과의 내밀한 밀회를 의미한다. 이때부터 그는 시에 치열할수록 고독해지고, 고독할수록 시는 더욱 견고해지는 시와 고독의 동반상승 관계를 유지하게 된다.

김현승이 신과 결별하고 절대고독의 심해 속으로 빠져 든 것에 대해 오규원은 "퓨리턴의 정신세계에 깊이 침잠해 있던 한 시인의 의식이 어떻게 한 극단인 고독에 이르게 되었는가 하는 문제는 우선 우리에게 적지 않은 관심을 불러일으킨다."[62]고 한다. 생의 절대적 위치를 독점해온 신을 부정하고 절대고독의 낯선 망망대해에 혼신을 부린 그의 행장은 그만큼 파격적이고 획기적인 출발이었다. 그의 절대고독에 임하는 결의는 「견고한 고독」 2연에 압축되어 있다.

어느 햇볕에 기대지 않고
어느 그늘에도 빚지지 않는
단 하나의 손발

견고한 고독에서 절대고독으로 한층 고독의 고삐를 바짝 조인 중기는 고독의 농도가 최고도로 상승한 시기로, 그는 시에서 고독을 제목으로 붙이기도 하고 시어로 자연스럽게 사용하기도 한다. 먼저 '고독'이 제목을 이루는 시는 대부분이 시집 『절대고독』에 집중적으로 수록되어 있는데 표제시 「절대고독」을 비롯해 「고독」, 「고독의 끝」, 「군중속의 고독」, 「고독의 풍속」, 「고독한 이유」, 「고독한 싸움」, 「인간은 고독하다」, 「고독의 풍속」, 「고독의 순금」 등이 있다.

김현승의 시세계에서 절정기에 속하는 중기는 시집 『견고한 고독』과 『절대고독』에 수록된 시를 발표하기 시작한 후 1973년 고혈압으로 쓰러지기 전까지 10년 남짓의 짧은 기간이다. 그는 첫 시집 『김현승 시초』(1957년)[63], 제2시집 『옹호자의 노래』(1963)[64], 제3시집 『견고한 고독』(1968)[65], 제4시집 『절대고독』(1970)[66], 제5시집 『김현승 시전집』(1974년)[67] 등, 생전에 다섯 권의 시집을 남긴다. 그런데 첫 시집에서 제2시집까지는 6년, 제2시집에서 제3시집까지는 5년이라는 다소 긴 시간이 소요된다. 반면, 제3시집 『견고한 고독』 이후 발간한 제4시집 『절대고독』은 불과 2년이라는 짧은 기간에 정신주의 시의 진수를 보이고 있다. 신과 결별하고 절체절명의 내면적 긴장을 극대화한 시기에 집중적으로 시작 활동이 이루어지고 있음을 알 수 있다.

이 시기의 시를 이해하기 위해서는 먼저 시집 『견고한 고독』에 실린 시 중 「제목」이라는 시를 눈 여겨 볼 필요가 있다. 이 시는 하나님의 세계를 떠나 고독의 세계로 몰입하는 분수령을 이루기 때문이다.

떠날 것인가
남을 것인가.

나아가 화목할 것인가
쫓김을 당할 것인가.

(중략)

어떻게 할 것인가
뛰어들 것인가
뛰어넘을 것인가.

파도가 될 것인가
가라앉아 진주의 눈이 될 것인가.

어떻게 할 것인가,
끝장을 볼 것인가
죽을 때 죽을 것인가.

무덤에 들 것인가
무덤 밖에서 뒹굴 것인가.

―「제목」 부분

시 「제목」에서 김현승은 "떠날 것인가/남을 것인가//나아가 화목할 것인가/쫓김을 당할 것인가" 등, 고조된 갈등의 순간을 적나라하게 표현하고 있다. 이후 하나님과 결별하고 고독의 세계로 침잠하면서 고독의 의미소와

의미망은 급격히 강화된다. 이는 신의 빈자리를 고독으로 대체하고 그 반작용으로 혼자만의 고독한 세계에 몰입하게 된 것을 의미한다. "어떻게 할 것인가/뛰어들 것인가/뛰어넘을 것인가"라는 구절은 몰입의 결과, 즉 망망대해 같은 무(無)의 세계를 뛰어넘고자 하는 고독의 행로를 암시하고 있다.

시 「견고한 고독」이 고독의 순도를 강화한 것이라면 시 「절대고독」은 고독의 밀도를 강화해 고차원의 정신세계를 탐색한 것으로 볼 수 있다. 또 김현승의 고독에 관한 시를 논할 때 주목해야 할 시 중 하나인 「고독의 끝」은 시 「절대고독」의 주석에 해당한다.[68]

3. 의타적 구원의 찬가—후기시

인간은 한계에 직면했을 때 종교에 의지하려는 경향을 보인다. 자신도 모르게 종교적 행위에 가담하는 것이다. 폴 틸리히는 위기에 처했을 때 경험하게 되는 사람들의 실존적 불안에 대해 다음과 같이 그 사례를 들고 있다.

> 죽음을 피할 길 없는 막다른 골목에서 인간의 무능력을 실감하고 엄습해 오는 불안에 휩싸일 때, 무의미한 생과 일정한 삶의 목적을 상실했을 때, 자신의 행위가 미칠 결과에 대한 확신이 서지 않을 때, 등 인간이 신을 찾는 동기는 결국 자신의 유한성 때문이라는 것이다.[69]

김현승은 비장한 결기로 신과 결별했지만 오래지 않아 다시 신의 품으로 돌아오게 된다. 이후, 신의 은총에 대한 감사의 일념과 심신의 쇠약으로 인해 김현승은 신앙과 쌍벽을 이루며 그의 정신세계를 지배해 온 예전의 시적 열정과 그에 따른 긴장을 완화하기에 이른다. 그리고 영혼과 감성, 의지 일체를 신에게 위탁한 어린 양의 신앙적 순결로 회귀한다.[70] 샘솟는 시와 지성에 관한 욕구를 심신의 안정과 맞바꿔 영혼의 평화를 얻은 반면 시적 치열성을 상실한 것이다.

후기시 중 「크리스마스의 모성애」는 운명하기 한 해 전 시인데 하나님의 은총에 대한 감격이 주조를 이루고 있다.

> 높은 궁전(宮殿)과
> 밝은 성문(城門) 앞을 드디어 허무시고,
> 소 오줌 똥 냄새 나는
> 컬컬한 방주(方舟) 속에서
> 우리를 새롭게 하시더니,
> 비둘기 고운 부리로 물고 온
> 파란 감람나무 잎사귀처럼
> 우리를 새롭게 하시더니.
>
> 높은 지혜와
> 밝은 율법(律法)을 허무시고,
> 오늘은 말 오줌 똥 냄새 나는
> 컴컴한 구유 안에서
> 우리를 다시 태어나게 하신다.
> 우리를 다시 새롭게 하신다.

지난날은

진노(震怒)와 물로써 우리들을

깨끗하게 씻으려 하시더니,

오늘은 물보다도

짙은 핏속에

우리를 깊이깊이 잠기게 하신다!

지난날은 멀리서

아버지의 성난 얼굴을 바라보며 떨게 하시더니,

오늘은 오늘은 우리에게 가까이 다가오시어

당신의 따뜻한 품으로 우리를 안아주신다!

당신은 아버지의 채찍보다

당신은 어머니의 눈물과 사랑으로

우리를 끝내 그 가슴에 품어 주신다.

별도 빛나고

종소리와 노래 소리도 아름다운

오늘부터 오늘밤부터 품어주신다!

─「크리스마스의 모성애(母性愛)」 전문

언뜻 보면 대부분의 후기시에 비해 일련의 수준은 유지하고 있다. 그러나 성경을 주석해 놓은 듯 종교시의 한계를 드러내고 있다. 느낌표가 남발되고 있으며, 언어와 감정 양면에 걸쳐 김현승 특유의 절제가 제대로 이루어지지 않고 있다. 시종 종전의 시와는 결이 다른 신에 대한 찬양 일색으로 중기시에 비해 시적 치열성이나 긴장이 현저히 저하된 느낌을 준다.

"오늘은 말 오줌 똥 냄새 나는/컴컴한 구유 안에서/우리를 다시 태어나게 하신다"는 구절은 예수가 마구간에서 태어난 장면을 묘사한 성경 구절의 단순 모사에 그치고 있다. 가령 **빼어난** 절경 앞에 선 예술가가 풍광에 취해 감탄사를 연발할 뿐 그 아름다움을 미학적으로 형상화하는 데는 이르지 못한 경우와 흡사하다.

아래의 시는 그 어조가 한층 직접적이고 구호적일 뿐 전체적으로 관용적 어투의 반복이어서 김현승의 초기시 후반이나 중기시에서 음미하게 되는 정상적 수준을 의심케 한다.

크리스마스는
영혼의 명절(名節)
가장 큰 영혼의 명절(名節)

크리스마스는
집집마다 탄생과 기쁨에 넘치는
영혼의 명절(名節)

크리스마스는
모든 우리의 크나큰 명절(名節)

지상의 12월! 인류의 25일!

올해도 크리스마스는

우리들의 명절(名節)—영혼의 아득한 명절(名節)

— 「영혼의 명절(名節)」 부분

이 시는 발병 후 만년에 쓴 것인데, 제목을 비롯해 "명절"이라는 어휘가 일곱 번이나 등장한다. 화자는 크리스마스가 "영혼의 명절"이며 기독교인에게는 당연히 "우리들의 명절"이고, 나아가 인류의 명절이자 12월 25일이라는 뻔한 사실을 새삼스럽게 연달아서 반복하고 있다. 아무리 종교시라고 해도 지나치게 상투적이고 안일한 표현이 도처에서 눈에 띄고 있다. 평소의 시적 특징인 절제된 언어습관과는 거리를 느끼게 하는 생소한 태작이다.

이 시는 신을 떠나 주체적 자아를 노래한 절대고독 시기 시편들의 외도에 대한 반성이 그 동인을 이루고 있다. 따라서 종전의 사유와 언어미학적 치열성을 배제한 신앙 일변도의 단순한 감성과 신조가 정서적 배경으로 작용하고 있다. 중기시에 대한 의식적 반작용과 교조화된 신앙적 정서가 후기시의 주조를 이루게 된 것이다. 시 중심의 시가 신앙 중심의 시로 변모하면서 시가 신앙의 도구가 된 인상을 준다.[71]

아래의 작품은 제목 미상의 종교시지만 후기시 중에서 눈여겨 볼 작품인데 고단하고 지난한 자아를 초월하여 절대적 의지처인 신의 분신으로 회귀한 구원의 감격을 노래한 시다.

주여, 이 고요한 시간을
당신에게 바칩니다.

주여 이 시간은

가장 정결하게 비어 있습니다.

빈 그릇과 같이 가득 차 있습니다.

당신의 고요한 은혜로

가득 차 있습니다

주여 이 시간엔

한 방울 한 방울

떨어지는 소리만이 들립니다.

눈물의 소리만이 들립니다.

주여 이 시간엔 잃게 하소서,

요란한 말들을 잃게 하소서

그리고

나의 눈물 소리와

나의 눈물소리만이 떨어져

이 빈 시간을 채우게 하소서.

―제목 미상, 전문[72]

이 시에서 "눈물"은 슬픔의 눈물이 아니라 기쁨과 감사의 눈물이다. 구원에 대한 신의 은총을 확인하는 생명에 대한 환희의 전주(前奏)이다. 그런데도 그는 어쩔 수 없는 고독의 시인이다. 이 시에서도 "눈물", "잃게", "비어있는" 등의 단어와 3연의 "한 방울 한 방울/떨어지는 소리만이 들립니다./눈물의 소리만이 들립니다."와 5연 끝 부분 "나의 눈물 소리와/나의 눈물소리만이 떨어져/이 빈 시간을 채우게 하소서"에서 기도의 의미를 배제하고 단순히 들으면 평소 그가 즐겨 쓰던 고독한 어조로 읽힐 수 있다. 신의 은총에 감사하는 순간에도 종전의 고독한 정조를 버리지 못하고 있는 것이다. 그만큼 그에게는 고독이 뿌리박혀 있었다는 증좌이다.

그와 같이 은밀하고 끈질긴 고독은 후기에 이르러 드디어 확연한 정체를 드러낸다. 고독이 절정에 이른 시집 『견고한 고독』과 『절대고독』 시기의 시편 못지않게 그 이전의 시에도 고독한 시들은 많다. 그런데 신에게 되돌아온 만년의 시에는 죽음을 앞에 두고도 고독한 시가 별로 없다. 병들고 나이 들어 아무래도 쓸쓸한 시들이 많을 법한데 그렇지 않다. 감사의 기도문만 읊기에도 벅차서일까. 그보다도 고독이 차지한 자리를 밀어내고 신이 들어선 때문일 것이다.

그렇게 신이든, 고독이든 무형이긴 마찬가지로 그의 내면은 늘 무형의 존재들이 기숙하는 빈집이었다. 그리고 신과 고독은 그 빈집을 두고 끊임없는 쟁탈전을 벌인다. 그는 그 빈집의 입주자가 고독일 때 수준 높은 시를 쓰게 된다. 그의 시는 신앙보다도 고독의 산물이기 때문이다. 그러나 그는 고독을 통하여 신과의 관계 역시 돈독히 한다.

"나의 시가 앞으로 고독의 주제를 벗어나 어떠한 방향으로 변모해 나갈지 나 자신마저도 알 수 없다."던 그는 절대고독이 차려놓은 노지(露地)의 만찬을 버리고 요람 속의 신에게 돌아가고 만다. 그리고 그가 즐기던 고독 대신 신의 은총과 기도가 후기시의 주제로 확연히 자리매김한다. 그것은 그의 시가 보다 심원한 경지에 이를 수 있었던 절호의 기회를 놓친 아쉬움으로 그의 시세계는 물론 한국문학사에 있어서도 불행한 손실이었다.

  김현승은 하나님과 결별 후에도 영혼의 지순한 경지와 지고의 경지를 동시에 체험한 시인이다. 그 결실이 절대고독 시기의 시편들이다. 대부분의 평자나 독자는 그의 시와 간접적 대면 속에서 그를 만나는 만큼 신앙보다도 시를 통해 그의 내밀한 정신세계를 추찰하게 된다. 시적 성취와 정신주의적 순도에 수승한 시편들이 그의 고결한 시세계를 가늠케 하는 척도인 것이다.

  신앙은 그의 시세계를 심층적으로 고찰할 경우, 생활환경이나 심리적 배경의 일부로 참고적 기능을 할 따름이다. 대부분의 평자들도 시를 중심으로 시인 김현승의 시세계를 논한다. 김현승에 대한 평가에서 그의 시가 주요 논의 대상이자 기준인 것은 당연한 전제요건이기 때문이다. 그런 시각에서 비록 신앙적 측면에서는 절대적 비중을 차지할지라도 시적 측면에서는 중기시에 비해 상대적으로 미흡한 그의 후기시에 대한 평가는 엄밀해야 할 것이다.

Ⅱ. 신과 자아의 갈등과 화해

  김현승은 '기독교 시인'이며 '고독의 시인'으로 일컬어진다. 그에게 기독교와 고독은 대표적 상징이듯이 전 생애에 걸쳐 불가분의 상호관계를 이룬다. 그와 신과의 관계가 원활치 못한 결핍의 자리는 고독의 독점이지만 신과의 관계가 돈독할 때면 고독은 자신의 거처를 기꺼이 신에게 반납하고 종적을 감춘다. 결핍의 소산인 고독은 신의 은총이 충만할 때는 설 땅이 사라지는 것이다. 그러나 고독은 김현승의 신앙을 끊임없이 독려하여 신에게 인계한 숨은 공로자다.

경건과 치열은 신앙의 양 축이다. 치열이 따르지 못하는 경건은 안일하고 경건이 따르지 못하는 치열은 산만하다. 모태신앙의 경건이 몸에 밴 김현승은 평생 치열하게 접신의 경지를 추구한다. 한 때는 신과 결별하고 인간적 주체선언을 하지만 그것은 결과적으로 그가 보다 뜨겁고 탄탄하게 신을 만나기 위한 과정이었다. 그는 어느 때보다도 경건했고, 그의 치열한 신앙적 갈등은 신을 향한 감사와 희열로 용해되었다.

김현승의 신앙은 스스로의 의지나 자각, 필요에 의해 주체적으로 선택한 자발적 명제가 아니다. 모태신앙에서 비롯된 환경적 요인이 곧 목사의 아들인 그가 기독교신앙과의 숙명적 인연을 맺은 배경이자 동기이다. 신앙은 자연스럽게 그의 일상이 되었고, 성경과 교회의 가르침은 사회적 가치관이나 윤리에 대한 숙고를 뒤로 한 채 일찍부터 당연한 생활의 준거로 자리 잡는다. 기독교가 신의 의지에 일방적으로 순응해야 하는 의타적 신앙이듯 그의 신앙은 독자적 의사가 개입할 여지도 없이 타의에 의해 관습적으로 시작되고 진행된다. 그는 하등의 이의나 저항 없이 당연한 생의 지침으로 신앙을 받아들이고 답습해 온 것이다.

그러나 그의 예민한 성정과 비판적 지성 속에는 실존의 당사자로서 주체적 위치를 확보하고자 하는 인간적 속성과 의지가 내재되어 있었다. 시와 학문은 그런 잠재의식을 역동적으로 독려하고 신과 맞설 본질적 근거를 그에게 제공한다. 더욱이 기독교의 부패한 현실은 그의 신앙에 대해 근본적 회의를 불러일으킨다.

마침내 그는 절대적 의지처이던 신과 결별하고 주체적 자아를 추구하게 된다. 신으로부터 독립한 인간선언이었다. 기도와 찬양의 가락에 젖어있던 천상의 화음에서 벗어나 그는 모처럼 지상의 생생한 목소리로 인간을 노래하기에 이른다. 인간적 의지가 신을 향한 맹목적 추종을 거부하고 자존적 위치를 회복한 것이다. 그러나 그는 예기치 못한 건강상의 이유로 화급히 신에 대한 거부권을 거두어들이고 만다. 서둘러 신과의 화해를 꾀한 것이다. 그것은 인간적 독자노선에 대한 신의 일방적 승리였다.

그의 신앙은 3기로 나누어 볼 수 있는데, 그의 시적 변모 과정과 연계하여 확연한 변곡점을 보여준다. 첫 번째는 목사의 아들로, 태어나면서부터 자연스럽게 신앙과 하나가 된 평상적 신앙의 시기이다. 두 번째는 신으로부터 독립해 주체적 자유의지로 분연히 신과의 결별을 선언한 '절대고독'의 시기이다. 세 번째는 생사의 기로에서 회생한 후 만년을 다시 신의 품속에서 보낸 시기이다. 그런 그의 신앙적 자취를 '관습적 신앙의 시기', '주체적 자아의 시기', '운명적 회귀의 시기'로 나누어 거기에 관련된 그의 시와 발언을 중심으로 더듬어 보기로 한다.

1. 관습적 순응과 성찰 —초기 신앙

니체와 융, 헤세는 일련의 공통점을 지니고 태어난다. 아버지가 개신교 목사라는 사실이다. 그러나 그들의 사상적 영역과 행보는 제각기 달랐다. 다만 각자의 세계에서 탁월한 위치를 선점한 선각자라는 사실과 반기독교적 성향과 정서에서는 일치했다. 그들은 기독교 신앙에 회의적이었듯이 무신론적이거나, 기독교적 입장에서 보면 이교도적인 논지를 확장해 나갔다.

김현승도 개신교 목사의 아들이라는 점과 자기세계에서 괄목할 성과를 거둔 사실은 그들과 일치한다. 반면, 그는 철저히 독실한 기독교 신앙으로 일관한다. 잠시 방황이 있었지만 이내 돈독한 신앙인으로 회귀한다. 앞의 세 사람이 청소년기부터 신앙적 회의에 빠지고 결국 단절의 길을 추구한 것과 달리 김현승은 초기에는 관습적으로 제자리를 고수한다.

초기의 신앙은 신실한 목회자 가족의 일원인 가정환경의 관습적 영향으로 인해 기독교 사회에 대한 비판적 시각이나 내면적 고뇌와 성찰이 확연하게 드러나지 않는다. 아래의 시 「호소(呼訴)」는 김현승의 초기시인데 제목 그대로 정제되지 않은 호소 일변도의 시이다.

사랑하지 않고서
나는 이 길을 더 나아갈 수 없나이다
사랑하지 아니하고서는……

결핍(缺乏)된 우리의 소유(所有)는
새로운 가설(假說)들의 머나먼 항로(航路)가 아니외다,
길들은 엉키어 길을 가리우고 있나이다.

사랑의 기름 부음 없이
꺼져가는 내 생명의 쇠잔한 횃불을
더 멀리는 태워 나갈 수 없나이다,
사랑의 기름 부음 없이는……

배불리 먹고 마시고, 지금은 깊은 밤,
모든 지식의 향연(饗宴)들은 이 땅 위에

가득히 버리워져 있나이다,

이제 우리를 풍성케 하는 길은

한 사람의 깊은 신앙(信仰)—사랑함으로 신(神)의 이름을 부르는 것이외다.

사랑하지 아니하고 어찌하리이까,

허물어진 터전, 짓밟힌 거리마다,

싸늘한 철근(鐵筋)만이 남은 가설(假說)들을 부여잡고

오늘 멍든 우리들의 가슴을 부비어야 하리이까?

부러진 우리들의 죽지를 파닥거려야 하리이까?

하염없이 무너져 나간 문명(文明)의 자국들—진보(進步)의 이름으로

우거진 주검의 정글 속에서,

지난날 지(智)의 관(冠)을 꾸미던 모든 나라의 찬란한 보석보다

더욱 빛나는 것은 오늘 사랑의 한 끝인 당신의 눈물이외다!

사랑하지 않고 어찌 하리이까,

위대(위대(偉大))한 상실(상실(喪失))을 통(통(通))하여—

숨지던 극동(극동(極東))의 산맥(산맥(山脈))에서 기다리던 북해(북해(北海))의 먼 항구(항구(港口))에서

오오, 마침내 형제(형제(兄弟))의 의(義)로 맺어진 저주(저주(咀呪)) 받은 땅의 우리들,

푸른 하늘에 사는 눈동자, 타는 입술이 그렇게도 닮은 우리들—

우리들의 처음 고향(고향(故鄕))은 사랑이었나이다.

영겁(永劫)에도 그러할 것이외다!

　　　　　　　　　　　　　　　　—「호소(呼訴)」전문

　"결핍(缺乏)된 우리의 소유(所有)", "새로운 가설(假說)들의 머나먼 항로(航路)", "배불리 먹고 마시고", "모든 지식의 향연(饗宴)들", "하염없이 무너져 나간", "사랑하지 아니하고 어찌하리이까", " 오늘 멍든 우리들의 가슴", "문명(文明)의 자국들—진보(進步)의 이름으로", "위대한 상실을 통하여" 등, 일부러 관념적이고 감상적인 상투어들을 집합해 놓은 것 같다. 절제를 생명으로 하는 시를 들뜨고 거친 목청이 주도해 정작 시의 본질을 훼손하는 경우는 김현승 자신이 가장 경계한 부분인데도 초기시는 그 초보적 한계를 노출하고 있다. 이는 시에 국한된 사안만이 아니다. 신앙을 시에 접목해 시와 신앙의 동반 상승을 꾀하지만 대표적 기독교 시인으로 일컬어지는 그의 신앙이 아직 덜 다듬어지고 무르익지 못한 사실을 확인시켜 준다.

　그의 신앙은 초기에는 자아와 사이좋게 동거하고 있었다. 신앙은 그의 예민한 지성이나 철학적 분별력과도 하등의 마찰 없이 지속되는 당연한 일상의 준거였다. 그러나 이는 불가피한 환경적 소산으로 자신의 의지와는 상관없이 습관화 되어온 맹목적 순응에 가까운 탓에 종교적 치열함이나 정밀성은 눈에 띄지 않는다.

　그래선지 그의 초기시에는 자연이나 조국의 아픈 현실을 노래하는 것들이 대부분이고 기독교 관련 작품들은 별로 없다. 위의 시에서도 남북분단의 참담한 현실에 대한 고뇌, 즉 광명의 원천인 신의 은총 없이는 해결책이 없는 절망을 기독교의 사랑에 호소하고 있지만 정작 기독교의 진면목이 녹아 있는 차원 높은 신앙의 흔적은 찾아보기 어렵다.

절대고독의 외유를 거쳐 다시 신의 품으로 귀의한 만년의 시에는 신을 찬양하는 희열과 절실함이 주조를 이루지만 초기시에서는 그런 신앙적 간절함도 보이지 않는다. 그것은 그의 초기 신앙이 본연의 정신적 긴장과는 다분히 이완되어 있었다는 반증일 수 있다.

그러나 이 시에서 놓치지 말아야 할 대목이 있다. "우리들의 고향은 사랑이었나이다./영겁에도 그러할 것이외다."라는 마지막 행이다. 비록 정련된 맛은 미흡하지만 사랑을 주조로 한 기독교 신앙의 본질을 직시하고 있기 때문이다. 그는 '사랑'의 가치에 대한 확고한 인식이 신앙의 일차적 요건임을 불문율처럼 감지하고 있었다. 그것은 신의 '영원한 사랑'과 신앙이 불가분의 숙명적 관계라는 사실을 무의식적으로 체득해온 결과였다.

다음에는 그의 초기시를 대표하는 작품으로 위의 「호소(呼訴)」와는 격이 다르게 읽히는 「가을의 기도」를 살펴보기로 하자.

가을에는
기도하게 하소서……
낙엽(落葉)들이 지는 때를 기다려 내게 주신
겸허(謙虛)한 모국어(母國語)로 나를 채우소서.

가을에는
사랑하게 하소서……

오직 한 사람을 택하게 하소서.
가장 아름다운 열매를 위하여 이 비옥(肥沃)한

시간(時間)을 가꾸게 하소서.

가을에는
호올로 있게 하소서……
나의 영혼,
굽이치는 바다와
백합의 골짜기를 지나,
마른 나뭇가지 위에 다다른 까마귀같이.

— 「가을의 기도(祈禱)」 전문

화자는 1연의 "낙엽(落葉)"이 2연의 "가장 아름다운 열매"로 부활하도록 기도하고 있다. 그러나 3연에서는 생경스러운 일탈의 조짐이 보이고 있다. 생의 소용돌이인 "굽이치는 바다와", "백합의 골짜기를 지나", "마른 나뭇가지 위에 다다른 까마귀"라는 고독한 실존적 영혼으로 홀로 있게 해달라고 기도하고 있는 것이다.

시인 자신도 단순한 서정 외에 좀 더 깊은 생의 가치를 추구하고 싶어 이 시를 썼다고 했듯이, 이 시에는 절대고독에 대한 징후가 보이고 있는 데 주목해야 한다. 단순히 기독교적인 시를 기대한다면 "백합의 골짜기"에 이른 것으로 마무리 짓고, 마지막 행인 "마른 나뭇가지 위에 다다른 까마귀같이" 구절은 덧붙이지 않아야 더 어울린다. 그런데도 그는 순도 높은 종교시의 부담이 될 수 있는 마지막 구절을 굳이 엉뚱한 사족처럼 덧붙이고 있다.

실제로 그에게 까마귀는 흉조가 아니라 고향을 떠올리는 친근한 새다. "마른 나뭇가지 위에 다다른 까마귀"는 그가 "고독을 주제로 추구하면서 새로운 미학인 건조미(乾燥美)에 매력을 느끼게 되었다."고 술회한 그 건조미에 해당될 수도 있다. 그러나 이보다도 그의 내면에 이미 신의 구속을 떠나 자유의지의 주체로 새롭게 도약하고자 하는 자아의식이 은연중 싹트고 있음을 암시하는 예비적 징후에 해당한다고 볼 수 있다. 이후 절대고독 시기에 이르러 그는 "마른 나뭇가지 위에 다다른 까마귀"처럼 고독한 자아를 노래하게 된다.[73]

2. 주체적 자아의 추구—중기 신앙

기독교는 김현승의 생활과 사상, 정서의 핵심 요소로 그의 시세계에서도 빼 놓을 수 없는 촉진 작용을 한다. 그런데 그는 기독교 세계와 인간적 양심의 갈등이 절정에 이르러 기독교와 결별하는 파격적인 모험을 한다. 이른바 절대고독 시기이다. 기독교 세계의 구원 대신 인간 세계의 양심을 택한 것이다. 아래의 구절에는 당시 그의 결연한 의지의 단면이 잘 나타나 있다.

> 신도 결국은 상대적인 존재가 아닌가 하는 가장 심각한 회의에 부닥치고 있다. 이것은 내가 품을 수 있는 가장 큰 사상 중의 사상이라고 생각한다. 그리고 나는 이 문제를 어떻게 하면 산문 아닌 시로써 형상화해 볼까 노력 중이다.

"무조건 부모에게서 전습한 신앙에 대하여 나는 오십이 넘어서야 회의를 일으키고 점점 부정적이 되어갔다."고 술회하듯 김현승은 심각한 신앙의 위기에 직면한다. 그동안 그는 목사의 아들로 맹목적이다시피 기독교를 신봉해 왔지만, 차츰 기독교의 모순을 들여다보고 철학적 분석을 하기에 이른다. 그 결과 마침내 신을 부정하는 초강수를 택하게 된다. "하느님은 유일신이 아닌 것 같다. 만일 유일신이라면 어찌 다른 신을 믿는 유력한 종교가 따로 있겠는가?" 하고 반문하는 것이다. 이어서 아래와 같이 신랄하게 비판한다.

기독교의 일원론은 악마의 영원한 세력인 지옥을 인정함으로써 이원론이 되고 만다. 그리고 일원론이 성립하려면 선의 책임과 함께 악의 책임도 창조주에게 지워져야 한다. 그런데 기독교에서는 행복의 영광은 신에게 돌리고 불행의 책임은 악마에게 돌림으로써 스스로 이원론의 모순을 저지른다."

그리고 한 걸음 더 나아가 "지상의 종교란 초월적인 신으로부터 근원되는 것은 아니고 결국은 인간들 자신이 만든 것을 오랜 세월에 따라 최초의 창시자로 신격화한 것뿐인 것 같다."고 덧붙인다. 이어서 "예수도 한 인간에 불과한 것을 오늘에 와서 신으로 모시게 되었다고 유추할 수 있"기에 "기독교 내부에서도 차차 하나님 중심의 기독교로부터 인간 예수 중심의 기독교로 변질되어 가고 있는 현상은 심각하다."고 반기독교적인 진단을 가하기에 이른다. 완연한 결별 선언인 셈이다.

그의 시 「고독한 이유」는 신을 떠난 당시 그의 고독을 명료하게 전경화하고 있다.

고독은 정직(正直)하다.
고독은 신(神)을 만들지 않고,
고독은 무한(無限)의 누룩으로

부풀지 않는다.

고독은 자유(自由)다.
고독은 군중(群衆) 속에 갇히지 않고,
고독은 군중(群衆)의 술을 마시지도 않는다.

고독은 마침내 목적(目的)이다.
고독은 고독하지 않은 사람에게도
고독은 목적(目的) 밖의 목적(目的)이다.
고독은 목적(目的) 위의 목적(目的)이다.

— 「고독한 이유」 부분

 마치 고독의 사용설명서 같다. 명쾌하면서도 단호하다. "정직"한 "무한의 누룩"인 "고독"은 최후의 "목적"으로 최상위를 차지한다. 군중과 어울리거나 "갇히지"않는 단독자의 "자유"는 고독의 진수로 그 성역에는 신(神)조차도 얼씬거리지 못하는 고원한 경지이다. 그런데 여기에서 주의 깊게 보아야 할 "정직한" 고독의 정체는 "신을 만들지 않는" 고독이라는 점이다.

 그처럼 신과 헤어져 독립을 추구하게 된 그는 "나는 신과 기독교에 대한 회의를 일으키면서 인간으로써 새로운 고독에 직면해야 했다."고 신을 떠난 존재의 각오를 피력한다. 신을 등진 인간의 독자적 고독은 스스로 선택한 대가로 "그것은 한 마디로 신을 잃은 고독"이고, 그가 "지금까지 의지해 왔던 거대한 믿음이 무너졌을 때 허공에서 느끼는 고독"이었다. 그 고독은 신을 지향할 때의 것과는 판이했다. 의지처를 잃었기에 스스로의 힘으로 존재해야 하며, 하늘을 버렸기에 스스로 땅을 딛고 일어서야 하는 절박하면서도 홀가분한 고독이었다.

신의 보호망에서 벗어나 스스로의 힘으로 걸어가야 하는 광막한 미개지는 고독할 수밖에 없는, 고독하지 않고선 당도할 수 없는 곳으로 결연한 출사표는 필수적이다. 거기서 그가 신을 대체할 항목으로 자신의 양심과 정의를 택한 것은 기독교의 양심과 정의에 대한 회의가 누적되어 이윽고 부정하고 불신하기에 이른 결과로 그만큼 절박하고 단호한 주체적 인간 선언이었다.

겉으로는 성스런 신의 세계를 추구하면서도 실제로는 신에게도, 인간에게도 불성실한 속물적인 기독교 내부의 위선적 현실은 예민한 결벽증을 지닌 순결한 영혼이 견디어 내기에는 심각한 부조리였다. 그리하여 덩달아 신마저 비판적 시각으로 재해석하기에 이르고 결국은 신조차도 과감히 떨치고 나온다. 자신의 양심과 정의는 신이 주관하던 양심과 정의를 인간의 것으로 돌이킨 역사적 해방이자 획기적 독립을 의미하는 것이었다. 이는 그가 당시 얼마나 진리의 실상에 목말라했고 인간적 진실의 가치를 소중히 여겼는가를 가늠할 수 있는 척도다.

고독 중에서도 신을 증인으로, 아니면 무신론의 맹주로, 낯선 우주의 한복판에서 운명의 개척자인 자신과 마주선 자각이 가장 소슬하며 장엄하다. 외로움은 자신을 약화시키는 마음의 질병이지만 스스로 부른 고독은 자아를 승화하고 완성하는 고차원의 기회로 활용할 수 있기 때문이다.

껍질을 더 벗길 수도 없이

단단하게 마른

흰 얼굴.

그늘에 빚지지 않고

어느 햇볕에도 기대지 않는

단 하나의 손발.

(중략)

뜨거운 햇빛 오랜 시간(시간(時間))의 회유(회유(懷柔))에도

더 휘지 않는

마를 대로 마른 목관악기(목관악기(木管樂器))의 가을

그 높은 언덕에 떨어지는,

굳은 열매

— 「견고(堅固)한 고독」 부분

　　김현승은 이 시기에 "고독을 진정으로 아는 사람은 자신으로 돌아올 수밖에 없다. 고독을 진정으로 깨닫는 사람은 고독 속에 빠지는 것이 아니라 그 고독 속에서 자신을 건져 내"기에 최후에 남아야 할 것은 자기 자신뿐이라고 외친다. 그러기에 그는 "그늘에 빚지지 않고/어느 햇볕에도 기대지 않는/단 하나의 손발"이라고 자신을 지칭한다. "뜨거운 햇빛 오랜 시간의 회유에도/더 휘지 않"고 "그 높은 언덕에 떨어지는, 굳은 열매"처럼 견실한 주체적 삶을 견지하겠다는 의지의 표명이다. 그는 산문 「나의 고독과 나의

시」에서 "고독한 존재는 아무도 믿지 않고 누구에게도 의존하지 않기에 자신을 더욱 굳세게 만들고 견고하여 질 수밖에 없는 것이다."라고, 신으로부터 인간의 자주독립을 과감히 선포하고 있다.

김현승에게 광주는 초등학교를 다녔고 평생의 대부분을 보낸 고향이다. 또한 낯선 제주에서 채 의식화 되지 못한 그리움이 잠재의식의 저변을 맴돌던 평양이나 다름없다. 그가 신까지 버리고 혈혈단신으로 고독의 망망대해에 발을 내디딘 절대고독의 시기는 광주를 떠나 서울에 머물던 때다. 그처럼 그는 고향을 떠났을 때, 그리고 귀향의식과 맞물린 신을 떠났을 때 고독했다. 그러면서도 그의 영혼은 고독할수록 치열하고 순결했다.

이제 신을 대신해 그는 자신의 내부에서 새로운 돌파구를 찾게 된다. 여기에서 불퇴전의 각오로 신을 떠나 새로운 인간적 진리에 배수진을 치고 지원군처럼 불러들인 그의 '절대고독'에 대해 살펴 볼 필요가 있다. 이는 그의 고독 중에서도 가장 깊고 치열한 것이기 때문이다. 그는 신에 필적할 양심을 최후의 보루로 삼고, 진리와 동일한 신뢰를 표한다. 그리고 "나의 내부에서 이 양심의 실재를 부정하지 못하는 한, 나의 고독이 허무주의나 퇴폐주의로 결코 변질하지는 않을 것이다. 오히려 고독한 존재는 아무도 믿지 않고 누구에게도 의존하지 않기에 자신을 더욱 굳게 만든다."는 자존적 확신에 이른다.

신을 통한 구원은 기독교 신앙의 핵심이자 기본적 요건이다. 따라서 신의 권능과 은총을 부정하고 인간적 자율을 주장하는 것은 기독교 입장에서는 구원을 포기한 배교를 의미한다. 이에 반해 김현승이 신으로부터의 구원을 포기하고 그 자리에 인간 중심의 자아를 배치한 것은 신과 마주 선 단독자로서의 고독한 자기 확인이었다. 부연하자면 허무주의나 퇴폐주의로 뒷걸음치는 퇴화가 아니라 신을 버린 인간이 스스로 주체가 되어 새로운 길을 모색하는 견고하고 장엄한 결단이었다. 그가 기독교적 구원관과 다른 별개의 세계를 추구한 이면에는 기복적 수단으로서의 구원에 환멸을 느낀 자결적(自決的) 의지, 즉 독자적 지성의 '자기충실성'이 철학적 배경을 이루고 있었다.

신마저 버리고 우주와 동일체인 자신과 만나는 절체절명의 자기발견은 고독의 진수이며 인간이 이를 수 있는 정신의 최상층이다. 김현승의 절대 고독은 신과 결별한 인간의 주체적 자유의지가 머무는 처소다. 신의 실재나 부활이 허구임을 깨치고 의연하고도 범상하게 죽음을 받아들이는 무신론적 세계관의 새로운 메카였다.

김현승은 신과의 결별 후, 외로움과 무(無)의 망망대해를 신을 대체한 존재인 자아에 대한 도저한 자각의 일엽편주로 고독을 노 삼아 항해하기 시작했다. 김현승의 자유의지에 따른 기독교에 대한 무신론적 일탈은 위에 열거한 신에 대한 실존적 회의와 일정 부분 궤를 같이한다. 그리하여 그는 허무의 광야에서 절대긍정을 노래한 자라투스트라처럼 천길 나락과도 같은 고독의 심연으로 표표히 침잠해 들어간다.

그러나 그 순간에도 그는 완전히 신을 떠나지 못하고 신을 의식할 수밖에 없는 한계를 노출한다. "철저한 고독은 허무로 전환하기 쉬울 것이고 사회적 윤리와는 단절상태에 놓이게 되는 것이다. 그러나 나에게 있어서는 그렇지 않다. 내가 이와 같은 신앙을 버리고 신을 부정한다면서도 다만 한가지 지금도 부정하지 못하는 것이 있기 때문인데 그것은 인간의 양심"이라고 토로하는 것이다. "한편으로는 신에 대한 미련을 말끔히 씻어내지 못한 듯 신을 부정하다가도 이 양심의 존엄성에 생각이 미치면 그것은 진화의 결과이기보다 누군가에게서 주어진 것 같다고 생각하지 않을 수 없다."
고 창조주인 신의 존재를 새삼 언급하고 있다. 이어서 "나로부터 추방당
한 신이 이 양심이라는 최후의 보루에서 나에게 마지막 저항을 하고 있는
지도 모른다. 혹은 이 거점을 점차로 확대하여 그의 실지를 나의 내부에서
회복할 기회를 노리고 있는지도 모른다."고 마치 자신의 회귀를 예견한 듯
미묘한 여운을 남긴다. 그리고 오래지 않아 다시 신의 품으로 되돌아가게
된다.

인간에게 부여된 양심과 정의는 신의 보증을 받지 않고서는 성립될 수
없다는 사실을 절감한 행보였다. 절대적 존재이던 신을 버리는 모험을 감
행하며 결연한 의지로 선택한 절대적 무(無)의 경지에 여장을 풀기 전에 그
는 신과 화해하고 영구히 안전한 신의 품에 안긴다.

3. 운명적 회귀—후기 신앙

김현승은 신과 결별하며 "나는 신이란 인간들의 두뇌의 소산인 추상적
인 존재에 지나지 않는다고 점점 확신을 갖게 된다. 인간 생활을 통일하기
위한 절대 진리, 절대의 법칙을 지탱하기 위해서는 초월적인 절대자의 존재
가 필요하였기에 만들어낸, 신이란 두뇌의 소산에 불과하다."고 과감히 신
을 부정한다. 그리고 "내가 50평생을 체험한 교회의 현실이 나의 이 판단
을 어느 사회 현실보다도 더 보증하여 주고 있다. 그 어느 사회의 인심 못
지않게 음흉스러운 교인 심리의 내부, 그 중상과 그 거짓, 그러한 인간본위
의 내부를 표면에서는 신앙으로, 오직 신앙으로 회칠하고 있다."고 덧붙인
다. 그러나 그의 굳건할 것 같던 자율적 결의는 뜻하지 않은 병으로 생사의
기로를 헤매고 난 후, 신에 대한 굳건한 결의로 돌이켜지게 된다.

나의 신앙적 배반을 오래 참고 보시다 못하여 나를 주관하시는 하나님 아버지께서는 나를 치셨던 것이다. 나를 치셔서 영영 쓰러졌더라면 나는 그때부터 지금까지 지옥의 불덩어리 속에서 후회막급하며 구원을 부르짖고 있었을 것이다. 그러나 하나님 아버지께서는 나를 다시 깨어나게 하시어 나의 과거를 회개할 기회를 주시고, 그리하여 나는 고혈압을 앓기 전보다 신앙을 회복하고 나 자신의 죄과를 깨닫고 신앙에 전진하려고 지금은 노력하고 있다.

돌발적 사건으로 인해 한결 순종적이 되어 신의 세계로 되돌아가기에 이른 것이다. 그것은 김현승에게 운명적으로 예정된 과정이나 다름없었다. 따라서 신앙은 어느 때보다도 경건하고 절실하게 그의 영혼을 장악하게 된다. 그는 자신의 시조차도 "내가 받은 시재(詩才)는 하나님이 주신 것이지 지상의 어느 누가 내 가슴과 머릿속에 넣어준 것은 아니고 넣어 줄 수도 없다."고 신의 전유물로 헌상하고 있다. 그리고는 "끊임없는 하나님의 돌보심과 축복 속에 나의 영혼과 육체의 건강이 더욱더욱 튼튼하여지도록 무릎을 꿇고 엎드려 빌고 힘써야 하겠다."고 영혼의 충만과 치병을 위한 간곡한 염원을 되풀이하고 있다.

접신의 경지에 이르기 전에는 감내할 수밖에 없는 것이 고독의 실상이다. 고독은 신에게 다가가는 전초적 길잡이나 다름없다. 처절한 고독 속에서만 자신의 부조리하고 무기력한 인간적 실상을 통감하고 신의 음성을 접할 수 있기 때문이다. 고독은 때로 고통스러운 것이지만 신성이 깃들 수 있는 미래의 신전이기도 하다. 이를테면 신의 빈자리인 셈이다. 방탕한 이단의 외도 속에서 잠시 신을 떠나 있었던 아우구스티누스가 깊은 참회의 눈물을 흘리고 신에게로 돌아왔을 때의 환희와 충만감은 형언하기 어려웠다.

비로소 고독으로부터 해방되는 순간이었다. 신을 만나 그 은혜를 접하는 순간, 인간의 고독은 사라지고 결핍과 불안의 내홍을 앓던 영혼은 신이 제공한 풍요와 감사, 평화의 안전지대로 안착한 것이다.

김현승 역시 신과 결별한 한시적 일탈은 그의 신앙을 보다 크고 단단히 하는 과정적 의미로 작용한다. 그는 고독의 요인인 결핍과 불안의 늪을 벗어나 평안과 충만이 깃든 신의 품에서 그 크고 깊은 은혜에 감사하는 일념으로 노후를 마감하게 된다.

신을 향해 기도하고 신과의 만남을 갈구하며 결핍감에 매몰되는 것은 신을 사랑하는 게 아니고 기껏 자신을 사랑하는 것이다. 채워지지 않는 영혼의 결핍에서 벗어나고자 하는 욕구가 그 실상이기 때문이다. 참으로 신을 사랑하는 경우는 아우구스티누스가 삼위일체설을 체계화할 때, 그리고 프란치스코가 가난한 이들을 신처럼 섬길 때였다. 그때 그들은 불안하거나 고독하지 않았다. 사명감으로 충만해 있었다. 신과 자아의 일체감 속에서 확신에 차 있었다. 그것은 신은 고독을 통해 자신에 이르도록 유도한다는 사실을 새삼 돌이켜 보게 해준다. 고독의 절해고도에 단독자로 우뚝 서서 신의 숨결이 느껴지지 않고서는 결코 평안하거나 온전할 수 없는 자신의 실체를 확인하고 자신의 허상을 철저히 비워내야만 거기 신이 자리 잡을 수 있다.

김현승에게 신은 그런 존재이기에 그는 신의 품에 이르기 위해 절대고독의 빈자리에 신의 처소를 마련한 것이었다. 다만 늙고, 심신이 예전 같지 못한 터라 신과의 재회에 그토록 감사하고 기뻐하면서도 교부철학을 완성한 아우구스투스처럼 특별한 사명감이 보이지 않는 것은 걸출한 종교적 지성을 필요로 하는 기독교계에서도 상당히 아쉬운 부분이다.[74]

그는 시를 구원의 동반자로 여기고 순결하고 경건한 기도를 바쳤다. "노욕을 버린 상태에서 저 자신에 대해 마지막까지 충실하고 싶다. 그러기 위해서는 끝까지 시를 써야한다. 나에게 있어서 시를 쓰는 일보다 나 자신을 충실하게 하는 일은 달리 있을 수 없다. 시는 나에게 있어서 구원이었다. 이 신념만은 내가 칠십에 까지 산다 해도 변함이 없을 것이다."라고(1973년) 다짐한다. 얼마나 간절한 시적 도취이며 천착인가. 그런데 이듬해에는 그 열정도 시들어버리고 만다. "시를 버릴지언정 나의 구원인 나의 신앙을 다시금 떠날 수는 없다. 이 신념이 변치 않기를 나는 나의 신에게 간곡히 빌고 있다. 신에게 엎드려 간곡히 빌고 있다."고(1974년) 번복하기에 이른다. 마지막 보루이던 시마저도 그토록 온전히 매진하고 싶은 신앙에는 걸림돌인 것이다. 절대고독이 절대 신앙으로 탈바꿈하는 결정적 선회였다.

김현승이 그토록 고독한 것은 그의 환경적 요인에 의한 잠재적 심성에도 원인이 있지만 신과의 관계가 원활하지 못한 반응이기도 했다. 그에게 고독은 그가 신을 맞아들이기 위한 준비 과정이었다. 김현승의 신앙과 함수관계인 고독은 그와 신과의 거리가 가까울 때는 저만큼 달아났다가도 신과의 관계가 소원해지면 그림자처럼 다가와 신에게 매달린다. 그에게 고독은 신의 품에 완전히 이르지 못한 어린 양의 불안에 따른 반사작용이었다. 고독은 그가 가장 순결한 영혼으로 신을 만나기 위해 닦아 온 길이며 안내자였다.[75]

김현승은 영혼의 지순한 경지와 지고의 경지를 아울러 체험한 지성이다. 유난한 결벽에서 우러나오는 예민한 감수성으로 자연을 노래할 때 그의 영혼은 지순하고, 절대고독의 경지에서 그의 영혼은 치열한 만큼 지고하다. 그리고 신과 독대하고 있을 때 그의 영혼은 영원한 고향에 이른 것처럼 평화롭다. 불안은 그의 영혼을 보다 높고 안정된 경지로 부추기고, 치열은 그의 고독을 고도로 순결하게 탁마하고, 신앙은 순결한 영혼을 흔들리지 않게 감싸 안는다.

아래의 시 「부활절에」는 1975년 4월 〈한국문학〉에 발표한 시로, 김현승은 같은 해 4월 11일에 타계했으니 그에게 있어서 최후의 시로 볼 수 있다. 이 역시 굳이 해석이 필요 없는 작품이다. 통상의 비판적 시선으로 보자면 특유의 날카로운 예지는 흔적이 없고 상투적이고 맹목에 가까운 부활에의 찬송이 반복되고 있다. 대부분의 후기시들이 시적 긴장을 이완한 채 일방적으로 신에게 복무하려는 찬가로 일관되고 있음을 알 수 있다. 그러나 오랜 방황과 진통 끝에 비로소 영혼의 안식에 이른 평화와 충만이 느껴져 마치 순결한 동자승을 보는 것 같다.

당신의 핏자국에선
꽃이 피어 사랑의 꽃 피어,
땅 끝에서 땅 끝까지
사랑의 열매들이 아름답게 열렸습니다.

(중략)

모든 나라의 모든 사람들이
이웃과 친척들의 기도와 노래들이
지금 이것을 믿습니다!
믿음은 증거입니다.

> 증거할 수 없는 곳에
> 믿음은 증거입니다.
> 증거 할 수 없는 곳에.
> 믿음은 증거합니다!
>
> ―「부활절(復活節)에」 부분

    부활절은 기독교의 영생을 보증하는 상징적 기념일이다. 김현승은 임종 직전에 신에 대한 확고한 믿음과 그로 인한 희열로 충만해 있는데 이는 부활의 진리에 대한 무한의 신뢰를 의미한다. 또 개인적으로는 죽음을 앞둔 처지에서 이미 구원이 이루어진 탄탄대로를 가리킨다. 그곳은 두려움도 외로움도 깃들 여지가 없이 부활과 영생의 주관자로서 신의 은총만 두루 미치는 세계이다. 이제 일체의 회의를 떨쳐낸 믿음은 확고한 진리의 "증거"이며 "증거 할 수 없는 곳"에서도 온전히 믿음이 이루어지는, 다시 말해 유형, 무형에 걸쳐 하등의 거침이 없는 이상향을 의미한다. 그는 온전한 구원의 믿음 하나만 보증수표로 챙겨 천상을 향해 이승을 하직하게 된 것이다.

제6부

문학사적 성취와 재평가 필요성

김현승이 도달한 정신주의 시의 고차적 경지는 한국시문학사에서 보기 드문 사례에 속한다. 또 언어의 절제와 감각적 이미지가 돋보이는 주지적 모더니즘과 정신주의의 결합은 그의 독자적 시세계를 재평가해야 할 필요성을 제기한다.

I. 한국 현대시와 김현승

김현승은 처음 시를 발표한 1934년부터 타계한 1975년까지 40여 년에 걸쳐 작품 활동을 한다. 여러 가지 외부 여건상 작품 발표가 꾸준히 이루어지지는 못했지만 상당수의 유명시인들이 요절하거나, 나이에 비해 일찍 절필하는 현상을 보인 것에 비하면 나름의 창작적 수명을 누린 셈이다. 생전에 5권의 시집을 발간한 사실이 이를 증명한다. 당시의 예로 보아서는 적지 않은 분량에 속하기 때문이다.[76]

외부의 자연이나 사물에 대한 관심에서 출발한 시가 형이상학적 물음으로 내면화된 것이 현대시의 특징 중 하나라고 볼 때 김현승의 시는 한국 현대시에서 중요한 위치를 차지한다. 그에게 시는 유한 너머 무한한 미지의 세계와 내면의 형상화를 추구하는 내밀한 수단이었기 때문이다. 김현승은 모더니즘 경향의 시에 형이상학적 성찰을 가미해 정신주의적 시의 진경을 이룬다. 여기에서 형이상학적 성찰에 범신론적 무한의 세계에 대한 인식이 어떻게 기능하는가 하는 질문은 다양하고 폭넓은 후속 연구를 주문한다.

1. 현대시 초기의 시적 경향

김현승의 문학사적 성취와 그 위치에 관해 논하기에 앞서 이 시기에 활동한 시인들을 중심으로 시단의 창작 경향에 대해 살펴보기로 한다. 여기에는 김현승이 등단하기 이전에 활동한 시인들도 포함된다. 그들 역시 김현승의 시세계에 일정의 영향을 끼친 것으로 볼 수 있기 때문이다.

한국의 현대시는 전통서정시를 기반으로 그 위에 모더니즘과 리얼리즘이 가세해 그 토양을 풍성하게 했다. 전통서정시는 고대 향가나 시조에서부터 면면이 이어온 민족 고유의 토착 정서를 바탕으로 아름다운 고유어, 긍정적 가치관, 자연친화적 서정성을 미학적으로 형상화한 경향의 시풍을 이른다. 한편 감각적 언어, 낯선 형식, 이질적 문화, 탈일상의 상상력을 선보인 모더니즘은 서정시풍의 단조로운 시적 토양에 변화와 자극을 선사했다. 또 실험적 언어구사와 형식의 파격적 변모를 추구, 도시 문명을 배경으로 주지주의적 성향을 보인 점에서 한국적 모더니즘은 나름의 특성을 지니게 되었다. 반면, 리얼리즘은 현실 개선을 위한 사회적 기능에 관심을 기울여왔는데 시의 현실참여에 앞장선 점에서 문예사조적 시각에서 사실적 묘사에 치중한 서구의 리얼리즘과는 차이를 보였다.

여기에 또 하나의 사조가 곁들여졌는데 낭만주의 시풍이다. 당시 일제강점기의 암울한 시대적 고통 속에서 태동한 낭만주의는 통상의 심리적 여유와는 성격이 다른 핍박과 결핍의 정서가 기저를 이루고 있었다. 따라서 비관적 허무주의, 퇴폐적 감상주의, 유토피아 동경 등, 실생활과 유리된 현실 도피 경향이 주류를 이루고 있었다. 이들 네 장르를 주도적으로 개척한 시인들과 그 특징을 요약하면 다음과 같다.

전통서정시

전통서정시는 서정시와 거의 동격으로 혼용되어 왔는데 어원상 서정시의 하위어에 속한다. 엄밀히 구분하면 서정시는 보편적 서정성을 바탕으로 하는데 비해, 전통이라는 수식어가 따르는 전통서정시는 민족 고유의 정서가 바탕을 이루며 토착적 요소가 강한 특성이 주조를 이룬다. 현대시 초기의 전통서정시는 민족적 슬픔과 민중의 숙명적 한이 혼재되어 애상적 분위기를 자아내는 여성적 정조가 주류를 이루고 있었다. 그러나 차츰 모더니즘과 리얼리즘, 낭만주의의 영향과 접하면서 전통적 특질은 약화되고, 서정시 보편의 건강성을 추구하게 되었다.

넓게 보아 한국 현대시 초기 시인 대부분이 전통 서정 시인의 범주에 속하지만 대표적 전통 서정 시인으로 김소월, 한용운, 윤동주, 김영랑, 신석정, 노천명, 모윤숙 등을 꼽을 수 있다. 또 서정주, 유치환은 생명파, 박목월, 조지훈, 박두진은 청록파로 통하지만 그들 역시 빼어난 전통 서정 시인들이다. 정지용과 더불어 백석도 모더니스트로 분류하는 경우가 있지만 우리말과 토착적 정서를 아름답게 다듬어 빛낸 점에서는 이들 역시 전통 서정 시인으로 불러도 손색이 없다.

이 중 백석을 모더니스트로 보는 데는 보다 신중해야 할 필요가 있다. 모더니즘에 대한 개념을 지나치게 포괄적으로 확장할 경우, 일부 지엽적 모더니즘 성향에 가려 정작 전통서정시의 본질이 모호해질 수 있다. 다시 말해 지류에 본류가 가려 그 본말이 뒤바뀌는 오류를 범할 수 있다. 반면 일례로 대표적 모더니스트로 꼽히는 김수영의 「풀」이나 김춘수의 「꽃」은 그 시 자체로만 보면 탁월한 서정시에 속한다. 그렇다고 그들을 서정 시인으로 부르지는 않는다. 그들의 시적 성향은 모더니즘의 본류에 속하기 때문이다. 한편, 카프에 가입해 활동한 시조 시인 조운은 월북 후 이념에 매몰된 조악한 선동 시를 썼지만 본래 그의 시는 우수한 전통서정시의 면모를 갖추고 있었다.

모더니즘

한국의 모더니즘은 구인회를 발판으로 김기림, 이상, 김광균, 정지용, 장만영 등이 생소한 물꼬를 텄다. 이들은 감정을 배제한 탈일상적 은유와 감각적 이미지를 극적으로 표출했다. 이 중 현대시 초기 대표적 모더니즘 시 「바다와 나비」의 작자인 김기림은 이양하와 더불어 모더니즘 시 이론의 정립과 시평에 주력하는 등, 한국 모더니즘 시의 기초를 다졌다. 해방 직후 김경린, 박인환, 김수영, 김춘수, 송욱, 전봉건, 김종삼, 김광림 등, 많은 시인들이 영미시에 나타난 모더니즘을 각색해 도회적 정서와 세련된 지적 언어로 독자적 모더니즘을 추구했다.

이들 중 김수영과 김춘수는 한국 모더니즘의 지평을 새롭게 다진 시인으로 주목을 받았다. 김수영은 현실 비판의 수위를 높여 수준 높은 참여시의 선구적 역할을 한 반면, 김춘수는 사회 현실과 거리를 둔 순수시를 고수하며 무의미시라는 독특한 영역을 선보였다. 한편, 본격적인 현대시 세대로 볼 수 있는 황동규, 정현종, 오규원 등은 세련된 감수성과 지적 감각으로 존재론적 차원에서 내밀한 생명성을 추구했는데, 이들을 단순한 모더니스트로 분류하는 데는 보다 정밀한 분석이 요구된다.

김현승 시인 생전에 직접적 영향 관계는 없었지만 동향의 후배 시인으로 간접적 영향을 받은 황지우 역시 하나의 장르로 단정하기에는 모호한 측면이 있다. 파격적 해체시를 비롯한 모더니즘 성향의 시, 「너를 기다리는 동안」 등의 탁월한 서정시, 치열한 리얼리즘을 기반으로 한 참여시 등, 다양한 영역에 걸쳐 시적 재능을 발휘하고 있기 때문이다.

리얼리즘

뒤늦게 출발한 리얼리즘은 시의 실천적 역할을 강조하며, 현실참여를 시인의 역사적 소명으로 삼았다. 이를 흔히 참여시로 부르는데, 시의 문학적 역할만을 고수하는 순수시와 대척점을 이룬다. 문학의 현실 참여에 있어서 비판과 저항이 원천적으로 봉쇄된 일제강점기의 암흑시대에는 우회적이거나 절필을 통해 소극적 항거를 할 뿐 본격적 저항은 이루어지지 못했다. 그러나 해방 이후 독재 정권의 억압, 산업화의 후유증으로 인한 사회적 불합리와 모순을 비판하고, 이에 적극적으로 저항하는 참여시가 도처에서 분출한다. 정치, 사회, 자본주의, 노동, 농촌의 소외와 모순, 부조리를 고발하며 민중 본연의 권리와 자유를 주창하는 데 시인들이 선구적 역할을 한 것이다.

일제강점기 한용운은 독립운동의 중추적 역할을 하고 이상화, 윤동주, 이육사 등은 옥고를 치르며 목숨을 담보로 독립의 의지를 표명한다. 그러나 이들도 일제의 강압적 단속으로 인해 적극적 저항시는 발표하지 못한다. 따라서 신석정처럼 탄압이 극심하던 암흑기에 절필을 선언함으로서 무언의 항의 표시를 하는 시인들도 있었다. 그런데 이들의 시풍은 리얼리즘

보다는 서정시가 주조를 이룬다.

이런 민족주의적 저항의지는 해방 후 민중의 자유와 권리를 명제로 한 민주적 열망으로 대체되어 시의 사회적 긴장을 고조시킨다. 그 선봉에 선 신동엽, 김수영, 고은, 이성부, 김지하, 조태일, 박봉우 등이 김현승 생전에 치열하게 참여시의 물꼬를 튼다. 독재에의 항거, 산업사회의 모순과 부조리에 대한 비판, 열악한 노동 환경 고발, 농촌과 생태계의 피폐화에 대한 성찰 등이 주요 주제였다. 신경림의 시집 『농무』는 농촌의 암울한 현실과 핍박받는 농민들의 애환을 농밀하게 묘사한 농민시의 효시로 읽힌다.

「겨울공화국」의 양성우처럼 직접 정치에 참여한 경우도 있었지만 대부분의 참여 시인들은 표리부동한 위선적 정치계의 속성에 환멸을 느끼고 민중의 자유와 권익을 위해 순수한 문학적 열정을 쏟는다. 이들은 하나같이 민주주의를 더욱 공고히 하고 민중의 자유와 권익을 확장하는 데만 전념할 뿐 현실 정치와는 거리를 둔다. 따라서 사회주의 사상에 경도되어 시를 이데올로기의 수단으로 삼은 카프 계열의 직접적 정치참여와는 문학적 순수성에서 확연한 변별성을 지닌다.

한편, 참여시는 김현승 사후에도 본격적인 리얼리즘 형태를 띠며 김남주·고정희·김준태·정희성·이시영·황지우·오월시 동인 등의 반독재 투쟁시, 박노해·백무산·김해화 등의 노동시, 농촌의 생태 환경 보호를 노래한 고재종과 도시 문명의 폐해를 고발한 이하석·최승호 등의 생태시로 분화한다.

낭만주의

현대시 초기 낭만주의는 백조, 폐허, 장미촌 동인 중심의 허무적 감상주의, 퇴폐적 분위기 등 부정적 인상을 안고 출발한다. 이후에도 현실도피적 일탈이나, 유토피아에 대한 동경 등, 현실과 유리된 정서를 표출한다. 그 중 이동주는 현실과 탈현실의 경계를 오가며, 숙명적 정한, 분출하는 방랑의식, 토속적 이미지를 결합한 독특한 낭만적 색체를 특유의 절제된 언어를 통해 선보인다.

홍사용과 함께 백조 동인으로 어울리며 「나의 침실로」 등, 관능적이며 서구 풍에 가까운 낭만주의 경향을 보이던 이상화는 카프에 참여한 이후 「빼앗긴 들에도 봄이 오는가」 시에서 보듯 민족주의적 성향으로 방향 전환을 한다. 비현실적 낭만과 안일에서 구체적 현실에 시선을 돌린 것으로 주목할 만한 변화였다. 불교적 만행과 허무주의에 잠겨있던 고은이 전태일의 분신을 기점으로 사회적 현실에 눈을 돌려 민중시에 천착한 것도 이상화의 경우와 맥을 함께한다고 볼 수 있다.

도연명의 「귀거래사」를 연상케 하는 신석정, 김상용 등의 전원시는 초기 낭만주의 시의 단점을 극복하고 건강한 낭만을 구가하는 전기를 마련한 점에서 그 가치가 크다고 볼 수 있다. 김상용이 농부로서 전원적 평상락을 누리는 데 치중했다면 신석정은 그 「먼 나라를 알으십니까」에서처럼 목가적 전원생활을 이상화한 유토피아에 대한 동경이 낭만의 주조를 이루고 있다. 한편, 박인환이 「소녀와 목마」처럼 도시문화를 배경으로 한 서구적 낭만을 구가했다면 신석정은 서구적 낭만을 이식한 부분에서는 박인환과 유사하지만 전원을 배경으로 목가적 낭만을 추구한 점에서 변별성을 보인다.

그러나 한국의 현대시가 초기 단계를 지나 본격적으로 세련된 틀과 내용을 갖추면서부터 낭만주의는 서정시의 그늘에 가려 본격적인 제 기능을 발휘하지 못한다. 모더니즘이나 리얼리즘이 독자적 영역을 갖추고 전통서정

시와 장르적 특성을 분담하는 대등한 관계를 이루어 나간 데 비해, 낭만주의는 서정시의 자장에 흡수되어 그 존재감을 확연히 드러내지 못한 것이다. 다만 서정시의 품속에서 윤활유나 원심력 역할을 함으로써 서정시의 토양을 한결 풍요롭게 한다.

2. 김현승의 시적 성취

김현승 시의 경향

흔히 김현승의 시를 모더니즘으로 분류한다. 그러나 이는 그의 시 중 특별히 모더니즘적 성향을 지닌 작품에 초점을 맞춘 속단으로 볼 수 있다. 그는 부분적으로는 모더니스트일 수 있지만 전체적으로는 보다 광의의 영역에서 그 복합적 시세계를 조명해야 맞다. 단순한 모더니스트로 규정하기에는 시적 성격이 독특하면서도 다양한 장르에 걸쳐 포괄적인 성향을 지니고 있기 때문이다. 굳이 그의 모더니즘적 성향을 강조하고자 한다면 정신주의 시와 모더니즘의 경계를 넘나들며 두 영역의 지평과 밀도를 확장, 심화했다고 보는 편이 합당하다.

한편, 그의 대표 시 중 서정시풍의 「가을의 기도」, 「푸라타나스」는 순결한 서정성이 주조를 이루고 있다. 따라서 지금까지도 교과서에서뿐 아니라 많은 독자들의 사랑을 받는 작품성과 대중성을 동시에 확보하고 있다. 다만 소월이나 목월의 전통서정시에 비해 감성 면에서 건조하고, 언어 면에서 이지적이며, 상징적 메시지가 강한 것이 특징이다. 안일과 상투성에 매몰되기 쉬운 서정시의 장기적 피로감에 모더니즘적 요소를 강화하여 현대시의 질을 내밀하게 다진 데서 그 시의 진면목을 찾을 수 있는 것이다.

그는 초기 모더니즘의 특징인 초현실적 수사나, 화려한 기교, 돌발적 이미지의 남발과 결을 달리해 독자적 모더니즘을 고독하게 견지해 나간다. 이에는 기독교 신앙으로 체화된 평소의 고결한 성격과 정제된 언어 습관이 견실하기 때문이었다. 그러면서도 나름의 역설적 모순어법·고차원의 상징과 은유·'낯설게 하기' 등 형식상의 독자성을 선보인다.

초기시에는 감상적 표현과 언어의 부절제 등 미숙한 부분이 있었으나 전기 후반과 중기에 이르면 고도의 긴장과 함축미가 고조된 언어미학의 진수를 이룬다. 특히 신과의 결별 후 절대고독의 절정에서는 시가 도달할 수 있는 최상의 정신적 고지에 이르렀다고 볼 수 있다.

김현승은 관념의 세계를 시의 대상으로 삼으면서도 표현에 있어서는 관념과 추상 속에 함몰되지 않는 표현 방식을 추구한다. 그러나 「절대고독」에서 보듯 그의 시에는 고도의 추상적 상징과 은유가 대체 불가의 표현기제로 기능하고 있다. 일상의 언어만으로는 그 심오한 경지를 표현할 수 없기 때문이다. 따라서 김현승의 시 성향을 논하려면 모더니즘 시인보다도 특유의 정신주의 시인으로 그 특성을 평가하는 것이 더 바람직하다.

굳이 그의 시에서 모더니즘 측면을 들추려면 정신주의와 모더니즘이 주역과 조역으로 복합되어 있음에 주목해야 한다. 김현승의 모더니즘 성향은 고차원의 정신주의에 의해 시적 본질을 잃지 않고 정신주의는 모더니즘 성향의 언어감각을 통해 세련미와 시적 정체성을 견지하기 때문이다. 이를테면 두 장르가 합세해 상보적 시너지 효과를 거둔 것이다. 그리고 이를 통해 서정시 기조의 시세계를 상투성으로부터 지켜내고, 한국 현대시의 중량과 수준을 한 차원 높인다.

김현승은 한국 시문학사에서 김소월, 백석, 정지용, 서정주, 김수영, 김춘

수 등과 어깨를 견주는 대가의 반열에 합석해야 한다. 비록 불의의 병고로 그 치열한 행각이 도중에 그치고 말았지만 그의 도저한 정신주의 시는 한국 시문학사뿐 아니라 세계 시문학사에서도 그 가치를 평가 받을 만한 정점의 근저에 이르렀다고 볼 수 있기 때문이다.

김현승의 궁극적 시세계

김현승은 주변으로 부터 소외당한 것이 아니라, 번잡한 세상으로 부터 스스로 자신을 격리해 사유의 공간을 확보함으로써 경건하고 고요한 고독 속에서 시 작업에 몰입했다. 그 결실이 절대고독 시기의 치열한 정신주의 시편들이다.

당시 기독교적 세계관에 회의를 느낀 김현승은 영생과 부활의 구원도 포기하고 완전한 고독의 무(無) 속으로 잠기는 심경의 산문을 발표한 바 있다. 그러나 이때 그는 죽음을 완전한 절망의 상태로 본 것이라기보다 무의 늪지대를 벗어나 그 너머에 펼쳐진 무한순환의 영원한 세계를 감지한 것으로 볼 수 있다. 밀도 높은 사유와 직관에 의한 고차원의 정신적 체험이었다.

김현승은 우주의 본질을 명징하게 꿰뚫어보는 궁극의 단계에는 이르지 못했지만 광대무변한 우주의 실체, 그 지근거리까지는 근접한 것으로 보인다. 그 상태에서 불의의 병고로 인한 반전 없이 한 치만 더 나아갔더라면 마침내 지고지순의 정점에서 확연한 깨달음을 얻고 궁극의 주체적 자유를 누릴 수 있었을지 모른다.

시 「절대고독」은 전반적으로 그 전후의 상황을 암시하고 있다. 그러나 그 자리는 "입을 다문다"는 구절이 지시하듯 인간의 불완전한 언어로는 설명할 수 없는 언어도단의 경지를 상징한다. 마치 선승이 우주의 진리를 깨치고 평상의 언어 상식으로는 이해할 수 없는 오도송을 읊는 경우와 흡사한 셈이다.

이 부분은 말라르메와 김춘수가 이르지 못하고 도중에서 하차한 초언어적 무/무의미의 극점으로 볼 수 있다. 또 니체가 영원회귀의 순환구조를 발견하고 창조적 생성을 주창한 세계와 맥을 같이 할 수도 있다. 나아가 생사와 번뇌를 초월해 무한의 자유가 상시적으로 보장된 해탈의 경지에 근접한 경우로 볼 수도 있다.

이렇듯 김현승이 들여다 본 그 궁극의 경지는 철학, 종교, 문학의 경계를 초월해 우주와 자아가 혼연일치를 이루어야 도달할 수 있는 세계에 가까웠다. 그럼에도 대부분의 평자들은 절대고독 시기의 시편에 등장하는 우주의 본질/실체를 철학이나 종교적 차원보다는 문학적 시각에서 막연히 다루며 피상적 자구 해석에 그치고 있다.

Ⅱ. 저평가의 외적 요인

김현승은 한국 현대 시문학사에서 주목해야 할 시인을 꼽는다면 그 주요 인물의 하나로 호명되어야 마땅하다. 그는 겉으로 두드러지게 자신을 드러내지는 않았지만 시의 품격과 수준을 높이는 데 나름대로 충실하게 기여했다. 언어와 감정의 절제와 탁마로 빚어낸 참신한 이미지와 감각적 은유는 지금 보아도 신선하다. 거기에다 냉철한 지성으로 무장한 정신적 깊이와 치열한 성찰을 통해 내밀한 시세계를 구축했다.

그러나 그 성취에 비해 상대적으로 저평가 된 감을 떨치기 어렵다. 이 부분은 한국 현대시의 정밀한 가치를 되새겨 보고 미래의 지향점을 재점검하는 데 있어서 숙고되어야 할 과제다. 교과서에 나오는 「가을의 기도」 등, 몇 편의 시가 일부의 기억 속에서 애송 혹은 유추되는 것만으로 단순하게 그의 시적 공헌도를 측량할 수는 없기 때문이다.

아래의 시 「자의식 과잉(自意識 過剩)」은 평소 김현승이 자신의 시가 시단에서 제대로 평가 받지 못하는 현실에 대해 얼마나 민감하게 반응했는가를 가늠하게 한다. 또 제목처럼 유난히 자의식이 강한 김현승의 성격적 일면이 고백이라도 하듯 여과 없이 드러나 있다.

 모두들 호화로운데,
 저녁 식탁에 촛불들을 밝히고 웃고 지새는데,
 나만은 호올로 거리하여
 시(詩)는 현실보다 삼단계나 멀다.

 모두들 풍성한데,
 세 번 잠에서 깬 누에처럼
 척 척 기라(綺羅)를 뽑아
 휘황한 성좌(星座)들을 안팎으로 이루는데,
 나만은 묵은 밭머리에 앉아
 마음의 구름 같은 목화(木花)송일 딴다.

 모두들 눈짓을 맞추는데,
 저마다 둥근 달걀을 품속에서 꺼내어

다수운 체온들을 미소 지어 나누는데,
나만은 돌아 앉아 긴 수탉의 외로운 울음을 뽑는다.

모두들 시(詩)를 끝냈는데,
지금은 뱃머리 상좌(上座)에 즐비하게들 앉아
손에 손에 술잔을 나누는데,
일년(一年)에 시(詩)예닐곱 편을 — 묻지도 않는 것을
노를 젓듯 꼬박 꼬박 써 가는
나도 나다!

― 「자의식 과잉(自意識 過剰)」 전문(신사조, 1963년 11월)

50세면 중견의 위치에서 한창 지가를 높일 시기이다. 그런데 다른 시인들은 시적 성취보다도 더 과분하게 대우를 받고 있는데 자신은 그렇지 못한 데 따른 자괴감과 외로움이 시 전편에 걸쳐 시니컬하게 표출되고 있다. "모두들 호화"롭게 "저녁 식탁에 촛불들을 밝히고 웃고 지새우는데" 이와 떨어져 "호올로" 쓰는 "시(詩)는 현실보다 삼 단계나 멀"만큼 소외되어 있다. "모두들 눈짓을 맞추"고 "다수운 체온들을 미소 지어 나누는데" 혼자만 "돌아 앉아 긴 수탉의 외로운 울음을 뽑는"다. "지금은 뱃머리 상좌(上座)에 즐비하게들 앉아/손에 손에 술잔을 나누는데", "1년에 예닐곱 편" 그것도 "묻지도 않는" 시를 쓰는 그는 스스로 자의식 과잉을 탄식할 만큼 외롭고 안타까운 것이다.

그 외로움은 소외와 결핍으로 인한 자의식이 욕구불만의 정동으로 작용한 데 따른 허탈감이었다. 그는 자신보다 연하인데도 일찍이 일가를 이루

어 상좌적 권위를 누리는 서정주, 박목월, 김춘수, 김수영 등에 비해 여의치 못한 자신이 못마땅했다. 그러나 자신의 시에 대한 자부심은 치열한 시적 열정만큼 벅찼다. 따라서 자신의 우수한 시가 상대적으로 저평가되는 반작용에 따른 내상은 크고 깊었다.

이와 같은 정황은 다음의 시 「마지막 그림자」에서도 무명의 설움이 짙게 서린 우울한 정한으로 표출되고 있다.

이제 우리 앞에 남은 것이란
흐린 별과
금남로의 안개뿐
또 다시 흘러간 무명(無名)의 날들을 위하여
지금은 마지막 잔을 나누고
서로 헤어질 때……

— 「마지막 그림자」 부분

그의 시와 시세계가 한국 현대시사에서 제대로 조명되지 못한 요인으로는 먼저 비사교적 염결성을 들 수 있다. 자신을 내세우기를 싫어하고 시인의 정치 사회적 편승을 극도로 혐오한 성격은 폭넓은 교류와 시의 대중적 수요를 외면하는 걸림돌이었다. 같은 전라도 출신으로 대학에서 함께 강의한 적도 있는 서정주와 대조되는 부분이다. 미당이 특유의 정치 성향과 친화력으로 현실의 입지를 다지고 대중적 지명도를 넓힌 데 비해 김현승은 청교도적 도덕성과 비사교적 처세로 일관했다. 일찍이 그 이미지가 기독교 시인으로 굳혀진 점도 그의 시세계에 대한 다양한 접근의 폭을 제한하는 요인으로 작용했다.

  그의 시와 시인에 대한 결벽에 가까운 염결성은 아래의 글에서 확인할 수 있다.

> 도대체 정신의 가치를 창조하는 사람들에게서 인격과 양심을 덜어버리면 남을 것이 무엇인가. 필연적으로 그것은 감정의 배설일 수밖에 없을 것이다. 내가 가장 배격하는 것이 이런 부류의 인간들이다. 온갖 거짓 술수를 거침없이 자행하면서 시에 있어서는 언어의 예술성만을 내세우고 있다. 그들에게 있어서는 생활(인격)과 문학은 완전히 분리되어 있다. 그리고 남는 것은 예술성뿐이라고 강변한다. 그러나 나는 이런 문학관에 정면으로 도전한다.

  김순배는 "아버지는 나라 정치건 문단 정치 건 정치라는 말에 알레르기에 가까운 반응을 보이셨다. 돌아가시기 전 절대로 정치하는 사람과는 아예 사귀지도 상종도 말라고 유언처럼 당부하셨다. 커피향이 진동하는 문 앞에서 들어오지도 못하고 돌아가는 분들, 소위 문전박대를 당하는 분들도 꽤 많았다"고 회고하고 있는데 이 부분은 세속의 위선과 부패에 대한 김현승의 비판의식이 얼마나 단호했는가를 짐작케 한다.

  도시적 감수성과 때로 거칠면서도 지적인 언어감각이 돋보이는 모더니스트이자 적극적 현실비판을 통해 참여시의 기수로 일컬어지는 김수영에 비해 김현승은 소극적 현실비판, 규정하기 모호한 시풍으로 인해 뚜렷한 인상을 각인시키지 못했다. 그렇다고 순수시를 주창한 김춘수처럼 독자적 시 이론을 펼쳐 시단의 주목을 끌지도 못했다. 거기에다 말년에 시적 긴장이 급격히 이완된 점은 그의 시에 대한 정밀한 평가에 부정적 영향을 미쳤다.

한편 서정주와 김춘수는 김현승보다 25~30년이나 장수, 중견과 원로의 입지를 탄탄히 하며 후진들을 배출해 자신들의 시적 기반을 굳힌 데 비해 김현승은 자신의 시와 시세계를 충분히 알릴 시간도 공간도 부족했다. 한편, 일찍이 요절한 윤동주나 해금 후의 백석처럼 극적 사건으로 인한 재조명의 동기도 주어지지 않았다.

일제감점기 말(한창 왕성히 활동해야 할 청년기)의 절필, 해방공간과 남북분단, 한국전쟁으로 인한 공백기를 제외하면 그가 본격적으로 시 창작을 한 기간은 1950년대 후반부터 1970년대 초반에 걸친 20여년이었다. 그런데 그 시기는 황동규, 정현종, 정진규 등 신세대들이 새로운 시풍과 언어, 감수성으로 새바람을 일으키던 시기로 김현승의 입지는 상대적으로 위축되었다. 또 그 시기를 주도하던 서정시와 모더니즘, 참여시 중 어느 장르에도 두드러지지 못한 시 성향으로 인해 그는 독자 대중과 시인들의 관심에서 상대적으로 소외되었다. 이처럼 그 시적 우수성이 대중적 인지도와 연결되지 못하고 당시 평자들의 관심을 비켜간 아쉬움은 현재까지도 이어지고 있다.

절대고독 당시 기독교와 결별하고 새로운 돌파구를 찾아 나선 김현승은 신과 대등한 실존적 주체 회복에 집중한다. 이는 본래의 자아 찾기, 나아가 자기완성과 맥을 같이하는 작업이었다. 그는 기존의 어떤 철학이나 사상에 연연하지 않고 자신만의 치열한 탐구에 혼신의 힘을 기울인다. 이는 철저히 자신의 지식과 사고에 의해 자아와 삶의 본질을 추구하는 독자적 지성의 분출이자, 가장 주체적이고 자립적인 정신사 탐험이었다. 따라서 이때의 시편들에는 농도 짙은 철학적 사유와 고독한 자아 탐구의 혈흔이 남아 있다.

그러나 니체가 다수의 저술을 통해 사상 유례가 없는 철학사의 지각변동을 일으킨 것에 비해 김현승은 뚜렷한 결과물을 내 놓지 못한 채 어렵게 오른 고지에서 갑자기 철수하고 만다. 그래도 다행인 것은 그의 시가 아직 박물관의 사적처럼 한국문학사의 한 페이지로 남아있다는 사실이다. 비록 미완이지만 나름의 사상적 성취 부분이 상당함에도 이를 체계화하지 못하고 시를 통해 단편적으로 노래한 만큼 그 미지의 심오한 경지를 헤아리기 위해서는 그의 시에 대한 심층적이고 다각적인 조명이 요구되는 것이다.

Ⅲ. 문학사적 기여와 남도 문학

김현승은 김영랑, 박용철, 신석정 등 남도의 시인들이 주축이 되어 발간한 〈시문학〉에는 참여하지 않았다. 〈시문학〉은 김현승이 등단하기 전인 1930년 창간되어 그 이듬해인 1931년 폐간했기 때문이다.[77] 한편, 한국동란의 와중에 광주에서 발간한 문예지 〈신문학〉에는 주도적으로 참여한다. 또 동향에서 연이어 발간된 〈시정신〉에도 주간으로 활동하는 등, 고향의 지역문학 발전과 더불어 한국전쟁 중 발표 공간이 없던 한국 시단에 소중한 지면을 제공하는 가교 역할을 한다.

1. 뿌리 깊은 회향 의식

김현승의 시에서 고향이라는 시어는 빈도수가 극히 드문 편이다. 또 향수를 연상할 만한 시어나 구절도 별로 눈에 띄지 않는다. 혹자는 그의 고독을 향수와 연계시킬 수도 있겠지만 그의 고독과 향수는 엄연히 성격이

다르다. 그에게 고독은 사색과 성찰을 위해 스스로 선택한 것이지 고향에 대한 그리움 때문에 고독한 것만은 아니었다.

김현승이 겪어내야 했던 시대를 돌이켜 보면 일제강점기의 조국 상실은 작게는 고향 상실을 의미했다. 주권을 빼앗긴 고향은 평소의 고향이 아니기 때문이다. 또 남북분단으로 인한 이산가족, 산업화의 여파로 고향을 등진 이농 가족, 고향이 수몰된 실향인 등, 고향에 대한 상념이 남다른 사람들이 많았다. 따라서 고향은 시인들의 단골 주제였고, 한 어린 향수는 서정시의 주요 정조였다.

김현승 역시 일제강점기를 거쳤으며 유년기부터 잦은 이사로 인해 고향에 대한 정념이 남다를 수 있었다. 그의 고독은 그 뿌리로 거슬러 올라가면 고향이 자리 잡고 있다는 심리학적 사실에 대해서는 누차 밝힌 바 있다. 그런데 그의 시는 이런 일반적 정서와 거리가 있다. 이는 그의 시 성향이 전통서정시와 다른 점, 평소에 직접적인 감정 표현을 삼가고 감상을 절제하는 성격과 관련이 있을 수 있다. 당시의 풍조로 보아 기억에 남는 연애시 한 편 없고, 남녀의 사랑을 주제로 한 시도 눈에 띄지 않는 점이 이를 뒷받침 해 준다.

그런데 여기에서 한 가지 주목해야 할 사실이 있다. 그의 시에 까마귀가 자주 등장하는 점이다. 까마귀는 고향인 광주에서 인상 깊게 목격하던 새로 그에게는 추억을 돌이켜 주는 한편, 「가을의 기도」마지막 구절 "마른 나뭇가지 위에 다다른 까마귀 같이"처럼 기도의 궁극적 함의를 상징하는 존재다. 꽃이나 전원 등 자연을 소재로 한 시가 드문 그가 자주 사용하는 시어가 까마귀다. 까마귀는 김현승 나름의 고향을 상징하는 〈객관적상관물〉인 셈이다.

회색 보표(譜表) 꽂은 비곡(悲曲)의 명작가(名作家)
서산에 깃들이는 황혼의 시인—
나는 하늘에 우는 까마귀 따라간다.

표박의 상징과 같이 광원으로 광원으로 날아가나니
비가의 시편들 속에 까마귀의 생애는 깃들인다.
(나의 시집에도 까마귀 백 개만 시재로 넣으련다)

가을이다! 심란한 한숨 내쉬고 유리창 바라보니
앞마당 오동나무 가지에 까마귀가 앉아있다.
—어양림(於楊林)[78]—

— 「까마귀」 전문

위의 시는 22세 때 쓴 초기시인데 까마귀가 주제로 등장하고 있다. "회색 보표(譜表) 꽂은 비곡(悲曲)의 명작가(名作家)"이자 "서산에 깃들이는 황혼의 시인"인 까마귀는 화자 자신의 분신이다.[79] 그런데 "나의 시집에도 까마귀 백 개만 시재로 넣으련다"는 각오를 되새기고 있다. 그가 일찍부터 까마귀에 유달리 천착한 것을 알 수 있다. 이처럼 김현승은 고향을 직접 언급하지 않고 까마귀라는 상징물을 빌려 그 속내를 표출한다. 그리고 향수는 고독의 자장 속으로 침잠해내향적 정서의 기층부를 이룬다.

김현승에게 고향은 기능을 상실한 공간의 영토화이고 내향적 고독으로 흡수된 향수는 그 코드화일 수 있다. 그는 이를 통과의례 삼아 궁극적 귀의처를 향해 고향으로부터의 탈영토화를 추구한다. 기독교적 실낙원으로 전락한 고향에서 천국으로의 탈영토화를 꿈꾸는 것이다. 또한 상징을 통해 그 구극의 의미를 전경화 한다. 이 경우, 고향을 대변하는 상징물인 까마귀는 우주적 본질을 표상하는 상징물로 격상한다. 그리고 고향은 구원을 담보하는 유토피아의 막연한 실체로 이상화 된다. 김현승에게 고향은 단순한 물리적 공간이 아니라 시공을 초월한 구원의 공간으로 탈 코드화하는 징검다리다.

한편, 추상적 해석을 떠나 그가 실제로 고향인 광주를 어떻게 생각했으며 장기간 체류한 바 있는 고향을 위해 어떤 기여를 했는가를 살펴보기로 하자. 김현승은 제주와 평양에서 유년기와 유학 시기를 보냈지만 주로 광주와 서울에서 생활했다. 서울에서의 생활 15년을 제외하면 대부분의 생애를 광주에서 보낸 셈이다. 출생지는 평양이지만 곧장 제주도를 거쳐, 여덟 살 때 광주로 이사 와 초등학교에 입학해 거기서 졸업했으니 그의 고향은 스스로 밝힌 것처럼 광주로 보는 것이 타당하다. 그래도 수백 편의 시 중에 그의 유년기와 청소년기의 추억이 담긴 평양과 제주에 관한 시가 한 편도 없는 것은 의외의 경우로 볼 수 있다. 또 광주에 관한 소수의 시도 주로 만년에 축시 형식으로 쓴 것이 대부분이다. 그렇다고 그가 고향 사랑에 인색하다고 섣불리 단정해서는 안 된다.

시 「무등차(無等茶)」는 제목부터 광주의 환유적 상징인 무등산을 차용하고 있다. 또 김현승은 다형 외에 남풍(南風)을 호(號)로 사용하기도 했는데 이 역시 고향인 남도를 상징하는 환유이다. 한편 그가 직접 고향을 언급하고 있는, 광주에 소재한 신문사나 기관단체의 기념 축시에는 고향에 대한 애정과 긍지가 담겨 있다. 물론 시인의 자의에 의해서가 아니고 청탁자의 주문에 따라 그 형식을 갖추어야 하는 축시는 일반 시와 성격이 다르다. 주제와 방향이 정해져 있는 이를테면 맞춤형 행사시이기 때문이다. 그럼에도 그가 쓴 장문의 시에는 의례적 수식과 달리 광주에 대한 각별한 감회가 담겨 있다.

김현승의 시에서 고향이라는 시어나, 지역이 직접 언급된 작품으로는 「무등차」, 「산줄기에 올라」, 「가을 저녁」, 「새날의 거룩한 은혜와 기원」, 「자유 독립을 위하여 학도들은 싸웠다」, 「주말 동경(憧憬)」, 「십이월」 등 소수에 불과하다. 그러나 시 면면을 보면 그의 고향에 대한 긍지와 애정이 각별한 것을 알 수 있다. 김현승은 아래의 시 「무등차」에서 고향을 직접 거론하지는 않았다. 그러나 '무등차'라는 이름이 '광주'를 상징하는 만큼 고향과 관계된 시에 해당한다고 볼 수 있다.

갈까마귀 울음에
산들 여위어 가고,

남쪽 11월의 긴긴 밤을,

차 끓이며
끓이며
외로움도 향기인양 마음에 젖는다.

— 「무등차(無等茶)」 부분

이 시에서 "갈까마귀"는 고향을 상징하는 새로 "갈까마귀 울음에/산들 여위어 가고"라는 구절에서 느끼듯 늦가을의 소슬한 정취가 정서적 배경을 이루고 있다. "남쪽 11월의 긴긴 밤을,//차 끓이며/끓이며/외로움도 향기 인양 마음에 젖는다."는 구절도 호젓한 분위기가 주조를 이루고 있다. 고향에서도 고독을 그림자처럼 거느리는 김현승의 습관적 고독을 읽을 수 있는 시다. 외로움조차도 차 향기에 섞어 음미하는 시인의 고상한 품격이 고향 이름을 딴 찻잔 속에 아련히 고여 있다. 그의 시 「가을 저녁」에도 "무등차"가 등장한다.

    술에 절반
    무등차에 절반
    취하여 달을 안고,
    돌아가는 가을 저녁
    흔들리는 버스 안에서

— 「가을 저녁」 부분

  위의 시는 서울 숭실대학에 근무할 때 쓴 시인데 퇴근 길 버스 안에서 고향 생각에 잠기는 일상의 일면을 엿보게 한다. 다음 시 「산줄기에 올라」[80]는 김현승의 고향에 대한 감회를 직접적으로 표현한 시로 장시에 속한다.

    산줄기에 올라 바라보면
    언제나 꽃처럼 피어 있는 나의 도시

    지난 날 자유를 위하여
    공중에 꽂힌 칼날처럼 강하게 싸우던,

그곳에선 무덤들의 푸른 잔디도

형제의 이름으로 다스웠던……

그리고 지금은 기름진 평야를 잠식하며

연기를 따라 확장하여 가는 그 넓은 주변들……

지금은 언덕과 수풀 위에 새로운 지붕들이 솟아올라

학문과 시와 밤중의 실험관들이

무형의 드높은 탑을 쌓아 올리는 그 상아의 음향들……

산줄기에 올라 바라보면

언제나 꽃처럼 피어 있는 나의 고향 ―

길들은 치마끈인 양 풀어져,

낯익은 주점과 책사(冊肆)와 이발소와

잔잔한 시냇물과 푸른 가로수들은

가까운 이웃을 손잡게 하여 주는……

그리고 아침과 저녁에

공동으로 듣는 기적소리는

멀고 먼 곳을 나의 꿈과 타고난 슬픔을 끌고 가는

아아, 시름에 잠길 땐 시 산줄기에 올라 노래를 부르고,

늙으면 돌아와 추억의 안경으로 멀리 바라다볼

사랑하는 나의 도시 — 시인들이 자라던 나의 고향이여!

— 「산줄기에 올라— K도시에 바치는」 전문

이 시는 광주 조선대학교에 출강하던 시기의 작품으로 4연 "지금은 언덕과 수풀 위에 새로운 지붕들이 솟아올라/학문과 시와 밤중의 실험관들이/무형의 드높은 탑을 쌓아 올리는 그 상아의 음향들……"은 조선대학교를 묘사한 대목이다. 2연에서는 "지난 날 자유를 위하여/공중에 꽂힌 칼날처럼 강하게 싸우던,/그곳에선 무덤들의 푸른 잔디도/형제의 이름으로 다스웠던" 고향의 웅혼한 기상과 정겨운 동동체 의식을 상기시켜 준다. 그가 본격적으로 참여시를 썼더라면 한층 세간의 관심을 모았을 것이라는 아쉬움을 느끼게 하는 대목이다. 마지막 연 "늙으면 돌아와" 추억을 회상하며 뼈를 묻을 곳이라는 대목에서는 그의 고향에 대한 뿌리 깊은 회향 의식을 읽을 수 있다.

눈을 들어
저 무등을 바라보라

구름들은 저 산 위에서
생각하는 사람들의 영혼과 같이
그 영혼에 아름다운 옷을 입히고
그 옷들엔 저 깊은 골짝에서 떠오르는
황금 빛을 받으며
서서히 움직이고 있다.

―「새날의 거룩한 은혜와 기원」 부분

그날의 충장로와
그날의 금남로에
우리들은 외쳤다―지상의 권리를

우리들은 두터운 가슴으로
다가오는 총부리를 막아야 했다.
우리들은 맨 주먹으로 싸웠다
우리들의 눈물 속에는 자유의 그림자가 빛났다
―「자유 독립을 위하여 학도들은 싸웠다」 부분

이 시에는 충장로와 금남로라는 광주의 구체적인 지명이 등장한다. 두터운 가슴과 맨 주먹으로 일제에 항거한 의기를 추앙하며 전통에 대한 적극적 함양 의지를 북돋우고 있다. 특히 "우리들의 눈물 속에는 자유의 그림자가 빛났다"는 대목은 김현승 특유의 언어감각이 돋보이는 구절이다. 한편, "우리들"이라는 복수의 주어를 사용하고 있는 데서 보듯 고향의 숭고한 정신을 기리는 데 그 공동 주체의 일원으로 시인 자신도 합류하고 있음을 알 수 있다. 비록 적극적으로 참여시를 발표하지는 않았지만 김현승의 정의감과 항거 의식, 고향에 대한 자긍심을 확인할 수 있는 시다.

아래의 두 시에서도 고향이 시어로 등장한다. 고향을 기점으로 할 때 「주말동경(憧憬)」에서는 원심력이 중력으로 작용한다면 「십이월」은 구심력이 중력으로 작용한다.

> 불어라 봄바람!
> 명일의 고원을 향하여 한껏 시끄러운 역두에 서서
> 미지의 나라와 명일의 친교들을 위하여
> 고향에 슬픈 듯이 두 손을 흔들자
>
> —「주말 동경(憧憬)」부분

위의 시「주말 동경(憧憬)」은 고향을 떠나 미지의 나라를 지향하는 남성성이 주조를 이루고 있다. 화자는 고향을 떠나는 것이 슬픈 일이지만 그래도 내일을 위해 "봄바람"처럼 떠나고자 한다. 반면 아래의 시「십이월」은 향수와 여성적 정조가 기조를 이룬다.

> 저무는 해 저무는 달
> 흐르는 시간의 고향을 보내고
> 십이월은 언제나
> 흐린 저녁 종점에서 만나는
> 그것은 겸허하고 서글픈 중년……
>
> —「십이월」부분

이 시에서 화자는 고향을 떠올리며 다분히 감성적인 정조를 보이고 있다. "흐르는 시간의 고향"과 "겸허하고 서글픈 중년"이 하나의 등식을 이룬다. 그동안 억제해 온 절절한 향수와 아니마가 중년에 이르러 자연스럽게 표출되고 있기 때문이다.

2. 〈신문학〉과 남도의 세 시인

　김현승과 신석정, 이동주는 전라도를 고향으로 한 선후배 사이로, 등단도 나이 터울 비슷하게 이루어지는데, 한국 현대시의 중추적 역할을 한다. 1907년에 출생한 신석정은 1924년 〈조선일보〉에 「기우는 해」를 발표하며 등단하고, 1913년에 출생한 김현승은 1934년에 「쓸쓸한 겨울 저녁이 올 때 당신들은」을 〈동아일보〉에 발표하며 등단한다. 이어서 1920년에 출생한 이동주는 1940년 〈조광〉에 「귀농」과 「상열」을 발표하며 등단한다. 신석정은 전북 부안, 김현승은 광주, 이동주는 전남 해남이 고향인데, 광주를 중간 기점으로 보면 광주에서 부안, 광주에서 해남 간의 거리는 엇비슷하다.

　이 세 시인은 한국전쟁 중에 광주에서 발간한 〈신문학〉을 통해 교류하며 동향인으로서의 친밀감을 다진다. 〈신문학〉은 광주에서 김현승과 이동주가 주도적으로 참여해 발간한 동인지 형식의 문예지로 한국동란의 와중에 유일한 발표 매체 구실을 한다.[81] 김현승은 주간으로 활약하며 남도 문학과 더불어 한국 문학의 발전에 기여한다. 신석정도 여기에 시를 발표하여 우의를 다진다. 당시 발표 지면이 없는 비상시국에서 발간한 〈신문학〉은 현대시 초기 광주에서 박용철, 김영랑 등이 주도한 〈시문학〉과 함께 한국 문학사에서 그 공헌도가 재평가되어야 할 것이다.

　신석정, 김현승, 이동주는 남도를 고향으로 하면서도 시적 경향에서는 각각 독자적 시풍과 시세계를 보인다. 그러나 일정 부분에서는 유사한 면을 찾아 볼 수 있다. 김현승은 초기시에서는 신석정과 비슷한 형식과 정조를 보이기도 한다. 김현승이 등단하던 해인 1934년에 발표한 「새벽은 당신을 부르고 있습니다」는 신석정의 「훌륭한 새벽이여 그 푸른 꿈을 찾으러 가지 않으시렵니까?」와 호흡, 시어, 형식, 어조, 정조, 가락 면에서 흡사한 느낌을 준다. 두 시 모두 장시에다 호흡이 길며, 하시오체 특유의 유장한 가락이 닮아있다. 또 "—니까?"가 종결어미인 경어체, "여보"라는 호칭, 종결 어미 뒤에 붙어 그 말 뜻을 강조하며 공감을 부르는 보조사 "그려" 등의 사용도 닮은꼴이다. 이처럼 김현승의 초기시에서 신석정 시풍과 비슷한 작품들을 적지 않게 찾아볼 수 있다. 당시 서정시에서 이와 비슷한 풍의 시들이 보이는 점을 감안하더라도, 전체적 분위기에서 무의식적이나마 신석정의 영향을 받았다고 할 만큼 비슷한 정조를 보이고 있다.

한편, 김현승과 이동주는 〈신문학〉과 〈시 정신〉을 주도하는 등, 잡지 편집을 통해 직접 접촉하며 시적 교감을 나눈다. 특히 언어의 절제, 감각적 은유, 추상적 관념어의 낯선 배치 등에서 유사성이 두드러진다. 기질상으로는 김현승이 정착형이라면 이동주는 유목형에 가깝다. 김현승이 현재의 위치에서 고독을 창조적 에너지로 활성화한 데 비해 이동주는 방랑을 통해 고독한 자아를 추스르고자 했다. 김현승은 시「돌에 새긴 나의 시」에서 보듯 견고하게 제자리를 지키며 그 속에서 영원을 탐색하는 성격이 두드러진다. 또 '한(恨)의 시인'으로 일컬어지는 이동주와 달리 김현승의 시에서는 냉철한 이성이 감정을 다스려 청정한 평상심을 유지한다. 그는 고독조차도 사유와 의지를 새롭게 다지는 재활의 에너지로 활용한다.

그러나 언어의 절제 못지않게 가락에서도 이동주는 정형시에 가까운 율동을 선호한 반면 김현승은 언어의 절제는 두드러지지만 운율에서는 자유로운 형식을 취한다. 그러기에 김현승의 시에서 정형시나, 정형시에 가까운 운율은 찾아보기 어렵다.

3. 김현승의 제자 및 추천 시인들

다음 글은 평소 자신을 김현승의 막내 제자라고 일컫는 이은봉의 스승에 대한 남다른 감회가 돋보이는 대목이다. 새삼 김현승의 제자 사랑과 후진들에게 끼친 그의 감화와 영향력을 돌이켜 보게 한다.

> 너무도 일찍 세상을 떠난 선생님, 제자가 얼마나 외로운가를 실감하게 해준 선생님, 선생님의 사랑이 얼마나 소중한가를 깨닫게 해준 선생님, 선생님이 안 계셔 오랫동안 나는 방황해야 했다.[82]

그 제자가 기억하는 스승의 평소 모습은 다음과 같았다.

> 호불호가 분명하던 분, 평소에는 얼음처럼 차갑다가도 계기가 되면 불처럼 타오르던 분, 언제나 땅을 쳐다보고 걷던 분, 혼자 있기를 두려워하지 않던 분, 식사도 늘 혼자 하던 분, 낙엽이 지는 교정을 터벅터벅 혼자 걷던 분이었다.[83]

금속성 속의 따뜻한 눈물로 상징되는 외강내유의 성격과 자진해서 고독에 젖고 그 분위기를 음미하며 깊은 사색에 잠기는 내향적 성정이 잘 나타나 있다.

김현승은 다수의 제자와 시인을 배출했다. 그 면면을 보면 조선대와 숭실대에서 시를 가르친 제자들, 수시로 함께 어울리며 교류한 시인들, 그리고 직접 현대문학에 추천한 시인들 등, 여러 경로를 통해 인연을 맺고 있다. 김현승이 현대문학에 추천한 시인은 32명으로 대부분이 3회 추천이며,

2회 추천 3명, 1회 추천 6명이 포함되어 있다. 출생지별로는 서울을 비롯해 전국적으로 분포되어 있는데 광주광역시, 전남, 전북의 시인들이 많다. 이는 광주가 고향이자 조선대학교에서 오래 강의한 연고 때문으로 보인다. 또 서울 숭실대에서 근무할 때에도 조선대에서 가르친 제자들 그리고 고향의 문인들과 수시로 연락을 주고받은 때문이기도 했다. 참고로 김현승의 추천 기준은 그 성격만큼 엄격했던 것으로 알려져 있다.[84]

그는 여러 후배 시인들에게 영향을 줌으로써 시단의 발전에 이바지 한다. 이동주, 이성부, 문병란, 손병은, 권영진, 김규화, 박봉우, 문순태, 임보, 윤삼하, 조태일, 이근배, 김종해, 이탄, 박성룡, 정현웅, 정재완, 강태열, 이시영, 감태준, 오규원, 홍신선, 이가림, 노향림, 최하림, 양성우, 김준태, 박홍원, 주기운, 진헌성, 강인환, 이은봉, 박봉섭, 이운룡 등 다수의 시인들이 직간접적으로 김현승의 품과 그늘에서, 혹은 김현승과 어울리며 은연중에 그의 영향을 받았다.

이 중 박봉우, 조태일, 문병란, 이시영, 양성우, 김준태 등은 이승만 정권과 군부독재의 반민주적 폭거에 저항한 참여시의 첨병들이었다. 광주와 전남이 고향인 이들은 고향이 참여시의 메카로 부상하는데 선도적 역할을 한다. 박봉우의 「젊은 화산」은 당시의 시적 양상을 가늠할 상징적 시 중 하나이다.

四月은 피로 덮인
그만 잔인한 달인가.

폭탄처럼 터진

민주와 자유와 정의를
지키려다 눈감은
어린 순정의 넋들을
너는 보았는가.

명예도 권력도 아닌
멍든 민주주의의 내일을 위해
〈부다페스트〉의 少女의 죽음처럼
너희들이 굳게 외치고 부른 노래는
〈코리아〉의 민주주의였다.

―박봉우 「젊은 화산」 부분

　시 전체에 걸쳐 이승만 독재의 만행을 규탄하다 4월 혁명의 와중에서 산화한 민주투사들의 숭고한 넋을 기리는 충정이 뜨겁게 분출하고 있다. 망자를 향한 남은 자들의 처절한 절규와 연민, 그리고 궁극적 실천 명제인 민주주의에 대한 염원이 절로 독자들의 의분을 불러일으키는 시다.
　직접 두드러지게 저항시나 현실 비판시를 발표하지는 않았지만 이처럼 김현승은 후진 양성을 통해 시의 실천적 외연을 넓히는 것으로 현실 참여에 기여했다고 볼 수 있다.[85]

제7부

시치유 텍스트로서의 실효적 특장

> 김현승의 시는 밖으로는 사회 윤리적 지침으로, 안으로는 자기완성의 동력으로서의 특장을 지니고 있다. 또 구도자적 정신주의와 충일한 내면세계가 바탕을 이룬 다. 그의 시에는 정신건강을 위한 시치유 텍스트로서의 우수한 요소들이 체화(體化)되어있다. 한편, 시치유와의 접목은 김현승 시의 외연과 사회적 실효성을 확장하는 방안의 하나일 수 있다.

I. 정신 건강과 시치유

흔히 '치유'와 '치료'를 같은 말로 혼동해 구분 없이 사용하고 있다. 그러나 두 단어는 방법론상 뚜렷한 차이를 지니고 있다. 치료는 국소적 환부를 집중적으로 도려내는 대중요법으로 그때그때 환자의 증상을 제거 혹은 억제한다. 한편 치유는 심신의 유기적 리듬 속에서 병의 원인을 찾아내 근본적으로 다스리는 것을 가리킨다. 병이 발생한 근원으로 거슬러 가서 그 병인에 따른 면역력을 길러주어 심신이 합세해 병원체를 물리치도록 돕는 역할을 하는 것이다.

치료가 물리적 개입을 수단으로 한다면 치유는 심리적 공조를 수단으로 한다. 사람의 병은 몸과 마음의 합작인 경우가 많다. 마음이 상하여 그 여파가 몸으로 나타나는 경우가 다반사다. 그런 마음을 깊숙이 들여다보고 아픔의 근본 원인을 달래주고 씻어주는 것이 치유다. 치료는 마취에 의한 일시적 진통에 의존하지만 치유는 환자의 마음을 어루만지는 따뜻한 영혼이 집도(執刀)이다. 따라서 문학치유나 시치유 등, 문학과 예술을 활용한 정신건강 강화의 경우에 있어서는 '치료'보다 '치유'로 용어를 통일하는 것이 바람직하다.[86]

시인은 시의 거울을 빌려 비뚤어진 자아를 올바로 비추어보고 본연의 자아를 아름답고 새롭게 가꾼다. 그런 면에서 변학수의 다음 글은 참고할 만한 내용을 담고 있다.

> 문학적 글쓰기나 책 읽기를 통해 우리는 새로운 생각을 하게 되고 어려운 상황에 어떻게 대처해야 할지를 알게 되며 궁극적으로는 치유의 힘을 얻게 된다. 나아가 문학행위는 인간에게 형상화 능력과 인지능력을 현저하게 키워준다. 이런 정서적 이해를 통해 자기치유력이 강화되고, 체험하는 나와 관찰하는 나 사이의 분리가 쉽게 통합된다. 이런 과정 중에 독자는 트라우마나 무의식적 불안, 무의식적 갈등에 쉽게 접근할 수 있고, 또 그것이 쉽게 해소될 수 있다. 문학 치료적 중재란 우선 자신과의 만남을 통하여 자기 치유력을 강화하는 과정이다. 자신의 객관적인 모습을 보게 되고 자신의 감정을 소산하며 자신을 정서적으로 깊이 이해하게 되고 자기(Self)를 자신(Ego)에 통합한다.[87]

문학치유는 전문적 훈련과정을 이수한 상담사가 치유를 필요로 하는 참여자를 상대로 글쓰기·말하기·읽기·듣기 등과 관련한 다양한 문학적 매체들을 활용하여 치유를 돕는 심리상담 및 치료의 한 분야라고 정의된다.

치유를 통해 참여자는 정서 안정과 인격의 성숙을 이룬다. 한편, 문학치유에 상담사의 직접적 역할이 필수적인가 아니면 작품 속에 상담사의 역할이 내재되어 있는 것으로 확대 해석할 것인가의 문제[88]는 문학치유의 영역을 구획하는 척도이다.

  그러나 무엇보다도 작가와 독자의 입장에서 소통하고 공감대를 확산하는 과정이 치유의 핵심인 만큼 문학치유는 일상적으로 독서나 창작 행위를 통해 자연스럽게 이루어진다고 보아야 한다. 따라서 문학치유의 관건은 숨은 참여자인 독자들을 텍스트가 얼마나 감동시킬 수 있느냐이다. 공감과 동감이 이루어 져야 치유를 경험할 수 있기 때문이다. 그만큼 텍스트가 차지하는 비중은 크다.

  철학자이며 작가인 알랭 드 보통은 예술의 심리 치유적 유용성에 관해 다음과 같이 강조하고 있다.

> 예술은 심리 치유에 도움이 되는 정도에 따라 중요도가 달라질 수 있다. 다시 말해 작품은 우리의 내적 필요에 얼마나 잘 부응하느냐에 따라 평가되어야 한다. 우리가 그 작품을 좋게 보는 이유는 그 작품이 우리의 영혼에 도움이 되기 때문이다. 예술에서 무언가를 얻었다면 이는 그 예술을 이해하게 되었을 뿐 아니라, 우리 자신을 깊이 있게 탐구했음을 의미할 것이다. 예술은 '그 자체로' 좋거나 나쁘게 여겨지지 않는다. 망각, 희망의 소실, 존엄추구, 자기 이해의 어려움, 사랑에 대한 갈망 같은 우리의 약점을 얼마나 보완해주느냐에 따라 '우리에게' 좋거나 나쁘게 여겨질 것이다. 따라서 예술작품에 다가가기에 앞서 자신의 성격을 알고, 자신이 무엇을 위안하고 되찾으려 하는지 안다면 유용할 것이다.[89]

문학치유 중에서도 시치유는 한결 정제되고 집중적인 치유력을 발휘할 수 있다. 시는 의식보다도 무의식과의 내밀한 교류를 통해 내면과 외부의 조화 및 평정을 회복한다는 점에서 산문에 비해 치유적 기능의 우위를 차지한다.

서사시는 주로 인간의 외부 생활을 노래하는데 반해 서정시는 인간의 내면적 감정을 표현한다. 그러므로 서정시는 인간의 내부가 제법 성숙하고 심화된 문화단계에서 출현한다고 김현승은 밝히고 있다. 감각으로 느낄 수 없는 인성의 내면에 집중하는 시가 산문보다는 내면의 스트레스나 상처로 인해 마음이 산만하고 불편한 독자들의 치유에 더욱 효과적일 수 있는 것이다.

한 권의 책을 읽고 생의 이정표가 바뀐 경우는 많다. 또 음지에서 양지를 지향하듯 피동적 삶을 적극적 삶으로 변혁시킨 경우도 많다. 그뿐 아니다. 짧은 시 한 구절에서 감동을 받고 카타르시스를 맛보는 경우도 허다하다. 윤동주의 「서시」는 일제침략기의 이 나라 식민지 백성들에겐 동병상련의 위안이었고, 지금도 부조리한 현실에 지친 영혼들에게는 숙연하게 의지를 다지게 해준다.

야콥 그림(Jacob Grimm)은 시의 치유 역할에 대해 다음과 같이 말하고 있다.

> 풀이나 돌에 있는 힘보다 더 강한 힘이 말에 있다. 어떤 민족이든지 그 말에서 축복과 저주를 받지 않는 민족이 없다. 그러나 이 말이 효능을 가지려면 어떤 형식을 갖추고 그 형식이 장중한 노래와 시의 형식을 갖추고 있어야 한다. 그래서 성직자나 의사나 마술사가 갖고 있는 모든 힘은 시의 형식과

결부되어 있다."[90]

언어에는 생명체를 분기시키는 원동력이 있다는 위 논의는 언어를 살아 움직이는 유기체로 보고 그 효능을 활성화하기 위해 특유의 형식과 질적 수준을 고양해야 한다는 뜻이다. 위에서 말한 "성직자나 의사나 마술사가 갖고 있는 모든 힘은" 치유력을 가리킨다. 시인은 그 치유적 가치에 성직자나 의사, 마술사의 기능을 담당하는 언어의 사제이다.

오생근이 『초현실주의 시와 문학의 혁명』의 서설에서 밝힌 아래의 글은 한 편의 시가 주는 감동과 가치가 얼마나 크고 소중한가를 말해주고 있다.

> 폴 엘뤼아르의 「자유」를 처음 알게 된 느낌은 거의 충격적이나 다름없었다. 마지막 연의 "한 마디 말의 힘으로/나는 나의 삶을 다시 시작한다/나는 너를 알기 위해서/너의 이름을 부르기 위해서 태어났다/자유여"라는 구절에 이르러 "너"가 바로 자유라는 것을 알고 전율에 가까운 감동을 느낄 수 있었다. 엘뤼아르의 자유를 알게 된 순간 나는 새롭게 태어났다고 말 할 수 있을 것이다. 그 이후 자유의 몇 구절들은 감당하기 어려운 시간들 속에서 늘 위안과 희망으로 다가왔다. 힘든 순간마다 떠오른 자유의 몇 구절이 없었더라면 어떻게 군대생활을 마쳤을지 모른다.[91]

1. 시의 치유적 기능

시는 다양한 정서를 시 이론과 형식의 틀(일정한 규정이 없는)에 맞추는, 추상적이면서도 구체적인 작업의 산물이다. 모든 예술이 그렇듯 시도 무의식의 집합처이자 중층의 기억창고인 내면세계에 귀를 기울인다. 그것은 음지의 내면세계를 양지로 끌어내 영혼의 자유와 평안을 꾀하는 일이다. 이때 시인은 내면세계를 외면화하기 위해 사물을 '객관적 상관물'로 차용한다.

시적 언어는 사회와 개인의 파괴적 갈등을 창조적이며 긍정적인 방향으로 인도한다. 그리하여 한결 정제된 언어로 독자들의 시 읽기를 유도한다. 시는 감성과 이성의 두 통로를 유기적으로 관류하며 경험과 사유를 상상력으로 형상화해 독자의 개별적 심성과 만난다.

명시적으로 기호화되지 않은 무의식의 언어를 체계적인 의식의 언어로 재해석하여 내면을 정화하는 시는 일단 독자들을 지향한다. 그리고 자아와 세계의 소통을 매개한다. 독자들은 주관이 주조를 이루는 시인의 내면세계를 사회적 언어를 통해 객관적으로 독해한다. 한 편의 시는 독자들을 통해 객관성을 확보하며 공감대를 이루게 되는 것이다.

시 창작은 일상화된 보편과 객관의 산물이 아니라 참신한 개성을 발휘해 사물의 본질을 은밀히 표상하는 고차원의 주관적 작업이다. 시인은 시를 쓰는 동안 창조의 기쁨과 함께 무의식의 세계에 잠복해 있는 창조적 잠재력을 의식의 세계로 이끌어낸다. 또한 자신이 창조하는 사물을 통해 역동적 삶의 에너지를 확충한다. 한편 무의식에 잠복해 있는 평상시와 다른 미지의 정서와 소통하며 창조적 사고력을 고양시키기도 한다.

융은 "무의식은 억압된 충동의 창고나, 병적 유아기 욕구 불만의 쓰레기장이 아니라 인간의 마음을 성숙하게 하는 창조의 샘"[92]일 수 있다는 긍정적 결론을 내린 바 있다. 이처럼 무의식은 의식을 변화시키려고 끈질기게 노력하는 만큼 그 집요한 충동질을 발전적으로 잘 활용하면 예기치 못한 성과를 거둘 수도 있다.

시인은 시 창작에 몰입해 섬세하고 밀도 깊은 자신과의 대화, 즉 내면세계와의 소통을 꾀한다. 그리고 시를 통해 직간접적으로 희로애락을 표현한다. 단순한 표현이 아니라 슬픔과 분노를 정화하여 기쁨과 즐거움의 질적 영역을 확장한다. 창작 과정에서 자신의 묵은 상처를 치유하고 내면을 새롭게 정리하여 갱생의 가치를 스스로에게 부여하는 것이다. 시인은 자신이 탄생시킨 특유의 창조적 세계에서 자신의 내면과 자유롭고 심도 깊은 대화를 한다. 이때 융의 적극적 상상력이 자연스럽게 발휘될 수 있다. 이처럼 시인은 시 창작을 통해, 다양하고 번잡한 외부 정보와 분출하는 내면의 정서를 통어하고 정리한다. 그리하여 자아의 관리와 발전에 유익하고 통일된 질서체계를 세우게 되는데 독자 역시 시를 통해 시인과 비슷한 체험을 하게 된다.

의식은 부단히 표면적 갈등을 해소하고 평안을 유지하려고 자아의 감시와 조정의 역할을 하지만 무의식은 그 의도를 끊임없이 교란하는 갈등의 주범이다. 시는 무의식 세계의 억압/갈등과 화해하려는 부단한 시도의 산물이다. 그리고 내면적 갈등의 해소는 영혼의 정화와 내재적 치유력을 향상시키는 지름길이다. 시를 통해 활발하게 표출된 내면적 정서는 부단히 자체 검열을 시도하여 내면세계를 명료화하고 바깥 세계와의 조화를 꾀한다. 시인들은 창작에 몰입해 자기치유를 꾀하고, 독자들은 치유의 텍스트로 기능하는 시를 읽으며 내면에 숨겨진 '망각 속의 기억'을 표면으로 이끌어내 그 억압을 소산(消散)하는 것으로 자기치유를 꾀할 수 있는 것이다.

맥스 밀러는 "검열에 시달리고 있는 작가는 자기 생각을 이해시키기 위해 정교한 표현 방식을 찾아내지 않을 수 없다"고[93] 프로이트의 주장에 대해 "문학 작품 속에서는 욕망이 억압의 감시를 피한다. 그러면서 승화의 과정에 개입한다. 승화 덕분으로 욕망이 억압을 벗어나 배출될 여지가 마련된다."⁹⁴는 주석을 달고 있다. 승화를 통한 욕망의 해소를 강조한 것이다. 여기에서 '승화'는 무의식의 억압에 사로잡힌 욕동을 의식의 표면으로 배출시켜 의식과의 조우를 통해 화해를 이루는 것을 말한다.

카프카의 『변신』이나 포의 『검은 고양이』 그리고 『카라마조프가의 형제들』을 비롯한 도스토옙스키의 작품 속에는 작가의 무의식과 더불어 인류 공통의 집단무의식 원형들이 문학이라는 출구를 통해 드러나 있다. 독자들은 독서를 통해 그 음산하고 불유쾌한 무의식의 억압들을 의식화해 자신도 모르게 내면의 순기능을 꾀한다. 기상천외하고 환상적인 이야기 속에서 무의식은 짓눌린 자신의 존재를 표출한다. 신화도 다분히 그런 속성을 지니고 있기 때문에 신화를 통해서 무의식 여행을 즐길 수 있다.

사회적 상식에 준거한 이성에 비해 정제가 여의치 못한 감정은 한층 복잡하고 다변적일 수밖에 없다. 이성에 비해 무의식에 가까운 감정은 끈질기고 복합적인 내부 복병들을 거느리고 있는데, 그 복병들은 일상의 언어에 길들여진 상투적 이성에게는 뒤틀리고 불안한 훼방꾼이기 쉽다. 그러나 원초적 감정을 시의 원천으로 하는 시인에게는 특별한 우군일 수도 있다. 이런 시인의 감정을 정화해 엮어낸 시 텍스트를 다른 사람들과 공유하게 하는 것은 시치유의 효과적 방법 중 하나다. 독자들은 무의식과 긴밀한 관계를 지닌 감정을 순화한 시 텍스트를 통해 자신을 위로받고 용기를 충전하면서 바깥세계와의 유기적이며 원활한 소통을 꾀할 수 있기 때문이다. 예를 들어 독자들은 시 텍스트를 필사하거나 읽는 동안에 시인의 감정과 동일화를 이룰 수 있게 된다. 그러기에 시인은 독자들을 의식하고, 시 한 편, 한 구절이 독자들의 정신세계와 삶에 결정적 영향을 줄 수 있다는 전제 하에 창작에 임해야 한다.

시 중에서도 서정시는 동심과 자연을 시심의 바탕으로 한다. 의식보다는 무의식이 순수하게 드러나는 탓에 인간의 본성에 가장 가까운 '동심'과 '자연 친화'는 시인의 자질 중에서도 우선적으로 요청되는 요건이다. 인간 본연의 순수한 눈으로 보는 세계는 세속의 언어에 오염된 풍경이 아니라 근원적 깨달음의 언어인 직관의 경지와 흡사하기 때문이다. 아기들의 해맑은 미소는 일상과 타성에 지친 심신을 평화롭고 신선하게 해준다. 청아한 목청의 산새 소리는 맑고 시원한 계곡물과 함께 인간의 영혼을 정갈하고 고요하게 닦아준다. 이처럼 동심과 자연이 선물하는 평화와 정화는 인위적 치료를 거치지 않고 자연발생적이라는 점에서 치유 중에서도 최상의 근원적 가치를 지닌다.

치유는 인간의 본성 회복과 밀접한 관련이 있는데, 동심의 천진무구와 자연의 무위적(無爲的) 성정을 지향하는 시심은 마음의 궁극적 실체인 본성에 가까이 다가감으로써 청정한 치유력을 갖추게 된다. 문제는 기교에 연연하지 않고 그 시심을 얼마나 순전하게 시에 담아내느냐에 따라 치유의 효과가 결정된다는 점이다. 독자들 역시 그런 시심을 시에서 온전히 읽어내야만 상응하는 치유를 체화할 수 있다.

무의식과 시

시는 무의식의 교란을 밖으로 끌어내 질서를 부여하는 역할을 한다. 시인은 시 창작을 통해 내면세계를 형상화해 헝클어진 감정과 이성간의 조화를 꾀한다. 시인은 깊은 산 야생화나 해맑은 시냇물 등, 외부 사물을 시로 표현하는 경우에도 단순한 묘사에 그치지 않고 그 '내면의 소리'에 귀를 기울인다. 그리하여 내면에 잠겨 있는 잡념과 번뇌를 밖으로 배출하여 정서의 안정과 정화를 꾀한다.

　시인은 깊고 광활한 무의식의 세계에 다가가 그 속에 억류된 자아와의 진정한 해후를 이룰 수 있다. 억압과의 원활한 소통을 이룰 경우, 보다 선명하게 자신의 내면세계를 정상화할 수 있고 바깥세계와의 합리적 융화도 이룰 수 있게 된다. 나아가 무의식과 의식이 조화를 이룬 정상적 기운을 바탕으로 창작에 임할 때 사고와 감성을 한층 명징하고 순수하게 형상화할 수 있다.

　고대 그리스에서는 시인이 주문을 외워 비를 내리게 하는 초능력을 발휘하고, 제관으로 신에게 제사를 지낼 때는 가무를 담당했다고 전해진다. 멀리 거슬러 올라가 시치유의 근원을 확인할 수 있는 대목이다.[95]

　시는 타성적이며, 사회적으로 공식화된 이성의 언어보다 주관적이고 모험적인 감성의 언어를 추구, 독자적 언어세계를 구축한다. 은밀히 무의식의 실체(라캉의 말을 빌리면 무의식의 언어)가 를 암시하는 모호한 기호의 응축과 전이는 현대시의 특징이다. 시의 모호성, 비유나 상징을 통한 우회적 표현은 무의식의 표현과 맥을 같이한다. 이는 무의식을 표현하고 언어화하는 데에 시의 언어와 형식이 적합한 요인이다.

　시는 내면에 잠복 중인 무의식과 시 창작을 통해 외면화한 내재적 의식의 합작이다. 시는 의식보다는 무의식의 비정상적 구조에 가담해 적극적으로 잠재적 내면의 언어를 표출해 낸다. 이처럼 시인은 시를 매개로 무의식과의 소통을 꾀하며 자신도 모르게 스스로를 치유하는 특혜를 누린다.[96]

　의식과 무의식의 조화를 꾀하는 것은 자신을 다스리는 효과적 장치이다. 시치유 역시 이 점을 고려해 상세한 대책을 수립하고 무의식의 광대한 정신 자원을 긍정적인 방향에서 실천적으로 응용한다. 따라서 지금까지 너무 일방적으로 의식의 독주 속에서 살아온 정신세계의 영토를 무의식의 입지를 고려해 재편할 필요가 있다. 무의식의 협조 없이는 정신건강과 원만한 통합적 인격을 이루기 어렵기 때문이다.

한편, 시치유에서 무의식에 지나친 비중을 두고 정작 의식에는 소홀히 하는 경향이 있다. 물론 무의식이 인간의 정신세계에 막중한 영향을 끼치는 존재임에는 틀림없다. 그러나 일상적인 반성이나 진리탐구처럼 의식적인 노력을 기울여 자아를 완성해 나가고 마음의 평정과 정화를 꾀하는 방법도 곁들여야 한다. 고전을 통해 이성의 사막화를 예방하고 진지함과 경건함을 일깨우는 독서법은 건강한 의식을 회복하는 지름길이기도 하다. 아울러 한 시인의 시를 텍스트로 두고도 감성적 접근과 분석적 접근을 병행함으로써 의식과 무의식에 대한 효율적 비중을 맞추는 독법 역시 유효하다.

은유와 상징 그리고 이미지

시는 은유와 이미지, 상징 등의 언어를 표현기제나 장치로 즐겨 사용한다. 비유와 상징, 이미지를 무기로 일상의 늪에 함몰되어 있는 사물의 본질을 새롭게 일깨운다. 그런데 인간의 무의식에는 상징과 은유가 무한대로 산재해 있다. 다만 소통 부재로 그 발굴과 번역이 여의치 못할 뿐이다.

상상력과 상징은 비유와 밀접한 관련이 있다. 비유는 시적 언어표현의 내밀한 기호이자 수단이다. 시가 산문과 다른 것은 비유적 장치 때문이다. 비유 중에서도 은유는 상징과 더불어 내면세계의 언어를 이해하는 첩경이다. 시인의 은유는 무의식의 숲에서 크고 작은 무수한 잡목으로 자라기 때문이다. 은유와 상징은 때로 의식 속의 자아를 향한 무의식의 복면이자 트릭으로 작용한다. 그러기에 시인은 무심코 발설한 내면세계의 비밀을 통해 끈질기게 잠복해 있는 불유쾌하고 음울한 '망각 속 기억'의 정체를 파악하게 된다.

　아리스토텔레스는 『시학』에서 좋은 은유는 각각의 사물들이 함유하고 있는 유사성을 직관적으로 인식하는 능력과 관계가 있다[97]고 했다. 이처럼 은유는 상징, 이미지와 더불어 하나의 개념을 통해 또 다른 개념을 유추해 낼 수 있는 파장을 지닌다. 은유는 그 존재감을 드러내기 위해 끊임없이 사물의 외형을 변조해 창조로의 전환을 꾀한다. 의미를 확대 재생산하며 증폭시키는 은유는 일반의 언어보다 새로운 개념을 일깨우고 정립하는 강력한 힘을 지니고 있다. 또한 은유는 고정관념을 타파해 일시적 혼돈을 낳기도 하지만 궁극에는 이질적인 것들을 하나로 묶어 전체적인 통일과 질서를 부여하는 역할을 한다.

　행간에 고인 침묵조차도 시에 있어서는 나름의 가치와 의미를 지닌다. 정제된 시어 하나하나에는 우주의 비의(秘義)와 예기지 못한 이미지의 새싹이 자라고 있다. 참신한 이미지와 결부된 시어는 고도로 함축적이며 집약적인 언어 중의 언어로 재탄생한다. 현대시에는 일상어와의 구분이 불분명한 시어들이 대부분이지만 치열하고도 청정한 영혼에서 탄생한 시의 경우는 일상어마저도 고도로 정제된 시어 못지않은 시적 언어로 재가공한다.

　상상력을 통해 탄생한 이미지는 대중과 역사의 공의에 의해 기호적 성격을 부여받는다. 언어의 일상성을 떠나 새롭게 기호화되는 이미지는 감각적 특성을 지닌다. 모호한 추상성에서 비롯되었더라도 기호화되는 순간 물질적 감각을 체득하게 되기 때문이다.

　시에서 이미지는 무질서하게 산재한 정서와 사고를 집약적으로 기호화해 새로운 의미의 자장을 불러일으키는 특징을 지닌다. 사물의 심층에 상상력을 투입하면 또 하나의 기호인 이미지가 탄생한다. 어휘사전에 또 하나의 언어가 등록되는 것이다. 비좁은 의식의 창 너머 광활한 무의식을 배경으로 출현한 이미지는 호흡 불능 상태의 정서에 활기를 불어넣고 일상의 묵은 공기를 청정하게 환기시킨다. 자아는 내면세계의 은밀한 언어와 소통할 기회를 이미지로부터 제공받는다. 시인은 내면에서 꿈틀거리는 이미지를 외면화하여 임상의처럼 자아 혹은 무의식의 정체를 확인하는 치유 효과를 거둔다.

이미지는 어떤 논리나 관념의 개입이 배제된 사물 고유의 원초적 생명력을 지니고 있다. 순수한 이미지는 상상 이상의 직관력과 초언어적 감지능력을 환기시켜 준다. 그러기에 선가의 화두나 오도송처럼 언어도단의 경지의 진리를 표상하는 데 역동적 기능을 발휘한다. 그것은 우주의 핵심과 연결되어 있는 내면세계의 비밀을 탐지하는 고도의 수단이기도 하다. 시인은 이런 순수한 이미지를 지향한다.

2. 정신건강의 예방 관리

건강관리는 사전관리와 사후관리로 나눌 수 있다. 사전관리는 예방적 수단이고 사후관리는 치료 행위이다. 건강의 핵심인 정신건강도 마찬가지다. 정신건강을 위해서는 평소 자기관리를 충실히 해야 한다. 흔히 마음의 치유를 이를 때 상처의 치유만을 생각하기 쉽다. 그러나 그보다도 상처를 예방하는 사전의 노력이 더 중요하다. 그럼에도 정신분석 요법을 수단으로 하는 서구의 정신치료는 사후관리 즉 상처의 치료에만 집중한다. 방법론상 정신분석 기법에 의존하는 음악치유·미술치유·문학(시)치유 등도 마찬가지다.

치유는 완치될 때, 즉 치유의 상황이 종결될 때만 그 임무가 끝나는 만큼 치유가 필요한 상황을 만들지 않는 것이야말로 효과적인 건강관리이며 가장 이상적인 치유이다. 그러기에 정신건강상 치유가 고유의 위상을 확립하려면 그 범주를 예방 부분까지 확장해야 한다. 여기에서 예방은 평소 정신건강에 세심한 주의를 기울이는 것을 말한다. 명상, 기도, 스트레스 해소, 정신수양은 번뇌와 정신적 고통을 치유하는 사후관리 측면도 있지만 그 요지는 평소 원만한 자기관리를 통해 사후의 정신적 상처를 허용치 않으려는 예방적 관리다.

서양 과학이 심신의 임시방편적 치료에 치중한다면 동양정신은 근본적 치유에 집중한다. 그동안 많은 서양의 지성과 석학들이 동양사상에 지대한 관심을 기울여왔다. 『주역』의 『빌헬름 영역본』서문을 썼으며, 너덜너덜 걸레가 될 만큼 『주역』을 끼고 살았다고 전해지는 융은 "무의식을 의식화하는 도구로 사용되어온 책 중에 『주역』을 따를 만한 게 없다"고 했다. 연금술에도 일가견이 있을 정도로 신비의 세계에 탐닉했던 융이 『주역』의 심원한 정신세계에 매료된 것이다. 동양 사상에 조예가 깊었던 E. 프롬은 동양사상이 서양의 종교보다 우월한 합리성과 현실주의를 가지고 있다고 주장한다. 그는 프로이트의 '자유연상기법'을 인간의 참된 본성에 이르기 위해 의식적인 사고체계를 돌파해 보려고 한 것으로, 서양의 합리주의적 사고방식을 초월해 무의식적으로 동양 사상에 근접한 것[98]이라고 진단한다. 서양의 분석적이면서 국지적인 관념의 협착성을 뛰어넘어 통섭적이면서도 실질적인 동양사상의 정수를 간파한 것이다.

시치유가 그 처방으로 차용하고 있는 정신분석은 서양의 독점 영역으로 인식되어 왔다. 현대의학 하면 한방보다도 서양의 의료기술을 떠올리게 되는 것처럼 서구 중심으로 보편화된 학술적 관례다. 그러나 본격적인 정신치유의 시각에서 돌이켜 보면 상황은 역전된다.

불교는 잡념의 제거로 평정심을 되찾아 본성의 회복에 이르려고 한다. 여기에서 잡념의 제거는 곧 무의식의 억압을 해소해 억압 이전의 상태로 되돌려 마음의 고요와 평정을 이루는 것이나 다름없다. 불교심리학은 치유의 방법이나 관리 면에서 그 장구한 역사가 보증하듯 정신분석보다 심원하고 치밀하며 포괄적인 동시에 유식론에서 내면의 심리세계를 8식[99]으로 분류해 다룬 것처럼 체계적이기도 하다.

내면을 중시하는 불교에 비해 외양에 치중하는 측면이 강하지만 유학 역시 내면의 적정한 관리를 바탕으로 대외적 행위를 실행하는 점에서는 별로 다르지 않다. 유학에서 추구하는 이상은 내용과 형식의 아름다운 조화인 마음과 외양의 일치를 가리킨다. 유학의 이상적 실천자인 군자는 외양을 갖추기 위해 내면의 충실을 그 전제 요건으로 한다. 안이 온전해야 이를 바탕으로 원만한 외양을 갖출 수 있기 때문이다.

내면의 충실은 마음의 평정을 유지하는 것으로 이는 흐트러지고 불편한 마음을 정상적으로 관리하는 것을 말한다. 유학은 앎과 언행일치를 통한 실천적 인격 완성을 목표로 하는데 이는 건강한 정신의 일상화를 뜻한다. 유학은 내면의 치유를 통해 행위의 완벽을 기하고 외향적 실천을 통해 내면의 치유를 꾀하기 때문이다. 이점이 정신건강 측면에서 유학이 내세울 수 있는 장점이다.

유가가 형식과 인위적 질서를 중히 여긴 반면 도가는 사물의 본질과 자연의 내재적 질서를 존중했다. 노자의 주요 사상은 무위자연으로 철저히 인위를 배격하고 자연의 순리를 역설한다. 장자는 상상력의 무한 확장을 통해 자아와 우주만물의 상대성을 해체해 버린다. 그의 우주적 상상력의 수술대 위에 놓이면 지상의 어떤 상처도 먼지 한 점으로 작아지거나 구름 한 점 없는 허공으로 부풀어 이내 사라지게 된다. 도(道)는 존재와 현상의 근원으로, 현상계의 상대적 한계를 초월함으로써 굳이 인식하거나 표현할 수 없는 경지를 이른다. 노자는 아무런 작위도 없는 무위의 경지에서 인간과 자연의 완연한 합치를 구가한다. 장자가 추구한 최고의 가치는 절대자유다. 어디 상처 따위가 머무를 수 없고 생길 수도 없는 것이다.

심리치료는 환자의 정신을 평안한 상태로 되돌리는 것을 목표로 한다. 인간의 본성은 원래 고요하고 평화로운 것인 만큼 평안한 정신은 곧 본성의 회복에 가깝다. 선(禪)은 마음을 평안하게 해 궁극적 자유를 얻기 위한 방법으로, 이는 정신분석의 목표와 일치한다. 사서삼경 역시 그 본질적 기능에서는 하등의 차이가 없다.

성리학을 집대성한 주희는 중용은 치우치지도 않고 기울지도 않고 지나침도 모자람도 없는 것이라고 해석한다. 중용은 즉 지나치지도 않고 모자라지도 않은 바로 그 지점에 도달하는 것인데 이 경지가 곧 '중정(中正)'이다. 그러나 중정은 고정 불변의 것은 아니다. 조건의 변화에 따라 그 적절한 중심을 찾아 오롯이 지켜야 한다. 공자는 군자의 중용은 '때에 맞게 행동하는 것'이라고 말하고 있는데 이는 중심을 바탕으로 시의에 알맞게 적응해야 한다는 의미다.

가장 건강한 정신 상태인 중용을 이루기 위해서는 고도의 정신집중이 요구된다. 또한 평소 부단한 평상심의 훈련이 필요하다. 절도에 부합하는 행동은 중용의 요체로, 통합된 전인격은 곧 중용의 실천적 완성이기 때문이다. 통합된 인격을 지향하는 게슈탈트 치료법 역시 중용을 이루기 위한 도정과 흡사하다.

공자는 시를 통해 인간의 심성을 순결하게 정화하여 건전하고 명랑한 사회적 분위기를 조성하려고 노력했다. 전인적 인격을 배양하기 위한 마음의 치유에 시를 적극적으로 활용하도록 독려한 것이다. 공자는 추상적인 것을 배제하고 현실적이고 실용적인 언행을 중시한다. 그런데도 추상적인 시를 권려한 것은 그만큼 시가 함유하고 있는 정신건강 관리의 예방적 기능과 치유의 효과가 큰 것을 깊이 인식하고 있었기 때문이다.

Ⅱ. 고밀도의 치유적 잠재력

1. 치유적 동력

유성호는 「김현승 시의 분석적 연구」에서 "대위구조적 상상력은 김현승의 시적 방법론의 핵심이다. 그것은 순간성과 영원성, 견고함과 부드러움, 생성과 소멸, 밝음과 어둠, 웃음과 눈물 등으로 이루어져 있다"고 말한다. 이어서 "그 대위 양상은 초기시에서는 하나를 긍정하고 하나를 부정하는 알레고리적 세계를 이루다가 그 경계선이 무너지면서 결국 하나로 통합되는 양상으로 읽을 수 있다."[100]고 덧붙인다.

위에서 언급된 상대적 대립쌍들은 게슈탈트 요법[101]에서 거론되는 상 형성의 전경과 배경으로 작용하는데 수시로 위치를 바꾸어 가며 그 정체를 확인한다. 가변성을 생명으로 하는 전경과 배경은 결코 하나의 형상만으로는 정착할 수 없는 한계를 노출한다. 어느 형상이나 역전과 재구성을 반복하는 일시적 현상에 그칠 뿐 완벽한 불변성에는 이르지 못하기 때문이다.

상대적 대립쌍을 하나로 통합하는 것은 이항대립의 모순과 갈등의 일원화, 즉 장애의 극복을 의미하며 이는 게슈탈트 요법에서 전경과 배경의 통합을 통해 치유에 이르는 것을 뜻한다. 헤세가 『데미안』에서 밝음과 어둠의 두 세계, 선악의 이분법을 '아프락사스'의 지혜를 빌려 하나로 통일하는 것은 게슈탈트 요법의 좋은 예이다.

김현승도 자신의 시에서 상대적 대립 쌍들을 일방적 긍정이나 상호 부정의 쟁점에서 해방하여 통합적 일치를 꾀해 상생의 지혜와 건강한 생명성을 확보한다. 이는 불가에서 진여(眞如)와 생멸 두 문을 하나로 통일해 불이문으로 부르는 것과 흡사하다. 또 변증법에서 반정립의 대자적관계가 지양되어 총합에 이르는 경우와도 같은 맥락이다.

김현승에게 고독은 사색의 빈 공간을 확충해 자기 성찰을 습관화하게 하는 치유의 동력이다. 그는 '무의식의 억압'으로 잠재된 불안을 외부로 이끌어내 의식과의 화해를 꾀해 영혼의 정화와 내면의 평정을 이룬다. 무의식 세계에 또 하나의 복병인 아니마를 남성적 의지와 조화롭게 결합해 긍정적 방향으로 순치하는 것이다. 또한 열정적으로 신앙과 지성의 심원한 경지를 추구하여 견실하고도 온유한 모범적 인격을 함양한다. 치열한 시 창작을 통해 정신을 고양하고 내면의 깊이와 폭을 확장해 부단하게 자기완성을 도모한 점 역시 그의 시가 지닌 시치유 텍스트의 가치를 높이는 요소다. "고독에 대한 철저한 자각은 대사회적 활동에 있어 오히려 인간을 더 굳세게 만든다."는 그의 고독에 대한 천착은 내면세계를 한층 심오하고 견고하게 갈고 다듬는다. 이에 비례해 그의 시도 청정하고 밀도 깊게 정련된다.

시치유의 텍스트가 되기 위해선 기본적으로 정서적 바탕이 평안하고, 내면세계에 청명하고 원활한 사유의 공간이 확보되어 있어야 한다. 또한 생의 절대적 가치인 생명애가 발휘되지 않으면 치유의 기능을 원만히 발휘하기 어렵다. 치유는 일상의 안정을 누릴 수 있는 평정심과 정상적 사고를 보장하는 내면의 평안, 생에 대한 희망과 의지를 추동하는 생명력을 그 수단이자 목표로 삼기 때문이다.

김현승의 시는 대부분 그 조건에 부합하고 있다. 그는 순일한 기도에 의해 일상화된 평상심과 고독을 공간 배경으로 이루어진 고요하고 순결한 내면세계, 치열한 생명성의 탐구를 통해 스스로를 치유했다. 따라서 그의 시는 자신 뿐 아니라 독자들에게도 두루 그 효력이 미칠 수 있는 치유적 특성을 다음과 같이 갖추게 된다.

2. 치유적 특성

첫째, 김현승 시의 특성은 새벽기도처럼 깊고 고요한 평상심을 가다듬은 데 있다. 김현승은 시를 통한 내면의 정화와 투철한 자아의식으로 다져진 견고한 의지에 의해 외부의 격랑에 휩쓸리지 않는 마음의 고요와 평정을 유지한다.

주역 괘사전에 "글로는 말로 표현하는 것을 다 나타내지 못하고 말은 마음속에 일어나는 뜻을 다 나타내지 못한다."는 구절이 있다. 말과 글의 한계를 지적한 대목이다. 말과 글은 화자가 처한 환경과 시간에 따라서 상당한 차이가 발생할 수 있다. "매사 마음먹기 달렸다"는 속담이 있다. 그러나 제 맘인데도 하고 싶은 대로 하기란 만만치 않다. 겉으로 드러나는 의식은 그래도 웬만큼 조절할 수 있지만 문제는 도무지 그 통로와 실체를 가늠할 길 없는 무의식의 세계다.

별과 달은 밤하늘이 맑고 고요하며 온전한 어둠일 때 완연한 모습을 드러낸다. 마음도 마찬가지다. 의식이든 무의식이든 평소에 맑고 고요한 상태를 유지하는 것이 잃어버린 마음의 평정을 찾는 지름길이다. 인간의 마음은 맑은 날 호수처럼 잔잔해야 그 깊은 속을 제대로 들여다 볼 수 있고 평안을 유지할 수 있기 때문이다.

>보석(寶石)들은 더 던져두어도 좋을 그곳입니다.
>별들을 더 안아 주어도 좋을 그 곳입니다.
>
>샘물소리 샘물소리 그 곳을 지나며,
>달빛처럼 달빛처럼 밝아집니다.
>
>— 「삼림의 마음」 부분

>바람에 물 일던 나의 나이
>지금은 연액(緣額) 속
>동정호의 차운 쪽빛같이
>고요히 머무네
>고요히 머물 수 있네
>
>— 「영혼과 중년」 2연

>겨울에는 눈을 맞고
>가을밤엔 달을 보고
>그런대로 이웃들과 어울리며 살아왔다, 그냥 살고 말아야지…….
>
>— 「그냥 살아야지」 4연

무르익은

과실(果實)의 밀도(密度)와 같이

밤의 내부(內部)는 달도록 고요하다

— 「밤은 영양이 풍부하다」 1연

위의 시구에서 보듯 김현승에게 있어서는 "보석"과 "별"처럼 빛나고 "샘물"처럼 맑고 "달빛처럼" 밝은 상태가 마음의 현주소다. 그 마음은 "동정호의 차운 쪽빛처럼 고요"하다. 따라서 여하한 상황이 주어지면 주어지는 대로, 흔들리지 않고 유유자적하는 마음의 실상은 "무르익은/과실(果實)의 밀도(密度)와 같이", "달도록 고요"하다. 맑고 고요한 정신세계는 수행자의 궁극적 이상향으로 치유의 고비를 넘어선 이상적인 경지를 가리킨다.

둘째, 김현승 시의 특성은 혼자만의 고독 속에서 깊고 진지한 사유를 습관화 한 데 있다. 그는 "사람들은 홀로 있을 때 자기 자신을 돌이켜보고 또 자신을 확대한 인생을 생각하여 볼 수 있는 기회를 가진다. 그러나 고도로 발달한 오늘의 문명은 사람들에게서 이 고독을 빼앗고 있다. 우리는 우리가 만든 문명에게 우리의 생각하는 시간을 빼앗기고 있는 것이다."라고 성찰적 사유의 산실인 고독의 가치를 역설한다.

그는 「나의 고독과 나의 시」라는 산문에서 "내가 집을 떠나고 싶어 하는 것은 나 혼자 아무도 모를 정신의 고지를 점유하고 싶은 때문이다."라고 자신만의 독립공간에 대한 필요성을 강조하고 있다. 생각하기 위해 고독을 사랑하고 고독을 지키려 한 릴케처럼[102] 자신도 깊은 사색과 마음의 평안을 위해 늘 고독이라는 공간을 자신 만의 세계로 확장했다.

현대사회에서는 그런 자기만의 세계를 누리기 어렵다. 외부와의 타성적 접촉에 길들여진 현대인들에게 깊고 고요한 사색이란 쉽지 않다. 자신과의 진정한 대화를 잃은 삶으로는 타인과의 진정한 대화도 불가능하다. 그런데 김현승은 사유와 기도가 보장되는 내면의 청정한 공간 속에서 내공을 기르고 진리를 탐구했다. 그것은 온전한 자신으로의 회귀를 의미했다.

아래의 시는 김현승이 고독으로 점철된 혼자만의 세계에서 신과 더불어 사유의 밀도를 추구한 시이다.

넓이와 높이보다
내게 깊이를 주소서,
나의 눈물에 해당(該當)하는……

산비탈과
먼 집들에 불을 피우시고
가까운 곳에서 나를 배회(徘徊)하게 하소서.

나의 공허(空虛)를 위하여
오늘은 저 황금빛 열매들마저 그 자리를
떠나게 하소서.
당신께서 내게 약속하신 시산(時間)이 이르렀습니다.

지금은 기적들을 해가 지는 먼 곳으로 따라 보내소서.
지금은 비둘기 대신 저 공중(空中)으로 산까마귀들을
바람에 날리소서.

많은 진리들 가운데 위대(偉大)한 공허를 선택하여
나로 하여금 그 뜻을 알게 하소서.

이제 많은 사람들이 새 술을 빚어
깊은 지하실(地下室)에 묻을 시간(時間)이 오면,
나는 저녁 종소리와 같이 호올로 물러가
나는 내가 사랑하는 마른 풀의 향기를 마실 것입니다.

— 「가을의 시」 전문

  1연의 "넓이와 높이보다/내게 깊이를 주소서"에는 겸허하면서도 청정한 사색의 깊이가 담겨있다. 3연의 "나의 공허(空虛)를 위하여/오늘은 저 황금빛 열매들마저 그 자리를/떠나게 하소서"에 이어 4연의 "많은 진리들 가운데 위대(偉大)한 공허를 선택하여/나로 하여금 그 뜻을 알게 하소서"라는 끝 구절에 이르면 그가 얼마나 정결한 고독을 통해 명징하고 심원한 진리를 추구하는가를 알 수 있다. 무형의 실재를 위하여 유형의 허상을 배제하는, 진리에 대한 고차원의 몰입이 실존적 고독을 바탕으로 시 속에서 형상화되고 있는 것이다.

  셋째, 김현승 시의 특성은 생명의 가치에 대한 치열한 긍정성에 있다. 생명성은 사회성과 그 맥을 공유한다. 생명은 기본적으로 사회 속에서 유지되기 때문이다. 따라서 평소 자아를 도야하여 우주의 일원으로서 소임을 다하는 것은 생명체의 당연한 의무다. 이런 시각에 발맞춰 시는 세상과 밀접한 관계를 유지한다. 아무리 탈속의 달관을 노래한 시도 일단은 세상의 언어로 창조 혹은 해석되며 추악한 세속의 청량제 역할을 한다.

형상화된 시의 심연에서는 자기 구원의 의지와 열정이 분출하는데 그것은 생명성에 대한 순결한 진정성의 발로다. 생명력의 구현이야말로 곧 시의 본질이자 궁극적 과제인 것이다. 김현승은 그 생명성을 기치로 나름의 사회 참여를 했다. 그것은 정치적 외부지향이 아닌 순수한 시적 참여였다. 아래의 시들은 그가 생명에 대한 애착과 가치를 노래한 찬가의 면면들이다.

은밀한 곳에 풍성한 생명을 기르시려고,
작은 꽃씨 하나를 두루 찾아
나의 마음 저 보랏빛 노을 속에 고이 묻으시는
— 「내가 가난할 때」 4연

나의 잔(盞)에는
천년千年의 어제보다 명일(明日)의 하루를
넘치게 하라.
— 「내일」 2연

솟는 나의 생명(生命)이 넘칠 때
검은 흙에서는 꽃이 피나부다
피빛 진달래도 구름빛 백합화(百合花)도!
— 「생명의 합창」 1연

말할 수 없는 모든 언어(言語)가
노래할 수 있는 모든 선택된 사조(詞藻)가

334 김현승 시(詩)세계 심층연구

소통(疏通)할 수 있는 모든 침묵들이

　　　고갈(苦渴)하는 날,

　　　나는 노래하련다!

　　　　　　　　　　　　　　　—「옹호자(擁護者)의 노래」 1연

　그가 노래하는 생명은 "은밀한 곳에 풍성한 생명을 기르시려고/작은 꽃씨 하나를 두루 찾아/나의 마음 저 보랏빛 노을 속에 고이 묻으시는" 신성(神性)이 충만한 생명으로 "천년의 어제 보다/명일(明日)의 하로를" 추구하는 시간에 대한 치열한 현재성으로 나타난다. 또한 "생명(生命)이 넘칠 때/검은 흙에서는 꽃이 피"는 생명력의 극대화는 "말할 수 없는 모든 언어(言語)가/노래할 수 있는 우주의 동시적 합창을 이른다. 아울러 그것은 모든 선택된 사조(詞藻)가/소통(疏通)할 수 있는 모든 침묵들이/고갈(苦渴)하는 날"의 "노래"로 침묵 속에서 비롯되는 태초의 일성과도 같다.

　김현승은 시를 통해 "천하를 주고도 바꾸지 못할 우리의 생명이 왕성히 움직이고 있는 이 엄숙하고 긴장된 우리의 시간 안에서 끊임없이 나를 지켜주고 나를 격려하여 주는 그 한 마디는 진실하라! 매사에 진실하라! 는 것뿐."이라고 자기 최면적 주문을 반복한다. 그에게 사회적 준거이자 준칙인 진실은 생명의 원천이며 생의 절대 요소다. 그러기에 진실에 대한 긍정은 생명의 절대적 가치에 대한 긍정이며 그의 시는 그 등식을 노래하는 선창(先唱)이다.

　그는 "일생동안 가을의 외로움이나 슬픔을 모르고 살아왔다. 외로움이 있는 곳엔 가을마다 기도가 있었고 그 기도에 리듬을 붙이면 시가 되었다."고 술회한다. 그에게 있어서 기도는 단순한 신앙의 수단만이 아니고,

맑고 고요한 평상심 속에서 생명력을 견실히 하여 절대적 경지에 이르기 위한 발판이었다. 그리고 시의 원천이었다.

Ⅲ. 시치유를 위한 실효적 요건

　시치유는 다양한 경로와 방법을 통해 이루어진다. 따라서 고정된 텍스트를 일괄적으로 참여자나 독자에게 적용하기보다 상황과 대상에 따른 적절한 대응에 의해 치유 본연의 목적을 달성한다. 아래의 〈표9〉에서는 다양한 시치유의 방법 중에서 김현승과 부합하는 항목을 간추려보고, 그 적합성에 관해 요약한 다음, 거기에 해당하는 시를 대입해 그의 시에 내재된 치유적 가치와 기능을 유기적으로 정리해 보았다.

　이를 토대로 그의 시를 치유의 텍스트로 선정하는 논거와 배경을 세부적으로 살펴보기로 한다. 시가 아무리 우수한 치유력을 보유하고 있다 하더라도 그 시들이 적재적소에서 참여자나 독자가 본격적으로 활용할 때라야 효율적 성과를 기대할 수 있기 때문이다.

표9 치유를 위한 텍스트로서의 시

구분	치유적 기능	주요 텍스트
영혼의 정화를 통한 치유	고요하고 정결한 고독을 정화수 삼아 부단히 영혼을 청정하게 씻어 그 경지를 시로 형상화한 그의 시는 독자들의 영혼을 정화하는 데 도움을 준다.	「푸라타나스」 「무등차」 「신설」

구분	치유적 기능	주요 텍스트
의지의 강화를 통한 치유	양심과 정의를 가치의 척도로 삼고 안과 밖이 함께 튼실한 인격을 갖추어, 이를 시의 골격으로 견고히 한 그의 시는 나약하고 안일한 독자들의 의지를 일깨워 북돋아 준다.	「견고한 고독」 「옹호자의 노래」 「양심의 금속성」
신앙적 기도와 순결을 통한 치유	평생 치열하고 경건한 신앙을 추구하며 그 신실한 세계를 시에 반영해, 신앙과 작품성 양면에 걸쳐 기독교 시의 독보적 경지를 개척한 그의 시는 독자들의 내면을 순결하고 평안하게 독려하고 위로해 준다.	「가을의 기도」 「눈물」 「오월의 환희」
상징을 통한 치유	'보석', '별', '눈물', '그늘' 등의 독자적 상징을 발굴하여 시적 장치로 도입한 그의 시는 독자들의 상상력을 고취하고 산만한 정서를 간결하게 정돈해 준다.	「신년송」 「고독의 순금」 「검은 빛」
은유와 이미지를 통한 치유	생소한 시어를 합성하거나 효과적으로 배치해 관념의 함정에 빠지지 않고 신선하고 명징한 이미지를 도출해 냄으로써 감정의 순화를 돕는다.	「만추의 시」 「아버지의 마음」 「보석」
변증법적 역설을 통한 치유	논리적 당혹성이 오히려 논리를 뛰어넘어 새로운 깨침을 주거나 종래의 주장을 일거에 뒤집고 반전을 일으킬 때 역설은 그 진가가 드러난다. 역기능이 결론적으로 고차원의 순기능으로 환원하는 이변을 통해 내면세계의 새로운 자각을 일깨운다.	「가을의 기도」 「플라타너스」 「오월의 그늘」
언어와 감정의 절제와 함축미를 통한 치유	김현승의 시는 언어의 함축과 절제를 요체로 한다. 이는 정련된 언어를 적재적소에 효율적으로 배치해 극적 효과를 거두기 위한 전략의 일환이다. 이에는 구원과 자아완성의 일환으로 궁극적 진실, 즉 진리를 추구하는 내밀한 사유와 순일한 정동이 잠재태를 이룬다.	「견고한 고독」 「겨울 실내악」 「어리석은 갈대」 「고독의 끝」

구분	치유적 기능	주요 텍스트
직관의 언어를 통한 치유	지성과 지혜의 연마를 통한 고차원의 정신적 경지에서 오도송을 읊듯 파격적 직관의 언어를 생명력이 충만한 시로 함축한 그의 시는 독자들의 미망을 일깨워 준다.	「시의 맛」 「형설의 공」 「가을의 시」
프로이트의 자유연상과 부합하는 치유	평생을 집요하게 내면에 천착하여 꾸준하게 외향적 환기를 시도해 무의식적 억압의 소산을 도모해 온 그의 시는 독자에게 '자유연상'의 배경과 틀을 제공해 준다.	「박명의 남은 시간 속에서」 「슬픈 아버지」 「저녁 그림자」 「빛」
융의 적극적 상상과 부합하는 치유	영혼과 정신을 치밀하고 차원 높게 갈고 닦아 빚은 그의 시는 대부분 독자들의 '적극적 상상'을 독려하고 자극하는 역할을 한다.	「희망이라는 것」 「겨울 까마귀」 「갈구자」
게슈탈트의 현재적 기억을 강화하는 치유	고독한 단독자로서 발견한 영원의 핵심인 현재의 가치, 그 진수를 강조한 그의 시는 독자들의 기억을 현재에 몰입, 확대시켜 과거의 무의식적 억압의 산물인 '망각 속의 기억'을 지워주고 전경과 배경의 통합을 이루게 해 준다.	「절대고독」 「불완전」 「아침안개」 「파도」
결핍과 불안의 해소를 통한 치유	실향과 신앙의 결핍으로 인한 불안을 떨쳐내고 안정과 충만의 경지에 이르게 된 과정을 시로 표출한 그의 시는 결핍과 불안으로 고통 받는 독자들의 공감을 불러일으켜 오랜 상처를 치유해 준다.	「고독의 끝」 「나의 지혜」 「보석」
청정한 정진을 통한 치유	수행자적 의지와 열정으로 부단한 자아완성과 심원한 정신세계를 추구한 그의 시는 독자들의 정신 자세를 바로잡아 주고 사회적 존재감을 북돋아 준다.	「이별에게」 「독신자」 「건강체」

　　시치유에는 위에서처럼 다양한 방법이 동원될 수 있다. 그 방법 중에서 김현승과 연계하여 시행할 수 있는 항목을 위의 〈표9〉와 같이 간추려 보았

다. 이는 일반 시치유 방법 중 핵심 부분이기도 하지만 특히 김현승의 시를 시치유의 텍스트로 삼는 데 중요한 요소이다. 그의 시가 지니고 있는 시치유의 방법론적 전거를 마련하는데 선별적 특장으로 기능할 수 있기 때문이다.

김현승은 자신의 시세계를 ①불행이나 인고(忍苦)·우울의 진실을 소재로 한 것, ②사회정의를 소재로 한 것, ③인생의 고독을 소재로 한 것, ④사물의 본질 자체를 소재로 한 것 등 네 가지 성질로 분류한다. 그리고 그 중 첫째와 넷째가 애착이 가고 자신의 기질에 맞는다고 설명한다. 이를 토대로 그의 시가 지닌 치유적 기능을 분석한 다음 그 주제를 평상심 속의 열정, 암울한 사회의 빛, 고독으로 탁마한 순결, 평안과 위로로 분류하여 그의 시에 대한 이해도와 시 치유적 적합성을 고찰하기로 한다.

1. 평상심 속의 열정-의지의 강화

평상심 속의 열정에서 기인하는 강인한 의지는 김현승의 시가 지닌 치유력의 핵심 부분이다. 독자들의 나약하고 잠든 의지를 일깨우고 강화해 삶의 에너지를 충전해주기 때문이다. 그의 의지는 고독을 통해 생성되고 단련된다. "고독한 존재는 아무도 믿지 않고 누구에게 의존하지도 않기에 자신을 더욱 굳세게 만들고 견고하여 질 수밖에 없다."는 그의 주장에는 그 실상이 잘 나타나 있다.

그의 의지는 지성의 뒷받침을 받으며 한층 견실해진다. 그는 종교적 열정 못지않게 철학적 탐구력을 지닌 시인이다. 그럼에도 그는 "감동의 씨는 정서가 뿌리고 그 열매는 지성이 거둔다."는 사족을 단다. 철학적 지성 이전에 예술적 정서가 우선해야 한다는 지론이다. 정서적 감동을 주지 못하는 철학의 실효적 한계를 지적한 것이다. 그것은 평소 그의 시론이기도 하다. 그리고 그는 견고한 의지에 시인의 감성적 유연성을 조화해 그 밀도와 강도를 효과적으로 강화한다.

빵과 무기(武器)보다
빛과 이웃을 구(求)한다.
가슴들을 더욱 깊이 파
눈물을 솟게 하고, 오늘은
척박한 황금(黃金)의 변방(邊方)에서 한 줌의 흙을 구한다.

고립(孤立)된 언어(言語)와 핏기 없는 거리를 지나,
격리(隔離)된 일광(日光)과 주택(住宅)들을 잊었던 목소리로 연결지어,
확장(擴張)하는 온정(溫情)의 나래들을 새로운 공기 속에 구(救)한다.
그것은 무조건(無條件)은 아니다.
그것은 낡아빠진 테두리는 아니다.

우리가 구(救)하는 것은 새로움도 아니다.
그것은 원만(圓滿) 속에 비치는 얼굴이다.
우리가 구(救)하는 것은 진보(進步)와 속도(速度)보다 헐거덕거리는 진흙 속보다,
우리가 구(救)하는 것은 새벽녘의 단꿈과 아침에 회복(回復)하는 해바라기의 심장(心臟)이다.

그것은 반복(反復)하는 것도 아니다.

그것은 가장 새로워야 할 탄생(誕生)이며,
최후(最後)에 닥뜨리는 공동(共同)의 깃발 같은 선연(鮮然)한 운명(運命)이다.

전통(傳統)이란 까마득한 오랜 시간(時間)에 자개물린
가지가지 다채(多彩)로운 예지(叡智)의 무늬들도,
타는 혀로 물든 여기 지옥(地獄)의 계절(季節)에선
눈물의 아침 이슬 하나만 같지 못할 때,

무기(武器)보다 강(强)한
하나의 미소(微笑)에서 신(神)의 의지(意志)를 구(救)하고,

죽음보다 강(强)한 것
우리는 사랑을 구(救)한다.

— 「갈구자(渴求者)」 전문

'의지의 시인'으로 회자되는 그의 의지는 보석처럼 단단한 외양 속에 감추어진 온유와 궁휼이 그 진수다. 그러기에 더욱 값지고 견실할 수 있다. "척박한 황금(黃金)의 변방(邊方)에서 한 줌의 흙을 구"하는 의지는 "고립(孤立)된 언어(言語)와 핏기 없는 거리를 지나" 일구게 되는 "무기보다 강한", "미소"와 "죽음보다 강한", "사랑"의 결정체다. 그러나 그 의지가 지향하는 세계는 과거를 "반복(反復)하는 것"이 아니라, "전통(傳統)이란 까마득한 오랜 시간(時間)에 자개물린" 잠에서 깨어나 "가장 새로워야 할 탄생(誕生)"의 모태이다.

김현승은 인고의 시간을 부단히 극복해 낸 실천적 지성이다. 그것은 꾸준하면서도 결연한 의지의 소산이었다. 그는 겉으로는 평상심을 잃은 모습을 보이지 않았다. 그리고 내면은 치열했다. 부단한 탁마를 통해 심신을 도야하고 영혼의 청정한 고요를 일군 것이다. "진정한 역량의 시인이란 어느 유행성감기와 같은 시풍을 가지고 5년이나 혹은 10년간에 독특하게 유지하는 시인이기보다는 일생을 통하여 자기 세계를 변화 발전시켜 나갈 수 있는 꾸준한 시인인 줄 안다."는 자신의 시인론처럼 그는 시적 정서에 기반 한 철학적 지성으로 부단히 자기세계를 탁마해 나간다. 강인한 의지가 그 주춧돌이었다. 그는 "비록 불행한 환경일지라도 그것을 극복할 수 있는 마음의 상태라야 감동은 올 수 있다."고 새삼 생명체의 요건인 의지를 강조한다. 그것은 독자들에 대한 주문일 수 있다. 그의 시를 치유의 처방으로 활용함에 있어서 유의할 대목이다.

독자들은 의지의 산물인 그의 시를 통해 새롭게 자아를 충전할 수 있다. 그는 험난한 격동의 시대에도 동요하지 않고 오히려 자신의 내면세계를 강화하고 신과의 밀착을 꾀한다. 그리고 그 내면의 숨결은 고스란히 시에 새겨진다. 따라서 그의 시는 숨은 보석처럼 은은히 빛나면서도 "금속성(金屬性)"처럼 단단한 의지가 도처에서 감지되며, 이는 독자들의 나약한 의지를 강화해 주는 기능을 할 수 있다.

2. 암울한 사회의 빛-희망의 찬가

김현승의 시는 암울한 사회의 독자들에게 희망의 메시지를 전해준다. 인간은 독자적이면서도 일정한 단체에 속할 수밖에 없는 사회적 존재의 한계를 지니고 있다. 아무리 혼자만의 세계에 침잠해 있다고 해도 사회적 영향이나 간섭에서 자유로울 수 없다. "세상이 아프니 내가 아프다"고 한 유마의 탄식은 세상이 복잡해지고 혼란스러울수록 설득력을 지닌다.

윤동주는 시집 한 권을 남기고 옥사한다. 사후에 출간된 『하늘과 바람과 별과 시』는 그의 대표시집이자 유일한 시집이다. 원래 이 시집의 제목은 '병원(病院)'으로 할 예정이었는데, 유고시집을 엮은 정병욱의 회고에 의하면 "당시의 세상이 온통 환자 투성이"였기 때문이라고 한다.[103] 세파에 지쳐 환자와 같이 시달리는 이웃들에게 한 줄이라도 위안과 격려를 줄 수 있는 시를 쓰고 싶은 간절한 욕구와 소명감이 창작의 주요 동기였음을 알 수 있다.

윤동주처럼 예민한 영혼의 결벽증을 척도 삼아 스스로의 양심에 떳떳하고자 한 김현승 역시 시의 시대적 역할과 구원의 기능에 대해 절실하게 숙고한다. 그리고 투철한 창작 의식과 결연한 구원에의 의지를 고스란히 시에 투영한다. 이 부분은 그의 시에 치유의 텍스트적 가치를 부여하는 근원적 단서이다.

그는 "순수한 눈으로 본연의 가치를 발견하려고 할 때 무가치한 것은 하나도 없다."고 한다. 또 "마음이 정정당당하지 못할 때는 시가 될 만한 감동이 일지 않는다."고도 말한다. 이 두 마디는 그가 시에 임하는 자세와 그의 시론을 한 눈에 읽을 수 있게 한다.

만물은 자세히 들여다볼수록 제각기 다르다. 그리고 그 다름은 각각의 가치와 의미로 기능한다. 그러나 순수한 눈이 아니면 사물의 고유한 가치를 제대로 파악하거나 인정하기 어렵다. 그리고 그 순수성은 사물에 대한 뜨거운 애정으로 발현된다. "양심과 정의"는 그런 이웃, 사물들과 함께하는 방법이요 자세다. 김현승의 시는 바로 이런 전자의 안목과 후자의 기능을 바탕으로 한다. 그의 시에 자주 등장하는 보석·별·눈물·기도 등은 그가 사물에 대해 쏟아 부은 순수한 애정과 의지의 결정체다.

순수한 애정과 올바른 자세는 이웃과 더불어 꾸려가야 할 일상의 지침으로 그것이 퇴화되었을 때 자아의 시계(視界)는 흐려진다. 그리고 혼탁해진 내면의 정서는 치유를 필요로 하게 된다. 그러기에 마치 선지적 혜안(慧眼)처럼 그 점을 집중적으로 조명해 놓은 김현승의 시는 현대사회의 심각한 정신적 퇴화를 예방해주고 내면의 치유가 필요한 이들에게 도움을 줄 수 있다.

현대사회는 물질이 풍요할수록 오히려 정신은 가난하다. 그런데 수치상으로만 풍요할 뿐 다수의 민중은 물질조차도 여의치 못하니 정신과 물질 양면에 걸친 가난을 동시에 앓아야 하는 암울한 현실이다. 따라서 개인적 고뇌와 사회적 고통을 피할 수 없는 현대인의 영혼은 삭막하고 우울하다.

김현승은 일찍이 기계문명의 일방적 횡포와 그에 따른 후유증이 점점 심각해지는 현대 사회에 대해 "인간을 구할 수 있는 것은 인간뿐인데 지금 이 인간은 거대한 메커니즘의 손에 고삐를 쥐인 채 이렇게 질주를 당하다가는 인간의 운명은 마침내 어떻게 될 것인가"[104]라고 불안한 진단을 내린다. 그리고 윤리의 근간이자 사회적 덕목인 양심과 도덕에 예민한 관심을 기울인다. 나아가 그 관심은 절실한 실천적 의지로 발전한다. 그러나 그의 내향적 성격은 현실 사회와의 적극적 교류를 꺼리고 내밀한 우려와 걱정을 주로 시를 통해 표현한다. 그 현상은 초기에서 중기로 접어드는 즈음, 즉 「옹호자의 노래」를 발표한 시기에 집중되고 있다.

　나는 기독교 신교 목사의 집에서 태어나 어려서부터 천국과 지옥이 있음을 배웠고 현세보다 내세가 더 소중함을 배웠다. 신이 언제나 인간의 행동을 내려다보고 인간은 그 감시 아래서 언제나 신앙과 도덕을 지켜야 한다고 꾸준한 가정교육을 받았다. 나라는 인간의 본질은 아마도 비교적 단순하고 고지식한 데나 있는 것 같다. 나는 나이가 먹은 뒤에도 이 신앙과 양심과 도덕을 곧이곧대로 지키려고 노력했다. 그중에서도 양심의 명령에 좇는 행동을 나는 가장 값있고 소중한 것으로 알고 있다.

위의 글은 사회적 존재로서의 김현승을 판단하는 좋은 자료이다. 그는 내향적인 성격으로 자기만의 세계에서 늘 신과 대화하며 시를 통해 내면의 침묵을 표출하지만 실제로는 사회적 가치관이 뚜렷하고 그에 따른 자기관리가 철저한 실천적 지성이었다. 그는 양심과 정의를 사회적 요건으로 제기한다. 그리고 시를 통해 줄기차게 정신 개혁의 메시지를 전한다. 그에게 있어서 기독교적이면서도 인간적인 가치관은 그가 추구하는 정신세계의 기조를 형성함과 동시에 간곡한 대사회적 메시지로 작용한다. 그는 "정의와 용기와 기개를 가진 시인이 많을수록 그 나라와 사회의 앞날은 복스럽고 다행할 것이지 결코 불행하거나 위태롭게 되지는 않을 것이다."라고 참여문학에 옹호의 박수를 보낸다. 그의 '양심과 정의'가 작용한 사회관의 일단을 엿볼 수 있는 대목이다. 적극적 참여는 아니지만, 나름대로 문학적 사회참여에 대한 이해가 깊은 것을 알 수 있다.

피로 멍든 땅,
상처(傷處)깊은 가슴들에
사랑과 눈물과 스미는 햇빛으로 덮은

너의 하얀 축복(祝福)의 손이 걷히는 날

우리들의 산하(山河)여,

더 푸르고 더 요원(遼遠)하라!

시인(詩人)의 산하(山河)

저 영원(永遠)의 구름 너머-고독의 절정(絶頂)과 백운(白雪)을 이고

너는 더욱 높은 처소(處所)에서 발돋움 할 것이다.

최후(最後)의 영혼,

싸우는 면적,

오, 시인(詩人)들이여, 너의 요원(遼遠)한 산하(山河)에서…….

―「신설(新雪)」 부분

  이 시는 민족혼을 일깨우는 사자후다. 김현승은 비록 "피로 멍든 땅"의 "상처(傷處) 깊은 가슴들"이지만 "우리들의 산하"는 "더 푸르고 요원"할 것이라는 희망의 메시지를 노래한다. 또 "더욱 높은 처소(處所)에서 발돋움 할 것"이라는 천인합일의 민족적 자긍심을 북돋우는데 더욱 높은 처소는 하늘을 가리키며 발돋움은 하늘의 은혜에 맞닿은 성스러운 민족의 의지를 이른다.

  한편, 김현승은 시 창작에 대한 담론에서 "생활 속에서 시는 언제나 탄생하고 있다. 생활을 개척하지 못하는 이는 시도 개척하지 못할 것이다."라고 시인의 성실한 자세를 천명한다. 이처럼 시와 생활을 일치시키는 것이 그의 시론의 핵심이기에 그는 스스로 규정한 관점에 부응하기 위해 치열하게 정진한다. 그리고 추호의 거짓도 용납되지 않는, 철저한 자기검열을 통

과한 시를 세상에 내놓는다. 여기에서 "생활"은 평소에는 자기도야와 이웃과의 화합을 주제로 한다. 하지만 위기에는 그 영역이 조국과 사회현실로 격상하는데 이 부분은 그의 시에 대해 확장적 읽기를 주문하는 단초이다.

따라서 시치유 참여자나 독자들은 김현승의 시를 읽으며 조국과 사회현실을 직시하고 흐트러진 옷깃을 바로 여밀 수 있다. 또 이웃과의 소외나 상실감에서 비롯된 고독으로 힘들 때면 김현승의 자기 치유적 고독과 비교해 새롭게 내면세계의 충일을 이룰 수도 있다. 굳이 종교인이 아닐지라도 영혼의 위안을 위해 그의 신앙에 관한 시를 암송하는 것으로 간접적 신앙체험을 할 수도 있다. 그의 시를 떠올려 자신의 번다한 상념을 떨쳐내는 효과를 거둘 수 있는 것이다. 아울러 시인들은 김현승의 시적 경지를 목표로 시 창작을 시도해 영혼의 정결과 정신의 고양을 동시에 경험하게 된다.

3. 고독으로 탁마한 순결-청정한 영혼의 회복

치유에 있어서 바람직하고 원천적인 방법은 스스로 자신을 갈고 닦아 바로 세우는 자기치유이다. 자기치유는 외부세계에 쏠린 시선을 자신의 내면세계로 돌리는 것으로부터 시작된다. 그러기 위해서는 먼저 자신의 시선을 쏟을 자기만의 공간이 필요하다. 그 공간은 외부에 투여한 시선을 내부로 돌이킬수록 확대된다. 고독은 외부의 쓰레기로 밀폐된 내면을 비우고 청정한 공간을 확장한다. 또한 외부세계에의 지나친 편중 현상을 경계하고 자신과의 소통을 촉구한다. 외부세계에 빼앗긴 본연의 자아를 만나기 위해서는 고독이라는 전초기지를 거쳐야 한다. 고독은 내면세계를 강화해 외부세계와 내면세계의 균형과 조화를 유도하는 자기치유의 핵심인 것이다.

김현승의 시는 고독으로 탁마한 순결한 영혼의 진수다. 그는 시론 「시의 난해성에 대하여」에서 "시는 언제나 가장 고독한 예술이다. 시의 독자는 사실은 쓰는 사람 자신일 때가 많다. 그 자기란 자기 자신에 앞서 인간이다. 그러므로 자기를 위해 쓰는 것도 그 본질에 있어선 인간, 즉 타인을 위해 쓰는 것이다."라고 술회한다. 시는 먼저 자신을 위해 쓰지만 결과적으로 창작행위는 독자들을 위하는 작업의 일환일 수밖에 없다는 정의를 내린 것이다. 그러기에 "인간으로서 죄 많은 결점 투성이 나이지만 나의 시에만은 죄의 티끌 하나 어리지 않게 하고 싶다."라는 준엄한 시인헌장을 스스로에게 선포한다. 그가 얼마나 치열하고도 순수한 영혼으로 시를 썼는지 새삼 돌아보게 하는 구절이다. 그는 시를 구원의 동반자로 여기고 순결하고 경건한 기도를 바친다.

봄은
가까운 땅에서
숨결과 같이 일더니

가을은
머나먼 하늘에서
차가운 물결과 같이 밀려온다.

꽃잎을 이겨
살을 빚던 봄과는 달리,
별을 생각으로 깎고 다듬어
가을은

내 마음의 보석(寶石)을 만든다.

눈동자 먼 봄이라면
입술을 다문 가을

봄은 언어(言語) 가운데서
네 노래를 고르더니
가을은 네 노래를 헤치고
내 언어의 뼈마디를
이 고요한 밤에 고른다.

— 「가을」 전문

이 시는 3연에 전체가 축약되어 있다. "별을 생각으로 깎고 다듬어/가을은/내 마음의 寶石을 만드"는 이라는 구절에서 보듯 그가 얼마나 청정하고 순결한 영혼을 갈고 닦았는가를 짐작할 수 있다.[105]

순결한 영혼은 안으로는 청정심을 심연(深淵)으로 삼고 밖으로는 속악의 때가 묻지 않은 해맑은 동심을 그 얼굴로 한다. 김현승은 「철학자와 시인과 사학자」라는 제목의 기고에서 시와 철학을 비교해 "철학과 시는 전연 별개의 세계를 차지한다. 왜냐하면 철학은 인간의 마음으로부터 어린아이와 같은 선입감을 씻어버리는 반면 시는 인간의 마음을 어린아이와 같은 선입관에 빠지게 하기 때문"이라고 한 바 있다. 이는 이성과 논리의 한계를 초월한 시의 순수성을 강조한 글인데 시가 얼마나 순결한 영혼과 순수한 언어를 필요로 하는가를 집약해 주고 있다.

김현승은 "시인이 독자를 위하여 가시권외의 세계로 내려갈 수는 없다. 오히려 가치 이상의 세계로 독자를 끌어 올려야 한다."고 독자와 시인들의 분발을 촉구한다. 시의 수준과 위의를 고양할 것은 새삼 주지시킨 것이다. 한편 "사물의 본질을 파악하고 표현하는 것은 시인으로서 무한한 기쁨임을 나는 알려고 노력한다."는 그의 말은 시인은 물론 그의 시를 읽는 독자들에게 시의 본령을 각인시켜주는 전언이다.

김현승은 보조를 같이 할 수 없이 부패한 세상과 겉돌아야 했고, 세상이 혼탁하고 혐오스러울수록 더 내향성을 띤다. 그러기에 신을 향한 내면세계에서 영혼의 순결과 정신의 고양을 추구하고 그것을 시로 형상화한다. 그의 시는 도처에서 그의 영혼이 얼마나 순결하며 시 창작에 임하는 자세가 얼마나 진실하고 치열한가를 일러주고 있다. 시는 신앙과 동격의 구원 기제일 만큼 그의 시에 대한 열정과 의지는 강열했다. 그것은 곧 독자들의 영혼을 순화하고 정신을 환기시켜 주는 시치유에 자신의 어느 작품 하나 소홀함이 없다는 자부심의 일단일 수 있다.

4. 평안과 위로-남성성과 아니마의 조화

김현승의 시는 종교적 영성과 인간적 고뇌의 합작이다. 치열한 지성과 부단한 내면의 도야를 통해 심원한 경지에 이른 정신의 집약이다. 그는 자신의 안과 밖을 상호보완적 차원에서 견인하고 보강한다. 그러기에 단정하고 엄격하면서도 평온한 외면과 그 내면에 깃들어 서정성 짙은 정조를 이루는 따뜻한 감성은 그의 시를 이끄는 두 축이다. 주지적이고 이성적인 상징어들이 거슬리지 않고 온전히 시에 흡수되는 것은 심층적 아니마가 남성적 의지와 기개를 중화하기 때문이다.

눈물은 그러리, 오히려 내게는
무겁고 화려한 의상(衣裳),
그것은 무도회(舞蹈會)의 밤이나 구세주(救世主)의 입을 옷을······

마음에 가득한 눈물도
웃음이면 내겐 족하리,
웃는 녹지대(綠地帶)의 가벼운 그늘로
오늘 하루와 나의 거리와 외로운 이웃들을 가리워주리······

그것은 일치(一致)되기 어려운
우리들의 균형(均衡)을 이룩하는 온화(溫和)한 합창(合唱)—
그것은 낙엽(落葉) 속에서 피는 최후(最後)의 장미—

눈물을 가리켜 회한(悔恨)의 술—왕가(王家)의 깊은 계곡(谿谷)이라면
그것은 들에 피는 노래와 우리들의 백합화(白合花)—

옥토(沃土) 같은 가슴들에 숨 쉬는 가슴들에
무덤을 파헤치고 간,
인류(人類)—최후(最後)의 신뢰자(信賴者)이던 무기(武器)라는 연장들과
혈색(血色) 없는 명석(明晳)들과 막다른 굳은 땅을 헤치고,
내일(來日)을 모르는 우리들의 고독한 신앙(信仰)을 위하여
웃음은 꿈에서나마 친밀한 이웃과 노래와 작은 양지(陽地)들
가져오는 단서(端緖)이리!

발부리를 돌려도

발부리를 돌려도

땅 끝마다 저무는,

진정 막막하고 고달픈 내게 맡긴 한 새대(世代)의 애정(愛情)을 위하여

나는 최후(最後)의 시(詩)에서

눈물보다 간곡한 웃음의 복음(福音)을

호올로나마 이 어두운 허공(虛空)에 전(傳)하고 가리……

— 「눈물보다 웃음을」 전문

김현승에게는 눈물이 단순한 슬픔의 형상물이 아니다. 웃음을 예약하고 보석을 빚는 전초적 에너지이다. "오히려 내게는/무겁고 화려한 의상(衣裳)"인 눈물은 "웃는 녹지대(綠地帶)의 가벼운 그늘로/오늘 하루와 나의 거리와 외로운 이웃들을 가리워 주"는 웃음의 가교 역할을 한다. 그러기에 "진정 막막하고 고달픈 내게 맡긴 한 세대(世代)의 애정(愛情)을 위하여/나는 최후(最後)의 시(詩)에서/눈물보다 간곡한 웃음의 복음(福音)을/호올로나마 이 어두운 허공(虛空)에 전(傳)하고 가"리라고 한다. 엄정과 온정이 "균형(均衡)을 이룩하"여 "온화(溫和)한 합창(合唱)"을 일구듯 그에게는 그늘도, 고독도, 까마귀도, 역설적 의미로 재편성되어 그의 영혼을 탁마하는 반전효과로 작용한다.

김현승은 "나는 우선 무엇보다 올바른 서정과 올바른 주지의 기본을 훈련, 터득하여 보다 많은 이해와 온정의 세계에 도달하려고 노력했다."고 토로한 적이 있다. 그만큼 그의 시에는 견고한 의지 못지않게 기독교적 긍휼과 인간적 온정이 내재되어 있다. 그는 자신의 시 「눈물」을 일러 아들을 잃

고 나서 가슴의 상처를 믿음으로 달래려 했고 그런 심정으로 쓴 시라고 한다. 그런 인간적 눈물이 독자들의 공감대를 불러일으켜 치유의 효과를 배가할 수 있는 것 또한 그의 시가 보유하고 있는 장점이다.

김현승의 시는 엄정한 외양과 따뜻한 내면의 온정이 서로를 보완하고 견인하며 적절하게 조화를 이루고 있다. 그의 견고한 의지는 따뜻한 눈물에 의해 건강성을 강화하고, 예민한 감수성은 이성적 의지에 의해 절도를 보강한다. 독자들을 대상으로 할 때, 전자는 안정감을 심어주고 후자는 위안을 베푼다. 상처를 치유하는 데 이 두 가지 사항은 필수적 요소로 작용한다. 안정감은 마음의 평정을 도와주고 위로는 상처를 녹여주기 때문이다. 김현승의 시는 한 편 한 편이 각고의 산통 속에서 출산된 순결하고 고원한 영혼의 순례기이다. 기독교 시인인 그가, 평면적 구원의 메시지를 시를 통해 사회적 자양(滋養)으로 입체화 하고 있음을 상기하는 의미에서도 그의 시는 새롭게 읽을 가치가 있다.

주석 및 참고문헌

주(註)

1   김현승의 가계는 전통적으로 독실한 기독교 가문이었다. 아버지와 형은 목사이며, 어머니는 아버지와 함께 양림교회를 개척한 장로의 딸로 평생 기독교 신도회의 중추적 역할을 했다. 이처럼 부모 형제가 신앙이라는 공통분모를 배경으로 이룩한 기독교적 전통을 세습한 그의 가정은 장남은 목사로, 부인과 자녀 모두 기독교 신도의 직분에 충실했다. 김현승 연보에 보면 6세까지 제주에서 보낸 것으로 되어있고 그가 언제 출생지인 평양을 떠나 제주에 갔는지 명확한 기록이 없다. 혹자는 평양에서 출생하기만 했을 뿐 광주에 오기 전까지 대부분을 제주에서 자란 것으로 알기 쉽다. 그러나 기독교에서 밝힌 연보를 보면 그의 부친이 평양에서 목사 과정을 마치고 제주로 부임한 시기는 1917년으로 되어있다. 1913년생인 김현승이 4세 때의 일이다. 김현승의 아우 김현구의 주장에 의하면, 제주에서 광주로 이사 온 시기는 다형 자술연보에 기록된 1919년이 6세와 달리 1922년 9세 때라고 한다.(김현구,「다형의 가족사」,『다형 김현승의 삶 문학』, 한림, 2015, 90쪽)

2   김현승의 부친 김창국 목사는 3.1운동 당시 제주에서 독립회생회라는 비밀 조직을 만들고 독립운동자금을 모금해 상해 임시정부로 송금하는 등, 독립운동에 참여하다 옥고를 치르게 되는데, 이는 김현승의 유년기 때의 일로 그의 정신세계와 문학에 영향을 미친 것으로 볼 수 있다. 김현승도 숭일중학교 교사로 근무하던 1937년 교회에서 신사참배 거부 사건이 발발, 그 주모자로 체포되어 고문을 당한 후 벌금형을 받고 교사직에서도 파문당하게 된다. 이로 인해 부친과 누이도 함께 투옥되고, 고문 끝에 누이가 사망하는 아픔을 겪게 되어 김현승은 해방 때까지 절필을 하게 된다. 이시기는 대동아전쟁 준비를 위해 광분하던 일본의 억압과 수탈이 가장 혹심하던 일제 강점기 말기로, 독립운동가는 물론, 문단 역시 시인과 작가에 대한 검문 검열이 한층 치밀하고 삼엄한 암흑기였다.

3   이 사건은 성격형성기 때 입력된 원초적 불안에 청년기에 겪은 정치 사회적 불안이 가중된 것으로 이후 그가 각별히 양심과 사회정의에 천착하게 된 동인으로 작용한다.

4   프로이트, 정장진 역,『창조적 작가의 몽상』, 열린 책들, 1996, 100쪽.

5   백수인,「종합문예지〈신문학〉연구」,『韓國言語文學』제95집, 399-400쪽.

6   시「고향에」에 대해 김현승의 제자인 박홍원은 "이 작품에서는 고향인 광주에 대한 다형의 집념 및 애착이 어떠한 양상으로 아로새겨져 있었던가를 볼 수 있어서 참으로 소중한 자료라고 생각된다. 이「고향에」는 다형이 편집을 맡았던 신문학(제2집, 1951년 12월)에 발표되었던 작품이다. 광주를 '산에 오르면 언제나 꽃처럼 피어 있는 도시'라고 찬미하는가 하면 온난한 기후를 '남국의 황금빛 사흘들'이라고 찬양한다."고 서술하고 있다.(위의 책, 399-400쪽)

7   아들러 외, 설영환 역,『아들러 심리학 해설』, 선영사, 1990, 16쪽.

8   김현,『행복한 책 읽기』, 문학과지성사, 1996, 82쪽.

9   C. G. 융, 정영목 역, 『사람과 상징』, 까치, 1995. 219쪽.

10 고은, 「시가 많은 시대의 시 읽기」, 『창작과 비평』 제94호, 창작과비평사, 58쪽.

11 아들러 외, 앞의 책, 102쪽.

12 박두진, 『한국현대시론』, 일조각, 1979, 282쪽.

13 위의 책, 88쪽.

14 이운룡, 앞의 책, 225쪽.

15 김종철, 앞의 책, 56쪽.

16 문맥으로 보면 이는 다신론이나 범신론의 신에 해당한다. 그러나 범신론의 신과 다신론의 신은 근본적으로 다르다. 다만 브라만의 현현인 삼라만상을 아트만으로 구분해서 지칭할 경우, 범신론도 일차적으로 다신론의 입장에서 자유롭기 어렵다. 그러나 궁극적으로는 아트만이 브라만으로 일원화됨으로써 다신론의 혐의에서 벗어난다. 신의 인격적 실체를 인정하는 다신론과 달리 범신론은 우주자연의 현상과 그 운행 질서를 신의 속성에 비유한다. 따라서 하나의 전체이면서 무수의 개체인 범신론의 신은 추상적이면서도 동시에 구체성을 띤다. 김현승이 이 시에서 언급한 "추상의 신들"을 문학적 표현으로 해석할 수 있다고 치자. 그러나 아무리 추상적이라고 해도 신은 신으로 거론되는 순간, 엄연히 그 지고의 위상을 누릴 수밖에 없다. 신은 그 이름 자체만으로 신성시 되는 초인적 존재이기 때문이다.

17 김현승은 "시 절대고독에서는 신의 무한성이나 영원성이 실재하지 않음을 깨달았음을 고백하였고 그 무한이나 영원은 결국 나 자신의 생명에서 끝나 버림을 노래하였다.(나의 고독과 나의 시)"고 당시의 시적 배경을 술회하고 있다. 이는 무한성과 영원성을 담보하는 유일신인 하나님에 대한 부정을 명확하게 공언한 셈이다. 한편, 무한이나 영원이 자신의 죽음과 함께 소멸되어 버린다는 단생론을 펴고 있는데 이 부분은 기독교적 영원성을 부정하는 데 역점을 둔 주장의 부차적 일환으로 풀이된다.

18 이후 얼마 못 가서 운명한 것을 보면 그가 무의식적으로 자신의 죽음에 대한 예감을 시 곳곳에 담아낸 것은 아닐까 여겨지는 부분이다.

19 견고한 고독(견고한+고독)이란 문장은 김현승의 독창적 산물로 그 이전에도 없었고 이후에도 통용되지 않고 있다. 순전히 시인 자신만의 전유물인 셈이다. 흔히 유명시의 인상적인 문구는 일반적으로 관용화되기 쉬운데 이 구절은 예외에 속한다.

20 조태일은 김현승의 시세계를 신중심주의와 인간중심주의의 갈등 구조로 본다.(조태일, 앞의 책, 132쪽)

21 유성호, 앞의 책, 480쪽.

22 G. 레이코프 · M. 존슨, 노양진 · 나익주 옮김, 『삶으로부터의 은유』, 서광사, 1977.

23 막스 피카르트, 최승자 역, 『침묵의 세계』, 까치, 2010.

24 신과 결별한 후 신의 품 밖에서 독자적 자아를 탐구한 중기시에서의 치열한 고독은 신앙의 보호망 속에서 표출된 초기시의 감성적 고독과는 그 강도나 밀도에서 큰 차이가 있다.

25 유성호는 "김현승은 기법이나 시적 정조 면에서는 릴케의 영향이 뚜렷하다고 할 수 있다. 릴케는 김현승의 시 안에서 종교적 정조를 짙게 착색시키는 영향 관계를 형성한 시인이었다"고 김현승과 릴케의 연관성에 대해 말하고 있다.(유성호,『김현승 시의 분석적 연구』, 연세대학교 박사학위논문, 1996.)

26 릴케는 "만일 제가 5년간에 걸친 군대고육에 대한 추억을 부정하지 않고 몰아내려고 하지 않았다면 저의 인생은 실현될 수 없었을 것입니다. 사실 저는 그 악몽을 몰아내려고 안한 일 없이 모든 일을 다 했습니다. 후일에 제가 자신의 고유한 것에 에워싸이고 보호를 받았다고 생각할 때까지도 그렇게 오랜 세월에 걸쳐 당시의 나이로는 감당하기 어려웠던 유년시절의 박해를 도저히 이해할 수 없습니다. 그러나 저는 그 지독하고 불안했던 어린 시절, 그렇게 참혹한 속에서 얼마나 이를 악물고 일종의 구원을 찾았는지 지금까지도 역력하게 기억하고 있습니다."라고 편지에 쓰고 있다.(H.E. 홀트후젠,『릴케』, 기린원, 1991, 23쪽.)

27 위의 책, 231쪽.

28 위의 책, 233쪽.

29 위의 책, 231쪽.

30 불교에서는 생을 고해하고 이르며 여기에 따르는 고통을 8가지로 분류한다. 그중 생로병사(生老病死)는 4중고에 해당하며 이에 애별리고(愛別離苦) 원증회고(怨憎會苦) 구부득고(求不得苦) 오음성고(五陰盛苦)를 합해 8고(八苦)라고 칭한다.

31 H.E. 홀트후젠, 앞의 책, 189쪽.

32 Heint Stolte, 안인길 역, 위의 책, 227쪽.

33 니체, 이상일 옮김,『디오니소스 찬가』, 민음사, 1998, 12쪽.

34 니체, 이덕희 옮김,『최후의 고백』, 작가정신, 1999, 50쪽.

35 강영계,『니체, 해체의 모험』, 고려원, 1995, 113쪽.

36 니체, 이상일 옮김, 앞의 책, 44쪽.

37 니체는 "나는 도덕에서 인간 왜소화의 원리를 깨닫는다. 도덕적 이상의 지배하에서 인간의 자연적 본능은 거부당하고 투쟁의 대상이 된다. 탈아의 이상, 다른 삶을 위한 삶의 이상이 내세워지며 그럼으로써 모든 빛남과 모든 깊음을 분쇄한다."고 (니체, 이필렬 옮김,『서광』, 청하, 1983, 6쪽) 삶의 활기와 모험을 외면하는 나약한 무리들의 비겁한 도덕적 획책에 대해 통렬한 비판을 가한다. 원초적 생명력이 주무기인 인간에게 사회적 존재로서의 의무를 부각시키고 이에 도덕의 굴레를 씌우기 급급한 종교와 철학, 사회적 관습 등의 반생명적 횡포에 대해 일방적 선전포고를 한 것이다. 따라서 인간의 고유한 본능과 의지를 왜소화 하고 순치시키려 드는 도덕의 함

정에서 인간의 원초적 생성의지를 해방시키는 것이 니체의 소명이었다. 김현승은 절대고독의 시기에 기독교의 거짓과 타락을 지켜보며 기독교인들의 도덕덕 정체와 신의 허상에 대해 절망하기에 이른다. 인간은 괴물을 불러들여 그것을 진리라고 부른다고 한 니체는 니힐리즘은 무에 대한 감정, 즉 허무감을 통해 절정에 도달하는 하나의 계시 라고 말했다.(고드스 블룸, 천형균 역,『니힐리즘과 문화』, 문학과지성사, 1993, 61쪽) 김현승이 신에 의한 구원을 포기하고 주체적 세계를 향해 출사표를 던진 절대고독의 행보 역시 일련의 자기 계시를 방불케 한다

38 흔히 니체의 정신분열증이 매독으로 인한 것으로 알려져 있다. 그러나 부친의 뇌질환과 유전적 관련이 있는지도 모른다.

39 니체는 "일곱 살이라는 거짓말 같은 어린 나이에 나는 이미 어떤 사람의 말도 내게 도달하지 못하리라는 것을 알았다."고 밝히고 있다. 또 "고독은 그 아무것도 스며들어 올 수 없는 일곱 겹의 거죽을 갖고 있다. 사람들 사이로 가 본다. 그러나 이것들은 새로운 황야에 불과하다."고 하는가 하면 "나는 인간을 찾았다. 나는 인간을 요구했다. 그러나 내가 찾아낸 것은 오직 나뿐이었다."(니체, 이덕희 옮김, 위의 책 17-18쪽)고 토로한 바 있다.

40 일찍이 아버지를 여읜 니체는 평생을 할머니, 어머니, 두 고모, 누이 등, 여성들에게 둘러싸여 살았다.

41 니체, 이덕희 옮김, 앞의 책. 88쪽

42 니체,『차라투스트라는 이렇게 말했다』, 민음사, 2007, 213쪽

43 로저 트리그/최용철 옮김,『인간 본성에 관한 10가지 철학적 성찰』, 자작나무, 1996, 103쪽

44 범신론은 유신론과 무신론으로 분류할 때는 유신론에 속한다. 그러나 기독교의 여호와 신처럼 인격적 유일신관과는 다르다. 또 그리스신화처럼 많은 신이 등장하는 다신론과도 다르다. 범신론에도 다양한 유형이 있지만, 보편적으로 별개의 인격신을 대신하는 우주의 운행질서와 그 운동성을 총체적으로 일컫는다. 무신론은 신의 존재만 부정할 뿐 우주 질서나 진리에 대해서는 일정한 법칙 주장하는 합리적 무신론과 신의 존재는 물론 일체의 법칙조차 부정하는 극단적 무신론으로 나눌 수 있다. 전자의 대표적인 예로 불교를 들 수 있으며 대표적 무신론자에 속하는 니체의 영원회귀도 전자의 예로 볼 수 있다. 동양에서는 일찍이 우주자연의 순환법칙에 주목하고 그 무한하면서도 순환적인 운동성에 신적 가치를 부여해 왔다. 또한 우주 삼라만상에는 신이 내재되어 있다고 보았다. 유가에서는 진리의 실체로 천도를 제시하고 그에 합당한 인륜도덕의 실행을 촉구했다. 노장사상 또한 우주자연의 순환 법칙을 거스를 수 없는 순리로 보았다. 니체의 영원회귀와 범신론은 일련의 접점을 보이는 데도 현재까지 그 조화나 합일을 적극적으로 시도한 사례는 나타나지 않고 있다.

45 니체, 앞의 책, 103쪽.

46 온전한 무(無)는 유(有)를 내포하지 않을 때라야 가능하다. 보이지는 않아도 그 속에 유(有)의 인자를 안고 있다면 순수한 무(無)로 볼 수 없다. 상대적 대응쌍으로서의 유(有)를 배제할 때만

완벽한 절멸상태인 절대적 무(無)에 이를 수 있다. 그러나 어떻든 현재 우주는 여전히 운행 중이며 지상의 만물은 마다 살아 숨 쉬고 있고, 앞으로도 이 상황이 언제 종결될지 아니면 영원히 존속할지 알 수 없다. 무엇보다도 무(無)의 세계를 진단하고 그 형태를 상상하는 사고의 주체인 자아는 '실존의 증인'으로 엄연히 살아 숨 쉬며 의미를 추구하고 있다.

47 하이데거, 박찬국 옮김, 『니체와 니힐리즘』, 지성의 샘, 1996, 76쪽.
48 강영계, 『니체, 해체의 모험』, 고려원, 1995, 139쪽.
49 이 시기는 그의 평생에 걸친 신앙생활에 비하면 극히 짧은 기간이다. 그러나 그 정신의 강도와 밀도는 전 생애를 통틀어 가장 높았다.
50 동양은 기독교가 유입되기 수십 세기 전부터 범신론적 순환론의 우주관을 관습적으로 일상화해 왔다. 자연친화적 성정은 자연의 순환과 변화에 순응하고 자연과 더불어 사는 적응력을 길러주었다. 특정의 신이 없이도 우주 자연의 조화와 질서를 자연스럽게 삶의 당위적 요소로 받아들이며 일상의 지혜를 체질화해 온 것이다. 이는 한국인에게도 신앙 이전의 본질적인 우주관을 제공하며, 김현승의 내면세계에도 이와 같은 관점이 내재화 되어 있었을 것으로 볼 수 있다.
51 33세는 예수가 부활한 나이와 같다
52 아우구스티누스, 지경자 역, 『고백록』, 홍신문화사, 1987, 345쪽.
53 그의 고백 중 무능·무지·안일·결핍에 대한 주요 대목은 다음과 같다.

항목	구절
무능에 대한 고백	제 영혼의 집은 당신이 들어 오시기엔 너무나 좁습니다. 그러니 넓혀 주시고 쓰러져가는 집을 일으켜 주십시오. 거기에는 당신의 눈에 거슬리는 것들이 많다는 사실을 알고 있습니다. 그러나 누가 그것을 깨끗이 하겠습니까?
무지에 대한 고백	저는 어디로부터 이 세상에 온 것인지 모르니 저는 죽어가는 삶이라고 할까요? 살아있는 죽음이라고 할까요? 하느님 말씀해 주십시오. 내 유아기는 내 전생의 연속인지를. 이승 이전의 저는 누구였으며 어디 있었습니까?
안일에 대한 고백	저의 사악한 청년시절은 죽고 장년으로 접어들었지만 나이가 들어감에 따라 더욱 공허해질 뿐 현실적인 것이라고는 내 눈에 익숙해진 것밖에 생각할 수 없습니다.
결핍에 대한 고백	저는 당신을 사랑했는데 환영이 아니라 진실한 사랑이었습니다. 그러나 나의 하느님에 대한 즐거움에 오래 언제까지나 머물러 있지는 못했습니다. 당신의 아름다움에 마음이 끌렸다가도 어느새 저 자신의 무게로 인해 당신으로부터 떨어져 나가고 말았습니다.

54 이 부분에서 아우구스티누스와 김현승은 완벽히 일치한다.
55 아우구스티누스, 앞의 책, 39쪽.
56 김현승, 앞의 책, 620-630쪽.
57 김현승은 기독교 시인이 아니냐는 세평과 자신의 시적 배경에 대해 "나는 다만 나의 삶에서 가

장 절실하고 가치 있는 문제를 시의 대상으로 삼으면서 나의 생활과 밀접한 관계에 있는 기독교에 관심을 집중하게 된 것 뿐이다."라고 술회한 바 있다. 일부러 의식하지는 않더라도 기독교적 정서가 시의 구성 요소 중 하나로 작용하고 있다는 완곡한 설명일 수 있다. 물론 그는 기독교와 관계없이 훌륭한 문학적 업적을 남긴 중요한 시인의 하나로 손색이 없다. 아울러 기독교를 시에 도입해 시정신과 시적 완성도를 높였다는 평가도 별 무리 없이 수용될 수 있다.

58 김현승의 시세계를 4기로 구분하는 연구도 상당수 찾아볼 수 있다. 김현승을 주제로 한 박사학위논문 중 조태일, 박귀례, 유성호, 박몽구는 김현승의 시 세계를 다음과 같이 네 시기로 분류하고 있다. 조태일은 『새벽교실』에 묶여진 시편들로 시대적 불행에 대한 인식과 이를 민족적 센티멘털리즘의 서정으로 자연을 인격화 시켜 노래한 제1기, 해방 이후 『김현승 시초』와 『옹호자의 노래』에 묶여진 시편들로 신을 통해 인간의 존재론적 한계와 인간적 삶의 정의를 노래한 제2기, 『견고한 고독』과 『절대고독』에 묶여진 시편들로 천상보다는 지상을, 신보다도 인간에 대한 삶의 본질을 추구해 가던 제3기, 『날개』와 『마지막 지상에서』의 1부에 해당하는 시편들로 고혈압으로 쓰러진 이후 인간적 삶의 한계와 허무를 깨닫고 오로지 절대자인 신에게 감사와 참회의 기도를 형상화한 제4기로 나누어 보고 있다. 다음으로 박귀례는 민족적 비애와 자연미를 다룬 『김현승 시초』를 제1기의 시집으로, 청교도적 기질과 순수시를 다룬 『옹호자의 노래』를 제2기의 시집으로, 신에의 회의와 고독의 새 의미를 다룬 『견고한 고독』과 『절대고독』을 제3기 시집으로, 신과 마지막 지상에서의 시를 다룬 『마지막 지상에서』를 제4기의 시집으로 보고 있다. 한편 유성호는 『새벽교실』 등을 노래한 초기를 제1기로, 『김현승 시초』와 『옹호자의 노래』를 노래한 시기를 제2기로, 『견고한 고독』과 『절대고독』을 노래한 시기를 제3기로, 『마지막 지상에서』를 노래한 시기를 제4기로 나누고 있다. 또한 박몽구는 희망의 언어로 노래한 『새벽교실』의 시세계를 제1기로, 신념의 언어로 노래한 『김현승 시초』와 『옹호자의 노래』의 시세계를 제2기로, 갈등의 언어로 노래한 『견고한 고독』과 『절대고독』의 두 시집으로 함축되는 시세계를 제3기로, 화해의 언어로 노래한 『마지막 지상에서』와 『날개』 시편들이 집필된 시기를 제4기로 보고 있다.

59 염무웅, 「1930년대 문학론」, 『민중시대의 문학』, 창작과 비평사, 1979, 70쪽.

60 여기에서의 '침묵'은 『절대고독』에서 "끝내 입을 다무는" 언어도단의 경지로 심화된다.

61 김현승, 앞의 책, 707쪽.

62 오규원, 「비극적종교의식과 고독」, 『현실과 극기』, 문학과지성사, 1978, 108쪽.

63 제1시집 『김현승 시초』, 문학사상사, 1957.

김현승은 최초의 시집을 1957년 12월, 문학사상사에서 발간한다. 시집에 수록된 시 중 발표 시기가 드러난 시는 1946년 3월부터 1957년 12월까지 10여 년 동안의 작품들이다. 나머지는 시기 미상의 것으로 초기 시 전반부의 미발표 혹은 발표 지면이 불확실한 시들이다. 이 중 상당수는 1946년 이전에 쓴 것들로 습작기의 시들도 포함되어 있다. 그런데 문학사상사에서 발간한 시집 『김현승 시초』에는 권두시로 「눈물」이 실려 있다. 또 지식을 만드는 지식에서 출간한 김현승 시선의 『김현승 시초』에도 「눈물」이 실려 있다. 그러나 「눈물」은 그 발표시기가 1967년 12월로 되어 있어서 시기상으로 1957년에 발간된 『김현승 시초』에는 실릴 수 없다. 뿐만 아니라 제2시집 『옹호자의 노래』가 발간된 해도 1963년이어서 여기에도 해당되지 않는다. 그렇다고 「눈물」이라는 제목의 시가 두 편인 것도 아니다. 〈다형 김현승 기념사업회〉에서 펴낸 『다형 김현승의 삶과 문학』에 실린 작품 연보에도 눈물이 1967년 〈현대문학〉에 발표한 것으로 되어있는데 이에 대해서는 설명이 필요하다. 사실인 즉 1956년 〈시정신〉에 최초로 실리고, 이를 『김현승 시초』에 1957년 수록했으며 다시 〈현대문학〉에 1967년 재발표한 것이다. 한편 원전에 속하는 시집으로 〈문학사상사〉에서 출간한 『김현승 시초』는 제1부와 제2부로 나누어져 있고 「눈물」이 권두 시인데, 〈지식을 만드는 지식〉에서 출간한 『김현승 시선』의 〈김현승 시초〉는 부 구분 없으며 「눈물」이 끝부분에 실려 있다. 또 〈문학사상사〉에서 발간한 『김현승 시초』와 〈지식을 만드는 지식〉에서 발간한 『김현승 시선』의 『김현승시초』에는 23편만 싣고 있다. 이 부분 역시 명확한 설명을 곁들여 독자들이 혼동하지 않도록 해야 할 것이다. 시집에는 눈물 등 총 27편이 실려 있다. 제1부에는 발간 당시를 기점으로 최근의 작품을 싣고 있는데, 「푸라타나스」, 「가을의 기도」 등, 13편을 수록하고 있다. 『옹호자의 노래』와 함께 초기 시의 후반부를 구성하며 초기 시 전반부의 작품인 제2부의 시에 비해 한결 정련된 세련미가 돋보인다. 제2부에는 1934년 등단 이후 동면기(일제 강점기말 암흑시대)에 이르기까지 5,6년에 걸쳐 쓴 초기 작품 중에서 고른 14편을 수록하고 있는데 대부분이 지상에 발표하지 않은 시로 정확한 창작 시기를 파악하기 어렵다. 그 중 「창」(1946.3. 경향신문)과 「어제」(1955.12, 예술집단), 「내일」(1946.4. 민성) 등 3편은 발표일자와 지면이 기재되어 있다. 그리고 1부에 수록된 시들과 비슷한 시기에 발표한 작품들로 창작시기 미상의 시들에 비해 그 수준이 확연히 다르다. 시집 자서에서 김현승은 "시는 갈수록 어렵다"고 술회하고 있다. 초기의 숙련기를 지나, 본격적 궤도에 오른 마당에 시에 대한 중압감을 토로하는 정황은 새삼 시인 김현승의 치열하고도 엄결한 자세를 돌이켜보게 한다.

64 제2시집. 『옹호자의 노래』. 선명문화사, 1963.

김현승은 첫 시집 『김현승 시초』를 출간한 지 6년만인 1963년 6월, 두 번째 시집 『옹호자의 노래』를 출간한다. 첫 시집이 1, 2부로 구성되어 있는 데 비해 두 번째 시집 옹호자의 노래는 4부로 구성되어 있으며, 수록된 시도 제1부 17편, 제2부 31편, 제3부 11편, 제4부 11편 등 70편이나 된다. 그런데 「창」 등, 20여 편을 첫 시집에 실린 시 중에서 골라 재수록하고 있다. 그러니까 실제로 새롭게 제2시집에 실린 시는 50편인 셈이다. 김현승의 자서에 의하면 옹호자의 노래는 1950년대와 1960년 초에 발표한 시들을 한 데 묶은 것으로 해방 전 시들은 포함되지 않았다. 1955년 1월부터 1962년에 집중적으로 발표한 시들이 대부분으로 제1부는 자연의 사물을 주제로 한 시, 제2부는 내면세계의 특성에 관한 시, 제3부는 가을에 관한 시, 제4부는 민족과 사회 등 외부 환경에 관한 시들을 주제별로 구분해 수록하고 있다.

65 제3시집 『견고한 고독』, 관동출판사, 1968

김현승 중기 시에 속하는 시집 『견고한 고독』은 제2시집을 출간한 지 5년 만인 1968년 1월에 출간한 시집이다. 이 시집도 『옹호자의 노래』처럼 4부로 구성되어 있는데 시 「절대고독」과 더불어 김현승 중기 시의 절정을 이루는 표제시 「견고한 고독」은 제1부에 실려 있다. 제1부 15편, 제2부 3편, 제4부 11편, 제4부 8편으로 총 37편이 수록되어 있다. 그런데 시집 『견고한 고독』도 출판사와 엮은 이에 따라 그 차이가 있다. 예를 들어 〈관동출판사〉에서 출간한 『견고한 고독』과 〈지식을 만드는 지식〉에서 출간한 『김현승 시선』, 『견고한 고독』은 목차도 다를 뿐 아니라 수록된 편수도 다르다. 〈관동출판사〉는 37편인데 비해 〈지식을 만드는 지식〉에는 19편만 실려 있다. 또 시집 『견고한 고독』 후기에서 김현승은 총 35편을 수록했다고 하는데 실제로는 37편이 실려 있다. 한편, 시집 『견고한 고독』에 실린 「시의 겨울」은 1945년 8월에 문예지에 발표한 시로 기재되어 있는데, 김현승은 『견고한 고독』에 수록한 시를 일러 "옹호자의 노래를 출간한 지 5, 6년 만에 발표한 작품을 선정한 것"이라고 후기에서 밝히고 있다. 이에 따르면 1963년 이후 1968년 사이 발표한 시들만 선별한 것이기에 1945년에 발표한 「시의 겨울」은 해당되지 않는다. 실제로 시집 『견고한 고독』에서 「시의 겨울」 이외의 시들은 1960년 이후의 작품들만 수록되어 있다. 〈김현승 기념사업회〉에서 발간한 『다형 김현승의 삶과 문학』 작품 연보에도 「시의 겨울」은 1945년 문예 8월호에 발표한 것으로 되어 있다. 이 시집에도 가을에 관한 시는 「가을이 오는 달」, 「가을 저녁」, 「가을의 비명」 등 세 편이 들어 있으며, 겨울에 관한 시로 「겨울 까마귀」, 「겨울의 입구에서」, 「겨울 나그네」, 「시의 겨울」 등, 네 편이나 들어 있다. 가을의 우수와 겨울의 고독을 정서적 배경으로 한 시들이 37편 중 7편이나 차지하고 있다. 그가 왜 고독의 시인인가를 실감케 한다.

66 제4시집 『절대고독』, 성문사, 1970.
시집 『견고한 고독』과 함께 김현승 중기 시를 대표하는 시집 『절대고독』은 시집 『견고한 고독』을 출간한 지 2년 만인 1970년에 성문사에서 출간한다. 첫 시집과 제2시집, 제3시집 간의 기간이 비교적 긴 데 비해, 제4시집은 짧은 기간에 또 한 권의 독보적 성취를 보여주고 있다. 그만큼 절대고독 시기, 혹은 중기 시로 일컬어지는 기간의 시작 활동이 왕성했을 뿐 아니라 시에 대한 자긍심도 대단했던 것을 알 수 있다. 시집 『절대고독』은 제1부 16편 제2부 11편, 제3부 14편 등, 총 40편을 수록하고 있다. 김현승은 제1부는 고독에 관한 시, 제2부는 생명의 본질을 추구한 시, 제3부는 수시로 쓴 것들 중에서 고른 것들이라고 자서에서 밝히고 있다. 그의 시집 중에서 가장 수승한 정신주의 시의 진수를 담고 있다. 이 중 제목에 고독이 들어가는 시만 해도 「고독」, 「고독의 풍속」, 「군중 속의 고독」, 「절대고독」, 「고독의 끝」, 「고독한 싸움」, 「고독한 여유」 등 7편이나 되며 그 밖의 시들도 심원한 경지를 선보이고 있다. 그런데 시 제목에 「나의 한계」, 「나의 지혜」, 「나의 시」, 「나의 진실」 등, 네 편이나 '나'라는 주어가 들어 있다. 이는 그만큼 절대고독 시기에 자아에 대한 실존적 주체의식이 강렬했음을 의미한다. 김현승은 이 시집의 자서에서 제1부에 실린 고독을 주제로 한 시편들을 가리켜 어쩌면 자신의 시 생애의 마지막 추구가 될지도 모른다는 의미심장한 언급을 마치 예언이라도 하듯 곁들이고 있다. 그리고 실제로 그는 이 시집 이후로는 더 이상 치열한 정신세계의 탐구를 하지 못한다. 이후 그의 시도 급격한 하강 곡선을 긋는다.

67 제5시집 『김현승 전집』, 관동출판사, 1974.
1974년 5월 다섯 번째 출간한 『김현승 시 전집』은 생전에 발간한 김현승의 마지막 시집으로 김현승 시편의 완결편이자 종합편이다. 기존에 출간한 『김현승 시초』, 『옹호자의 노래』, 『견고한 고독』, 『절대고독』에 실리지 않은 초기 시 중 16편의 시를 『새벽교실』이란 제목으로 추가했다. 또 시집 『절대고독』 발간 이후로 쓴 시 42편을 〈날개〉란 제목으로 추가하여 보충했다. 특이한 것은 제1시집 『김현승 시초』를 제2시집 『옹호자의 노래』에 포함시켜 수록한 점이다. 김현승은 서문에서 편의상 그렇게 했다고 밝히고 있는데, 둘을 초기 시로 함께 묶고자 한 것이 아닌가 여겨진다. 한편, 제3시집 『견고한 고독』을 낸 관동출판사에서 생애 마지막 시집을 출간한다. 이 전집을 모태로 김현승의 사후, 〈시인사〉에서 두 번째 전집을 냈고, 이어서 〈지식을 만드는 지식〉에서 세 번째 전집을 내기에 이른다. 김현승의 시를 총정리 해 수록한 이 전집에서는 그 경계와 특성이 뚜렷한 초기 시, 중기 시, 후기시의 경향을 한눈에 대조해 볼 수 있다. 이중 시집 『견고한 고독』과 『절대고독』이 중심을 이루는 중기 시는 김현승 시세계의 절정기에 속한다. 아울러 한국 현대시문학사에서도 언어의 정제와 밀도, 고차원적 정신주의 측면의 참신한 성취로 평가할 수 있다. 반면, 전기 시는 민족적 비애, 청년기의 우수와 낭만, 자연친화적 서정성이 주조를 이루고, 후기 시는 신과의 재회 후에 얻게 된 심리적 안정과 신앙적 환희가 돋보인다. 한편, 초기 시 중에서도 습작기에 가까운 시점의 『새벽교실』은 「어린 새벽은 우리를 찾아온다」, 「새벽은 당신을 부르고 있습니다」, 「새벽교실」, 「새벽」 등, 제목에 '새벽'이 제목에 포함된 시들이 눈에 띈다. 새벽은 맑고 밝은 마음가짐으로 하루를 새롭게 시작하는 시간이며 종교인에게는 청정하고 경건한 기도의 시간이기도 하다. 그가 얼마나 진지한 마음가짐으로 시를 쓰는가를 짐작케 한다. 또 「아침」, 「황혼」, 「저녁」 등, 하루의 특정 시기를 지칭하는 제목의 시들이 눈에 띄는 점도 주목을 필요로 한다. 추가로 수록된 〈날개〉는 김현승 시세계의 마지막을 장식하는 시로 그 의미가 각별하다.

68 시 「고독의 끝」과 「절대고독」에 대해서는 앞에서 본격적으로 다루었으므로 그 구체적 해석은 생략한다.

69 Mary Jo Meadow · Richard D. Kahoe, 최준식 역, 『종교심리학 상권』, 민족사, 1992, 32쪽.

70 이는 고혈압으로 쓰러져 생사의 기로를 헤매다 회생한 후 길지 않은 여생을 신의 은총에 기대어 보다 건강하고 안정되게 마친 후, 내세의 구원을 기하고자 한 내적 합리화의 일단이었다. 그의 영혼은 비로소 확고한 안식, 즉 생명의 안정적 경지에 이르게 된다.

71 만약에 김현승의 전기 후반의 시나 중기의 시를 알지 못하는 독자가 이 시를 읽는다면 그의 시에 대한 평가를 어떻게 할 것인지 염려스러울 정도다.

72 김인섭 엮음, 『김현승 시전집』, 민음사, 2020, 612쪽.

73 김현승의 시에서 '마른'이라는 수식어는 상식적 독해와는 반대되는 역설적 수사로 읽힌다. '마른'은 그의 시에서 금속성과 같이 단단하고 모든 불순물이 제거된 순수의 극치, 소음이 사라진 고요의 진수를 수식하는 고도의 상징적 은유다. 마른 나뭇가지는 단순 해석할 경우 삭정가지, 즉 생명이 다한 주검을 가리킨다. 그러나 김현승의 시에서 "마른 나뭇가지"는 생명의 고갈이 아니라 고차원의 상징으로 읽어야 한다. 그는 마른 나뭇가지에 의미를 부여해 특별한 상징적 존재의 소임을 맡기기 때문이다. 마른 나뭇가지는 더 이상 비울 것이 없는, 생에 대한 애착조차 떨친 무욕의 경지를 지시하는 상징물이다. 까마귀 역시 죽음과 흉조로 인식된 상투적 시각을 전복시켜 새삼 그 생명성을 강조한 상징물이다. 김현승은 이 두 상징물을 동시에 등장시켜 생명의 의미를 배가시킨다.

74 그가 그 특유의 예지와 지적 감각, 동양사상의 전통적 원형, 북녘의 고구려적 기상(평양), 남도의 따뜻한 감성(광주)으로 절대고독과 양심에 좀 더 깊이 천착했더라면 한국의 정신문화나 시문학에 일정의 수확을 안겨 줄 수 있었을 것이라는 점이다.

75 김현승처럼 개신교 목사의 아들로 종교적 환경 속에서 생장한 융은 비록 기독교적 유일신은 부정했지만 다분히 종교적이다. 그는 자신의 지론인 집단무의식 속의 원형에도 종교적인 상징이 무수히 내재되어 있다며 이에 깊은 관심을 보인다. 종교적 체험의 구조는 인간의 깊은 잠재의식에 그 뿌리를 두고 있다는 것이다. 윌리엄 제임스도 종교에 대해 "개인이 고독 속에서 신으로 여기는 것과의 관계상 갖게 되는 느낌과 행위와 체험"이라고 한다.

76 그러나 일제 강점기 말기의 암흑기부터 한국전쟁 시기까지를 제외하고 본격적으로 창작 활동을 한 시기는 20여 년으로 보아야 한다.

77 김현승은 1934년 첫 작품을 발표했으므로 〈시문학〉은 그가 문단에 등단하기 이전의 문예지였다.

78 끝 구절 "어양림(於楊林)"은 '양림에서'의 한자 표기인데, 여기에서 "양림(楊林)"은 집과 부친의 교회가 있는 곳으로 오랜 삶의 터전인 광주의 양림동을 가리킨다.

79 이 시에서 "서산에 깃들이는 황혼의 시인"은 노년기를 가리키는 것이 아니고 하루 중 해질 무렵의 시인을 이르는 것으로 해석해야 한다. 실제로 석양 무렵의 까마귀는 여느 때와 달리 소슬하면서도 신비로운 정취를 선물한다.

80 이 시는 추억이란 제목으로 개작해 1974년 광주문화방송개국 기념시로 발표한다. 여기서 K시는 광주를 가리키는데 굳이 영문 이니셜을 달고 있는 점이 새삼스럽다.

81 〈신문학〉에 이어 〈시정신〉도 목포에서 발간하게 되는데 여기에서도 김현승과 이동주는 주도적 역할을 한다.

82 이은봉, 『김현승 시의 정신차원』, 도서출판 한림, 2022, 14쪽.

83 위의 책, 17쪽.

84 다음 글은 신문학 편집회의에서 한 김현승의 발언인데 그의 엄정하면서도 사려 깊은 신인 선발

기준을 살펴볼 수 있는 대목이다. "여류건 신인이건 누구건 작품이 훌륭해야 한다. 다소 손색 있는 작품일지라도 그 문학을 대하는 태도가 진지하고 열의가 있다면 등용의 기회를 주어도 무방하다고 본다. 다만 우리가 경계해야 할 점은 공부도 하지 않고 문학을 하나의 교제 수단으로 이용하려는 경향들이다. 이런 폐단을 방지하기 위해서는 문학소녀나 문학청년들에 대한 문단의 권위를 엄격하게 갖추어야 한다.(다형 김현승 기념사업회 편, 심윤섭, 「신문학 창간호 소개」, 『다형 김현승의 삶과 문학』, 도서출판 한림, 2015, 293쪽)

85 이은봉은 1960년대 이후 문병란, 박봉우, 조태일, 김준태를 비롯한 광주지역 대부분의 진보적 시인들이 당대의 현실 문제에 적극적으로 참여해 왔는데 이들이 김현승과 깊이 관련되어 있음을 밝히고 있다.(이은봉, 앞의 책, 17쪽)

86 박경자, 『독서 토론과 문학 치유』, 역락, 2016, 24쪽.

87 변학수, 「문학의 내재적 치유력과 문학 치료」, 『치유의 문학』, 학지사, 2012, 179쪽.

88 이영식은 자가치료는 이론적으로 상담자가 전혀 개입하지 않아도 적절한 시기에, 적절한 사람이 적절한 책을 만나면 책과 독자의 상담적 상호작용을 통해서 치료가 가능하다고 본다. 실제로 그러한 사례가 다수 보고되고 있다. 이처럼 독서치료는 상담자의 개입 정도에 따라서 가장 강력한 상호작용적 독서치료(interactive bibliotherapy)에서부터 가장 느슨한 자가치료(self-help)사이에 다양한 스펙트럼이 존재한다. 이것이 독서치료가 다른 상담에 비해 가지는 경쟁력이기도 하다고 말하고 있다.(이영식, 『독서치료, 무엇을 어떻게 연구할 것인가?』, 2006, 학지사, 23쪽.)

89 알랭 드 보통 외, 김한영 역, 『영혼의 미술관』, 문학동네, 2014. 72쪽.

90 서경숙, 「분석심리에 기초한 시 치료와 시의 치유적 속성」, 『독서치료연구』, 2011, 제4권 제 1호, 16쪽.

91 오생근, 『초현실주의 시와 문학의 혁명』, 문학과지성사, 2010, 5-7쪽.

92 이부영, 앞의 책, 33쪽.

93 Max Milner, 이규현 역, 『프로이트 문학의 이해』, 문학과지성사, 1997, 62쪽.

94 위의 책, 270쪽.

95 질환에 있어서 정신과 신체를 분리하고, 정신적 건강을 문학과 결부시켜 논한 것은 멀리 그리스인들에 거슬러 올라간다. 도서관을 영혼의 의학으로 본 그리스 인들은 질환이 몸에 있으면 히포크라테스를 찾았지만 정신적 아픔이 있을 때는 아폴로 신전에 가서 빌었다고 전하여진다. 이때 신에게 축원하는 내용은 문학의 기원이자 소임이었다.

96 의식이 곧 정신이라는 등식은 무의식이라는 신대륙의 발견으로 붕괴되었다. 이제 무의식도 주요한 정신적 요소라는 점을 인정할 수밖에 없게 된 것이다. 무의식은 의식과 끊임없이 교류한다. 다만 의식화되지 않은 듯 보일 뿐이다. 의식은 무의식의 방해를 받지만 그에 못지않게 도움

도 받는다. 무의식을 덮어두고 정신의 완벽을 추구한다는 것이 불가능하다는 사실을 인식하면서부터 무의식은 경원의 대상이 아니라 긴밀한 자아의 요소로 대두되기에 이른 것이다. 이에 대해 융은 무의식의 긍정적인 부분과 적극적 활용에 대해 앞에서 언급한 것처럼 누차 강조하고 있다.

97 아리스토텔레스, 『시학』, 문예출판사, 2002, 72쪽.
98 E. 프롬, 김유정 역, 『禪과 精神分析』, 원음사, 1992, 17쪽.
99 불교의 유식학에서 밝힌 마음의 여덟 가지의 구조로 표층부인 안식(眼識)·이식(耳識)·비식(鼻識)·설식(舌識)·의식(意識)의 6식과 심층부인 무의식 세계로 7식 말나식과 8식 아뢰야식을 이른다. 말나식은 의식의 바로 밑에 위치하는 무의식인데 의식이 제공하는 정보에 의해 집착에 사로 잡혀 의식을 명령하고 조종하는 자아의 작용을 가리킨다. 말나식보다 더 심층부에 위치해 숙업을 저장하여 윤회를 발생시키는 역할을 하는 8식인 아뢰야식은 의식과 말나식이 일시적임에 비해 영구성을 띠기에 장식(藏識)으로도 불린다. 나아가 일각에서는 근본 청정식으로 9식인 아마라식을 주장하기도 하는데, 대개 8식인 아뢰야식까지만 집중적으로 다룬다.
100 유성호, 앞의 책, 495쪽.
101 게슈탈트란 형상 혹은 전체를 의미하는 독일어로 현재 자신의 안에서 일어나고 있는 욕구나 감정을 하나의 통일된 유기체로 조직화해 지각하는 신체적 심리 작용, 즉 행동의 동기 부여를 뜻한다. 게슈탈트 치유의 목적은 끊임없이 분출하는 내면세계의 에너지를 통합해 이를 외부에 투사하거나 억압해버리는 자기 파괴적 행태를 지양하고 자신의 에너지를 창조적으로 사용해 실존적 자립을 할 수 있도록 돕는 데 있다. 게슈탈트 치료에서는 무엇보다도 과거에는 알지 못했거나 인정하지 않았던 자신의 새로운 면모를 통합적으로 재인식하는 것이 중요하다. 상담사는 참여자가 전인적 인격을 갖추기 위해 정진의 고삐를 늦추지 않도록 강화 시켜줄 수 있다. 내적 에너지의 통합은 참여자가 기계적으로 정형화된 외부 의존적 습관을 버리고 통합된 내면세계의 지원을 받아 스스로 자립을 꾀하게 해준다.
102 김현승, 위의 책, 656쪽.
103 한국사전연구사, 『국어국문학자료사전』, 2014, 198쪽.
104 김현승, 『다형김현승 전집』, 한림, 2012, 654쪽.
105 유성호는 김현승의 시 「참나무가 탈 때」에서 '깨끗하다'는 단어가 네 번이나 반복해서 등장하고 있음에 주목한다.(유성호, 앞의 책, 446쪽.) 이는 김현승이 깨끗함에 집착하는 성정과 의지가 시에서도 선명하게 표출되고 있음을 보여주는 것이다. 유난한 결벽의 소유자인 김현승이 얼마나 예민한 감성과 견고한 의지로 정결한 영혼을 갈망했는가를 가늠할 수 있게 해 주는 논거다. 그의 시에서 자주 반복되는 눈물, 별, 기도, 보석 등의 시어들도 영혼의 정화를 상징한다. 고독 역시 영혼을 정화하는 필수적 공간으로 작용한다. 이렇듯 그의 시는 지고지순의 영혼을 추구한 구도적수행의 절정으로 읽힌다. 바로 이러한 부분이 시 치유에 있어서 그의 시가 지닌 대표적 강

점이다. 시치유는 영혼의 정화로 내면의 상처를 씻어내 영혼의 안정을 도모하는데 여기서의 영혼의 정화와 안정은 각각 치유의 수단과 목표를 담보하는 합목적 동의어이다. 따라서 정화를 통해 영혼의 안정을 꾀한 김현승의 시는 치유의 수단이자 목표로 양가적 기능을 하게 된다. 이는 그의 시가 시치유의 텍스트로서 적합성을 획득하는 요소이다.

1. 저서

국내 저서

김현승, 『김현승 시초』, 문학사상사, 1957.
김현승, 『옹호자의 노래』, 신명문화사, 1963.
김현승, 『견고한 고독』, 관동출판사, 1968.
김현승, 『절대고독』, 자유문학사, 1987.
김현승, 『김현승 전집 1』, 시인사, 1985.
김현승, 『내 마음은 나뭇가지』, 『종로서적』, 1988.
다형 김현승시인 기념사업회, 『다형 김현승연구 박사학위 논문 선집』, 한림, 2011.
다형 김현승시인 기념사업회, 『다형 김현승 전집』, 한림, 2011.
다형 김현승시인 기념사업회, 『다형 김현승의 삶과 문학』, 한림, 2015.
김광식 편저, 『기독교 사상』, 종로서적, 1986.
金光珍, 『독일 문학의 현상』, 문학세계사, 1987.
김욱동, 『은유와 환유』, 민음사, 1999.
김 현, 『행복한 책 읽기』, 문학과지성사, 1996.
김희보, 『한국 문학과 기독교』, 현대사상사, 1979.
민성길, 『우리 시대의 노이로제』, 민음사, 1994.
박경자, 『독서토론과 문학치유』, 역락, 2016.
박배식, 『한국문학과 기독교』, 성서교재간행사, 2002.
박일봉, 『중국사상사』, 육문사, 1990.
박이도, 『한국 현대시와 기독교』, 예전사, 1994.
변학수, 『통합적 문학치료』, 학지사, 2006.
서양철학사연구회, 『반철학으로서의 철학』, 지성의샘.
안진태, 『신화학 강의』, 열린책들, 2001.
양유성, 『이야기치료』, 학지사. 2010.

염무웅, 『민중시대의 문학』, 창작과비평사, 1979.

오규원, 『현실과 극기』, 문학과지성사, 1978.

오생근, 『초현실주의 시와 문학의 혁명』, 문학과지성사, 2010.

이부영, 『그림자』, 한길사, 1999.

이영일, 『현대독일시 개관』, 전예원, 1993.

이운룡 편저, 『김현승-한국 시인연구 10』, 문학세계사, 1993.

이인웅, 『현대 독일문학 비평』, 전예원, 1988.

조신권, 『한국문학과 기독교』, 연세대학교 출판부, 1983.

중국철학회, 『현대의 위기 동양철학의 모색』, 예문서원, 1997.

중국철학연구회, 『동양의 자연과 종교의 이해』, 형설출판사, 1992.

차주환, 『중국시론』, 서울대학교 출판부, 1994.

최규창, 『한국 기독교 시인론』, 대한 기독교서회, 1984.

한국사전연구사, 『국어국문학자료사전』, 2014.

국외 저서

김학주 역, 『大學』, 서울대학교 출판부, 1995.

조두현 역, 『詩經』, 혜원출판사, 1993.

조두환, 『라이너 마리아 릴케』, 건국대학교 출판부, 1994.

표재명, 『키에르케고르 연구』, 지성의샘, 1998.

황병국 역, 『論語』, 범우사, 1990.

시라카와 시즈카·우메하라 다케시, 이경덕 역, 『주술의 사상』, 사계절, 2008.

郭沫, 임효섭·황선재 역, 『李白과 杜甫』, 까치, 1996.

東京大 中國哲學 硏究室, 조경란 역, 『中國思想史』, 동녘, 1993.

西谷, 정병조 역, 『종교란 무엇인가』, 대원정사, 1993.

劉勰, 최동호 역, 『文心雕龍』, 민음사, 1997.

任繼愈, 권덕주 역, 『儒家와 道家』, 동아출판사, 1993.

任繼愈, 전택원 역, 『中國哲學史』, 까치, 1990.

入矢義高, 辛奎卓 역, 『禪과 문학』, 장경각, 1993.

周勳初 외, 중국학연구회 역, 『중국문학비평사』, 이론과실천, 1994.

中村元, 김지견 역, 『중국인의 사유방법』, 까치, 1990.

A. Eysteinson, 임옥희 역, 『모더니즘 문학론』, 현대미학사, 1996.

Alain de Botton 외, 김한영 역, 『영혼의 미술관』, 문학동네, 2014.

Alain Vanier, 김연권 역, 『정신 분석의 기본 원리』, 1999.

Alfred Adler · H. Ogler, 설영환 역, 『아들러 심리학 해설』, 선영사, 1990.

Andre breton, 황현산 역, 『초현실주의 선언』, 미메시스, 2012.

Aniella jaffe, 이부영 역, 『융의 回想, 꿈 그리고 思想』, 집문당, 1996.

Anika Lemaire, 이미선 역, 『자크 라캉』, 문예출판사, 1994.

Augustinus Aurelius, 金平玉 역, 『참회록』, 범우사, 1991.

Augustinus Aurelius, 지경자 역, 『고백록』, 홍신문화사, 1987.

Augustinus Aurelius, 지명관 역, 『고백록』, 양우당, 1998.

Bede Griffiths, 정창역 역, 『동양정신과 서양 정신의 결혼』, 깊이와 넓이, 1991.

C. A. Menninger, 설영환 옮김, 『인간의 마음―무엇이 문제인가?』, 선영사, 1993.

C. G. jung, 설영환 역, 『무의식 분석』, 선영사, 1990.

C. G. jung, 이윤기 옮김, 『인간과 상징』, 열린책들, 2000.

C. G. jung, 정영목 역, 『사람과 상징』, 까치, 1995.

C. G. jung · E. H. Erikson, 이부영 · 조대경 역, 『현대의 신화 아이덴티티』, 삼성출판사, 1992.

C. S. Hall, 최현 역, 『융 심리학 입문』, 범우사, 1986.

C. S. Hall · V.J. Nordby, 설영환 역, 『융 심리학 해설』, 선영사, 1989.

C. Westermann, 방석종 · 박창건 역, 『구약 · 신약 성서개설』, 1994.

D. A. Stat, 정태연 역, 『심리학 용어 사전』, 끌라오, 1999.

E. T. Seton, 김원중 역, 『인디언의 복음』, 두레, 2000.

Fritz Heinemann, 황문수 역, 『實存哲學』, 문예출판사, 1990.

Gaston Bachelard, 이가림 역, 『물과 꿈』, 문예출판사, 1980.

G. Lakoff · M. Johnson, 노양진 · 나익주 옮김, 『삶으로부터의 은유』, 서광사, 1977.

H. Marcuse · E. Fromm, 오태환 역, 『프로이트 심리학 비판』, 선영사, 1991.

Karen horney, 이태승 역, 『자기분석』, 민지사, 1995.

H. E. Holthusen, 강두식 역, 『릴케』, 기린원, 1991.

H. G Creel, 이성규 역, 『孔子』, 지식산업사, 1994.

Heint Stolte, 안인길 역, 『도이치문학의 역사』, 신구문화사, 1994.

John Fox, 최소영 외 옮김, 『시(詩) 치료』, 시그마프레스, 2005.

John Fox, 최소영 외 옮김, 『시(詩) 치료- 한 번도 소리 내어 울지 못한 그대에게』, 아시아, 2013.

Mary Jo Meadow · Richard D.Kahoe, 최준식 역, 『종교심리학』, 1994.

Martin Heidegger, 박찬국 옮김, 『니체와 니힐리즘』, 지성의 샘, 1996,

Max Milner, 이규현 역, 『프로이트와 문학의 이해』, 문학과지성사, 1997.

Max Picard, 최승자 역, 『침묵의 세계』, 까치, 2020.

Mieke Bal, 한용환 · 강덕화 역, 『서사란 무엇인가』, 문예출판사, 1999.

Michael Grant, 서미석 역, 『그리스 로마 신화』, 현대지성사, 1999.

Nicholas Mazza, 김현희 외 공역, 『시치료 이론과 실제』, 학지사, 2005.

Northrop Frye, 임철규 역, 『비평의 해부』 한길사, 2000.

R. G. Collingwood, 김혜련 역, 『상상과 표현』, 고려원, 1996.

Richard Wollheim, 조대경 역, 『프로이트』, 민음사, 1995.

Rllo May, 白尙昌 역, 『자아를 잃어버린 현대인』, 1992.

R. M Rilke, 윤동하 역, 『고독』, 태학당, 1997.

Roger Trigg, 최용철 역, 『인간 본성에 관한 10가지 철학적 성찰』, 자작나무, 1996.

Roland Barthes, 정현 역, 『신화론』, 현대미학사, 1995.

Sigmund Freud, 정장진 역, 『창조적인 작가와 몽상』, 열린책들, 1996.

Sigmund Freud, 김기태 역, 『꿈의 해석』, 선영사, 1989.

Sigmund Freud, 김정일 역, 『성욕에 관한 세 편의 에세이』, 열린책들, 1996.

Sigmund Freud, 이재원 역, 『히스테리 연구』, 사랑의학교, 1995.

Sigmund Freud, 임홍빈 · 홍혜경 역, 『새로운 정신분석 강의』, 열린책들, 1996.

Sigmund Freud, 정성호 역, 『정신분석 입문』, 오늘, 1991.

Søren Aabye Kierkegaard, 손재준 역, 『죽음에 이르는 병』, 삼성출판사, 1983.

Stephen Priest, 박찬수 외 역, 『마음의 이론』, 고려원, 1994.

2. 평론 및 논문

평론 및 학술논문

고 은, 「시가 많은 시대의 시 읽기」, 『창작과 비평』 제94호.
권영진, 「시와 종교적 상상력」, 『숭실어문』 제2집, 숭실대, 1985.
구창환, 「한국문학의 기독교 사상 연구」, 『한국언어문학』 15집, 1977.
기진오, 「김현승 시의식 연구」, 『전농어문연구』 6집, 1994.
김윤식, 「신앙과 고독의 분리 문제」, 『한국 현대시론 비판』, 일지사, 1986.
김우창, 「김현승의 시-세 편의 소론」, 『지상의 척도』, 민음사, 1981.
김종철, 「견고한 것들의 의미」, 『시와 역사적 상상력』, 문학과지성사, 1978.
김희보, 「김현승 시와 기독교적인 실존」, 『한국문학과 기독교』, 현대시사상사, 1979.
문덕수, 「김현승 시 연구」, 『시문학』, 1984. 10월호.
박경자, 「김현승 시의 주술성 연구」, 『동북아문화연구』 45집, 동북아시아문화학회, 2015.
_____, 「중용의 문학치유적 고찰」, 『동북아문화연구』 제49집, 동북아문화학회, 2016.
_____, 「김현승의 고독과 시적 형상화에 대한 고찰」, 『한국시학연구』 제59호, 2019.
박두진, 「시와 고독, 현대시의 이해와 체험」, 『현대시의 이해와 체험』, 일조각, 1976.
박이도, 『한국 현대시와 기독교』, 종로서적, 1987.
백수인, 「종합문예지 『신문학』 연구」, 『韓國言語文學』 제95輯, 2016.
변학수, 「문학의 내재적 치유력과 문학치료」, 『치유의 문학』, 2005.
소재영, 「다형 김현승의 삶과 문학」, 『숭실어문』 12집, 1995.
신익호, 『기독교와 한국 현대시』, 한남대 출판부, 2005.
오규원, 「비극적 종교의식과 고독」, 『현실과 극기』, 문학과지성사, 1978.
원형갑, 「김현승 시인의 고독」, 『수필문학』, 1975.
윤여탁, 「신이 될 수 없는 인간의 고독」, 『한양어문연구』 13집, 1995.
이기반, 「김현승의 〈절대고독〉」, 『한국현대시작품연구』, 학문사, 1992.
이성부, 「신. 인간. 민족의 탐구」, 『현대문학』, 1975. 6.

이은봉, 「시의 정신치유능력, 그 실제와 전망」, 『시로 여는 세상』, 2011 가을호.
이인복, 「김현승의 회의주의」, 『한국문학과 기독교 사상』, 우신사, 1987.
장백일, 「원죄를 끌고가는 고독」, 『현대문학』 1969. 5.
정재완, 「김현승의 견고한 고독」, 『한국 대표시평설』, 문학세계사, 1988.
천상병, 「김현승론」, 『시문학』, 1973. 1.
최동호, 「눈물과 고독의 정결함」, 『불확정 시대의 문학』, 문학과지성사, 1987.
홍문표, 「김현승의 〈눈물〉」, 『한국현대시작품연구』, 학문사, 1992.

학위논문

강신주, 「한국 현대 기독교 시 연구」, 숙명여대 박사학위 논문, 1991.
권성훈, 「한국 현대시에 나타난 치유성 연구」, 경기대 박사학위 논문, 2010.
김인섭, 「김현승 시의 상징체계 연구」, 숭실대 박사학위 논문, 1994.
박경자, 「김현승 시의 내재적 치유성 연구」, 동신대 박사학위 논문, 2015.
박귀례, 「다형 김현승시 연구」, 성신여대 박사학위 논문, 1995.
박정례, 「김현승 시 연구」, 인하대 박사학위 논문, 1996.
박몽구, 「김현승 시 연구」, 한양대 박사학위 논문, 2011.
박이도, 「한국 현대시에 나타난 기독교 의식」, 경희대 박사학위 논문, 1984.
송재소, 「다형문학 연구」, 서울대 박사학위 논문, 1984.
안혁수, 「김현승 시 연구—초월의지를 중심으로」, 명지대 박사학위 논문, 1989.
유성호, 「김현승 시의 분석적 연구」, 연세대 박사학위 논문, 1997.
이영희, 「莊子의 哲學治癒 性格에 관한 硏究」, 강원대 박사학위 논문, 2016.
이운룡, 「한국 기독교시 연구」, 조선대 박사학위 논문, 1988.
조태일, 「김현승 시정신 연구」, 경희대 박사학위 논문, 1991.
채형식, 「마음치유에 禪詩가 미치는 영향」, 동방대 박사학위 논문, 2014.
최혜경, 「시 텍스트의 정서심리학적 치유에 관한 연구」, 전남대 박사학위 논문, 2013.
한영옥, 「한국 현대시의 주지성 연구」, 성균관대 박사학위 논문, 1991.
황양수, 「한국 기독교 문학의 형성 연구」, 중앙대 박사학위 논문, 1988.